NATIONAL
GEOGRAPHIC

세상의 모든 과학

Science of Everything

세상의 모든 과학

Science of Everything

데이비드 포그 외 지음 | 고현석 옮김

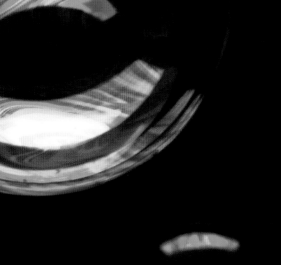

영림카디널

세상의 모든 과학

2023년 5월 15일 1판 11쇄 발행

지은이 | 데이비드 포그 외
옮긴이 | 고현석
펴낸이 | 양승윤

펴낸곳 | (주)와이엘씨
　　　　 서울특별시 강남구 강남대로 354 혜천빌딩
　　　　 Tel. 555-3200 Fax. 552-0436

출판등록 1987. 12. 8. 제1987-000005호
http://www.ylc21.co.kr

값 45,000원

ISBN 978-89-8401-221-9 04400
ISBN 978-89-8401-007-9 (세트)

FOREWARD

삼라만상이 그렇듯이, 우리가 몸담고 사는 이 세상은 상당히 멋진 곳이다. 그야말로 상상조차 하기 어려운 경이로움으로 가득 차 있다. 무지개, 화산, 음악, 오징어, 파도, 전기, 중력, 폭죽, 지진, 첼로…. 눈에 보이는 것만 이 정도다.

더 나아가 보자. 자연의 세계는 단지 시작일 뿐이다. 전자레인지, 자외선 차단제, 초강력 접착제, 지퍼락 봉투, 노이즈 캔슬링 헤드폰. 유산균 요구르트 등 인류가 창조한 위대한 기술들을 생각해보라. 고대인들이 이 발명품들을 본다면 우리를 신으로 숭배할 것이다.

우리 인류가 발명 기술을 터득해 발전시키게 된 것은 호기심이 많은 종(species)이기 때문이다. 우리는 태곳적부터 주변에서 신기한 현상이 생기면 그 뒤에 숨겨 있는 비밀을 캐내려고 애를 썼다. 어떻게 이런 현상이 일어나는 것일까? 왜 일어나는 것일까? 이런 기적 같은 일을 어떻게 설명할 수 있을까?

그리스인들은 신들의 왕국을 생각해냈다. 중세 과학자들은 인간의 혈액 안에 기분을 변화시키는 액체가 존재한다고 상상했다. 오늘날에는 수많은 사람들이 도저히 설명할 수 없는 현상에 부딪힐 경우 주술사나 신앙 치료사, 심야 TV에 나오는 심령술사 같은 사람들의 특수한 능력 때문이라고 믿기도 한다.

자, 잘 속아 넘어가는 사람들이나 고대인들을 무시하는 게 아니다. 이 모든 신비로운 현상들은 단순한 과학일 뿐이다. 사실 '단순한 과학'이라는 표현은 공정하지 않다. 이 세상에서 벌어지는 경이로운 일들이 과학으로 설명된다는 사실을 안다고 해서 놀라지는 않는다. 하지만 자연에서 일어나는 마술의 속임수 같은 현상들이 몇 개의 과학 법칙으로 설명된다는 사실을 알게 되면, 누구나 훨씬 더 놀랍게 받아들인다.

요즘, 우리 사회는 과학을 못마땅해 하는 희한한 분위기에 놓여있는 것 같다. 교육 예산이 줄어들면 과학 교육 예산이 삭감되는 경우가 흔하다. 충분한 근거가 있는데도, 회의론자들은 지구 온난화나 진화론처럼 확고하게 정립된 과학 이론에 끊임없이 의문을 제기한다. 의회 차원에서 예산 지원을 다룰 때도 과학은 우선순위에서 항상 밀려난다. 미국 학생들의 과학 성적은 다른 나라와 비교하면 절망스러운 수준으로, 세계 25위에 불과하다. 라트비아 바로 다음이다.

하지만 인류가 직면한 몇몇 심대한 문제들–지속 가능한 에너지, 지구 온난화, 깨끗한 물, 건강관리, 식량 공급–은 과학과 기술의 도움을 받아야 해결할 수 있다. 앞으로 5년 동안 과학과 기술에 관련된 직업은 다른 직업보다 두 배는 더 생겨날 것이다. 지금은 과학을 백안시하며 등을 돌릴 때가 결코 아니다. 게다가 우리는 정신의 영역과 과학이 충돌하지 않는다는 사실을 쉽게 알 수 있다. 자연이 스스로 엮어낸 아주 복잡 미묘하고 효율적인 시스템에 깊고 존경에 찬 경의를 표하는 과학자들도 많다.

독자 여러분이 이런 이야기들에 신경을 곤두세울 필요는 없다. 잔소리나 교훈을 듣겠다고 이 책을 집어 들지는 않았을 것이다. 과학은 무엇보다도 공포를 조장하거나 무섭거나 무미건조해서는 안 된다. 잘만 풀어 설명하면 과학 이야기는 상상할 수 없을 정도로 재미있다. 특히 우리가 일상에서 접하는 일들이 어떻게 벌어지는지를 과일 껍질 벗기듯 하나씩 드러낸다면 더욱 그렇다.

이 책을 읽는 즐거움은 바로 거기에 있다. 당신은 페이지를 넘길 때마다 "아하!"하며 놀라는 순간을 맞게 될 것이다.

합성수지인 셸락(Shellac)은 곤충의 등에서 얻는다. 에어컨은 방을 시원하게 하는 게 아니라, 실제로는 열을 빼앗는다. 색상을 선명하게 하는 세제는 옷의 표면에 형광 막을 씌워서 작용한다. 지금까지 채굴된 금을 모두 모으면 18세제곱미터 규모의 정육면체가 된다.

미래의 일상생활을 바꿔놓게 될 과학도 이 책에서 체계적으로 다루고 있다. 상온 핵융합, 3D 프린팅, 하이브리드 자동차, 지열 에너지, 내진 건물, 자기부상 선박, 생물 복제와 유전자 요법, 동물을 죽이지 않고 실험실에서 재배한 고기 등….

우리 주변에 펼쳐져 있는 과학기술에 딱히 관심이 없다고 해도, 세상만사가 돌아가는 비밀을 알게 되는 것은 무척 신나는 일이다. 누구나 당연하게 여기지만, 세상은 마술처럼 보이는 기술들로 가득 차 있다. 레이저는 어떻게 작동하는가? GPS, 휴대폰, 와이파이, 블루투스는? 교통안전청의 공항 검색대, 홀로그램은 또 어떠한가?

우리는 이런 것들을 어떤 사람이 어떻게 발명하고 어떻게 작동시키고 있는지 알고 있는 누군가가 어딘가에는 있다고 생각한다. 그 누군가가 당신이라면 안 될 이유가 있는가?

이 책을 처음부터 끝까지 읽든, 일부분을 펼쳐서 읽든, 책은 당신을 조금이나마 변화시킬 것이라 확신한다. 아마 책을 읽고 나면 더욱 똑똑해지고, 그런 자신에게 더욱 놀라게 될 것이다. 또 지식이 늘어 다른 사람과 대화를 더욱 잘하게 될 것이다. 더 나아가 당신은 과학의 마법을, 인간 두뇌의 천재성을, 그리고 우리가 물려받은 우주의 멋진 모습을 새롭게 이해하게 될 게 분명하다.

데이비드 포그

2제곱미터 규모의 인조피부. 그 뒤에 펼쳐진 인간의 실루엣

CONTENTS

이 책의 사용법

책의 본문은 네 가지 요소로 구성돼 있다.

장에서 다룰 내용 살펴보기

각 장은 특정 주제에 관련된 과학 법칙과 응용 사례들로 구성된다. 장의 서두에서는 해당 주제를 간략하게 살펴본다.

과학 법칙 이해하기

명확하고 간단한 도입부가 우리를 둘러싼 발명과 자연 현상 뒤의 과학을 이해하도록 도와준다.

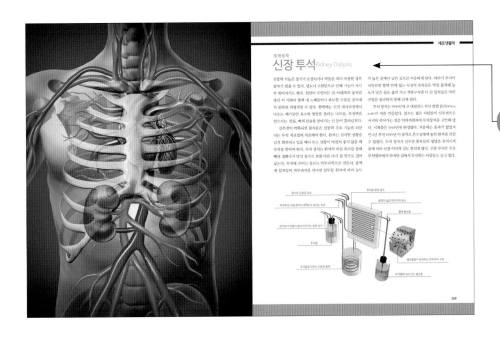

응용 사례 알아보기

일상적인 것에서 특수한 것까지 과학이 어떻게 작용하는지 사진과 다이어그램을 곁들여 설명한다.

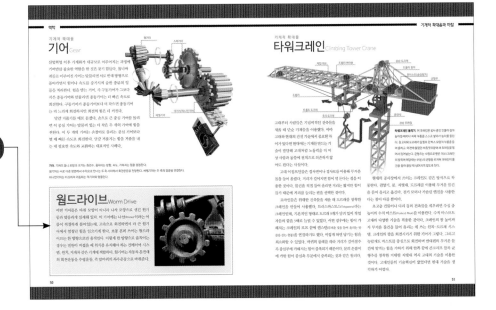

더 많은 지식 쌓기

관련 법칙과 응용 사례, 발명가에 대한 부가 설명이 들어 있다.

캐나다 국립 낙하산 팀 단원의 공연

불꽃을 내는 가정용 목재 성냥

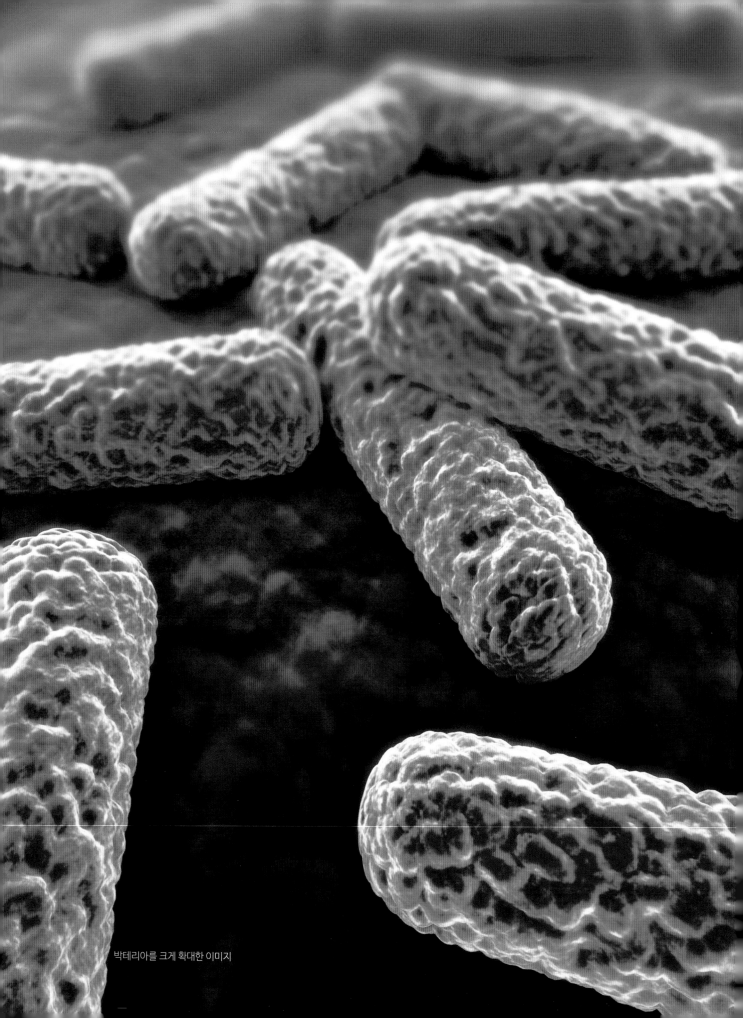
박테리아를 크게 확대한 이미지

NATIONAL
GEOGRAPHIC

세상의 모든 과학

Science of Everything

제1부

역학

Mechanics

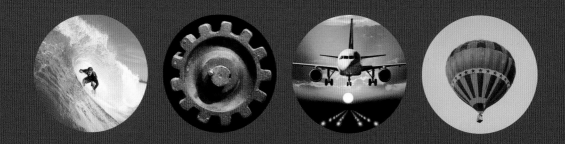

CONTENTS

제1장
운동과 에너지의 법칙
Laws of Motion and Energy

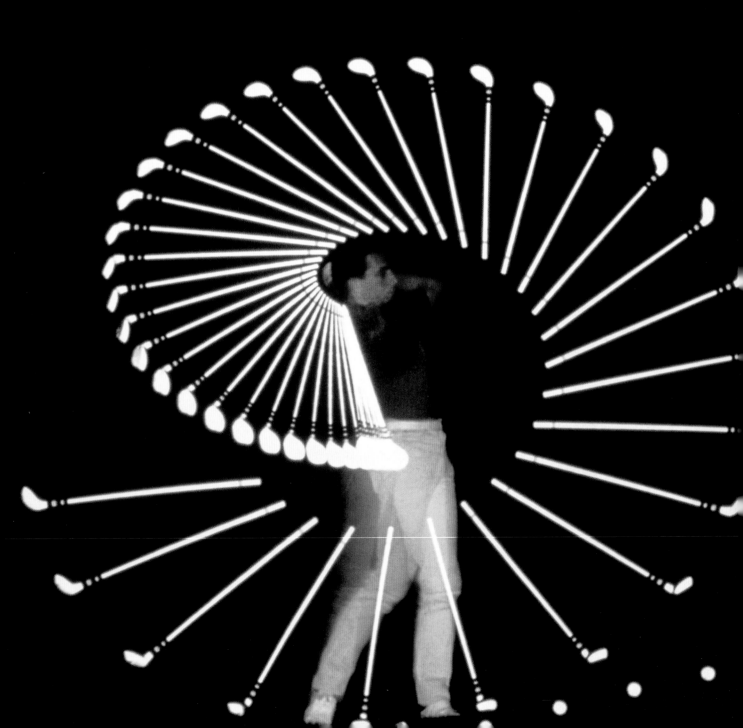

아이작 뉴턴(Isaac Newton)은 1687년 《자연철학의 수학적 원리(Philosophiae Naturalis Principia Mathematica)》라는 저서에서 훗날 고전 역학의 기초가 되는 연구 결과를 발표했다. 이 책은 만유인력의 법칙을 담고 있는 것으로 유명하지만, 그에 못지않게 중요한 '운동과 에너지의 세 가지 법칙'도 제시한다.

제1법칙은 어떤 물체에 외부의 힘이 가해지지 않는 한 그 물체가 운동 상태를 유지하려 하는 현상을 나타낸다. 이 법칙에 따르면, 어떤 물체가 움직이고 있었다면 그 물체는 계속 움직일 것이며 정지해 있었다면 계속 정지해 있을 것이다.

제2법칙은 어떤 물체의 운동속도를 변화시키기 위해서 어느 정도의 힘이 필요한지를 설명한다(힘=질량×가속도). 다시 말해 물체에 가해지는 힘의 크기를 알게 되면 제2법칙에 따라 그 물체의 가속도를 예측할 수 있다. 제3법칙은 모든 작용에는 같은 크기에 반대 방향의 반작용이 존재함을 의미한다.

"내가 더 멀리 볼 수 있었다면 그것은 내가 거인들의 어깨 위에 서 있었기 때문이다."

뉴턴이 남긴 말이다. 뉴턴은 자신보다 앞서 살았던 철학자, 물리학자, 수학자들의 업적에서 크게 도움을 받았다고 스스로 털어놓았다. 그는 물리 세계가 보편적이고 수학적인 법칙들의 지배를 받는다는 사실을 보여준 인물이다. 하지만 그의 업적은 자신보다 앞서 몇백 년 동안 물리 세계를 관찰해왔던 선배 학자들의 연구 결과를 우아한 수식으로 정리해 놓은 것이다. 뉴턴의 세 가지 법칙은 17세기 과학혁명의 원동력으로 작용했으며 이후 19세기 산업혁명의 토대가 됐다.

이 법칙들은 보이지 않는 입자를 점으로 형상화해 운동을 설명한다. 그리고 물체의 운동을 연구할 때 흔히 점을 다루지만 그 점들의 움직임에는 좀 더 복잡한 역학이 숨어 있다. 뉴턴이 죽은 지 50년 정도 지났을 때 스위스의 수학자 레온하르트 오일러(Leonhard Euler)는 뉴턴의 연구를 확장해 점들의 집합으로 이루어진 물체의 움직임을 설명하는 두 개의 법칙을 만들어냈다.

법칙

변화를 거부한다
뉴턴의 운동 제1법칙

공이 바닥에 놓여 있다. 힘이 가해지지 않으면 이 공은 그 자리에서 움직이지 않는다. 공이 아주 평평해 마찰이 전혀 없는 표면 위를 굴러가고 있다면, 그 공은 같은 방향, 같은 속도로 영원히 굴러간다.

뉴턴의 운동 제1법칙(흔히 관성의 법칙으로 알려져 있다)에 따르면 모든 물체는 운동 상태에서 변화에 저항하는 성질을 가진다. 멈춰 있는 물체는 멈춰 있으려 하고, 움직이는 물체는 외부에서 작용하는 힘의 방해를 받지 않는 한 영원히 같은 방향, 같은 속도로 움직이려 한다.

뉴턴의 운동 제1법칙
세그웨이 Segway

세그웨이 PT(Personal Transporter)는 두 바퀴로 달리면서 자동으로 균형을 잡아주는 전동 운송 수단이다. 2001년 선을 보였다. 걷거나 방향을 마음대로 바꾸는 인간의 자연스러운 행동을 모방해 만든 것이며, 타고 가다가 멈춰서 장미꽃 향기를 맡을 수도 있다. 세그웨이는 사용자의 무게중심이 앞이나 뒤로 또는 옆으로 쏠릴 때 변화를 감지해 넘어지지 않도록 꼿꼿한 상태를 유지한 채 움직인다. 사용자는 가고 싶은 방향으로 몸을 기울이기만 하면 된다.

세그웨이가 이렇게 절묘하게 균형을 잡는 것은 뉴턴의 관성 법칙을 첨단 기술로 적용시킨 결과다. 세그웨이에는 실리콘으로 만든 5개의 자이로스코프 장치가 장착돼 있다. 이 장치들에는 전자 센서가 붙어 있어 발판이 상하좌우로 움직일 때 자이로스코프의 관성 운동과 비교해 변화가 생기는 것을 감지한다.

뉴턴의 운동 제1법칙

자이로스코프 Gyroscope

누구나 흔히 보았을 것이다. 쉽게 말하면 아이들이 가지고 노는 팽이로, 세계 곳곳의 고대 문명에서 독자적으로 발명된 놀이기구다. 자이로스코프는 왜 계속해서 회전할까? 관성의 법칙 때문이다. 움직이는 물체는 외부에서 힘이 가해지지 않는 한 계속해서 움직인다. 자이로스코프는 같은 축을 중심으로 계속 도는 회전운동을 하고 있다.

자이로스코프라는 이름은 1852년 프랑스의 물리학자 레옹 푸코(Léon Foucault)가 천체의 움직임을 관찰하는 기구를 뜻하는 그리스어를 따서 지은 것이다. 푸코는 정밀한 자이로스코프를 만든 다음에 그 이름을 붙였다. 그는 자이로스코프 틀을 흔들림 없이 잡고 있는데 안에 들어 있는 원판의 회전각이 점차 변하는 것처럼 보이는 현상에 주목했다. 하지만 실제로 움직이는 것은 중심축이 아니라 회전판을 둘러싼 틀이다. 이는 지구가 자전축을 중심으로 회전한다는 것을 보여준 최초의 실험이었다.

자이로스코프 안쪽의 원판은 일단 회전하기 시작하면 바깥쪽 틀을 기울여도 회전 방향을 유지한다. 이 성질로 인해 자이로스코프는 항해, 미사일 제어부터 터널 굴착 등 수많은 분야에서 방향을 설정하거나 고정하는 데 매우 유용하게 쓰인다.

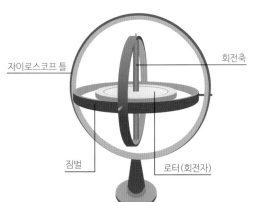

자이로스코프 틀 / 회전축 / 짐벌 / 로터(회전자)

뉴턴의 운동 제1법칙

선박 안정장치 Ship Stabilizer

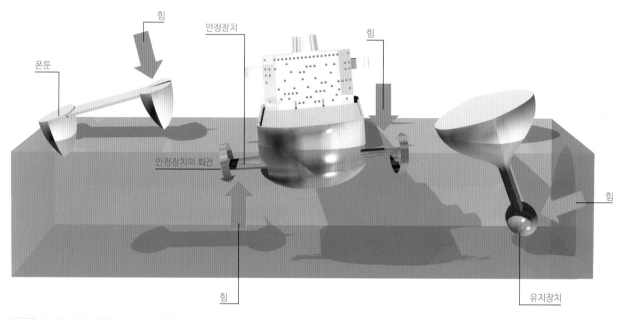

안정성. 배가 물 위에서 흔들리지 않고 균형을 잡게 하는 것은 무게중심이다. 배의 등뼈라고 할 수 있는 용골과 밑부분이 평평한 부교는 무게중심을 유지하며 배가 뒤집힐 가능성을 최소화하는 데 도움을 준다. 하지만 매우 큰 배들은 안정장치를 이용하게 된다. 양쪽에 날개처럼 생긴 돌출된 부위가 달려 있어 바다가 요동칠 때 배의 균형을 잡아준다.

빠르게 돌아가는 자전거 바퀴의 중심에 손을 대서 회전 방향을 바꾸려고 해보자. 저항력 같은 것을 느끼게 될 것이다. 바퀴는 돌던 방향으로 계속 돌려는 성질 때문에 손의 힘을 다른 방향으로 밀어내는 것처럼 받아들이게 된다.

36쪽에서 보게 되겠지만 각(角)의 운동량은 회전하는 물체가 외부의 회전력(토크)이 작용하지 않는 한 계속해서 회전하는 성질에 따라 정해진다. 선박 안정장치는 각운동의 이런 자연스러운 성질을 이용한다. 심한 파도를 만나 승객들이 끔찍한 멀미로 고생할 때, 운행 안정장치의 회전자(로터)는 배가 기우는 쪽의 반대 방향으로 힘을 가해서 배가 요동치는 것을 막아준다.

자이로스코프 선박 안정장치는 20세기 초반 미국 해군의 군함과 대형 원양 정기선에서 처음 사용됐다. 이 안정장치는 대규모의 자이로스코프 자체 무게에 의존해 배의 중심을 바로 잡았다. 미 해군이 사용한 자이로스코프 안정장치는 소형 구축함의 선창에 설치됐으며 무게가 5톤이나 나갔다. 나중에는 선체에 지느러미 형태의 돌출 장치를 설치해 회전력을 이용하며 균형을 유지하는 방법을 개발해 자이로스코프의 규모를 줄일 수 있게 됐다.

뉴턴의 운동 제1법칙
비행 안정장치 Flight Stabilizer

자이로스코프의 축을 진북(True North)에 맞추면 바깥의 틀을 어느 방향으로 돌리더라도 회전축의 방향은 그대로 유지된다. 비행기가 일정한 고도를 유지하며 날 수 있게 하는 자이로스코프 안정장치의 기능은 바로 이 속성을 이용한다. 선박 운행 안정장치를 맨 처음 개발한 발명가 로런스 B. 스페리(Lawrence B. Sperry)는 1914년 프랑스 파리에서 열린 국제 항공안전 경진대회에서 삼중 비행 안정장치를 선보여 사람들을 놀라게 했다. 이 장치는 관성 회전을 이용해 비행기 움직임의 세 가지 축인 상하, 좌우, 회전 운동을 제어할 수 있었다. 스페리가 조종간에서 손을 떼고 팔을 위로 올렸는데도

자이로스코프가 마치 자동 항법장치처럼 작동했던 것이다.

비슷한 기술이 1990년 세워진 허블우주망원경에도 쓰였다. 망원경에는 1분에 1만 9200번 회전하는 회전판을 가진 6개의 자이로스코프가 설치됐다. 자이로스코프 안에 설치된 전자 센서는 망원경의 미세한 움직임을 빠짐없이 허블망원경의 중앙 컴퓨터에 전달한다.

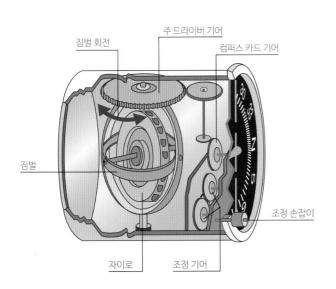

미 해군 블루 에인절스 편대, 보잉 F/A-18S

뉴턴의 운동 제1법칙

세탁기 | Washing Machine

일상생활에서 자주 쓰는 이 가전용품은 물에 흠뻑 젖은 빨래를 짜는 데 뉴턴의 통찰력을 기발하게 적용한 기구다. 산업사회 이전에는 빨래 짜기가 세탁 과정에서 두려움을 느낄 정도로 몹시 힘겨운 일이었다.

　　뉴턴의 운동 제1법칙에 따르면 물체는 외부 힘의 작용이 없는 한 직선으로 움직인다. 세탁기 안의 드럼이 빠르게 돌면 드럼 안쪽의 벽이 빨래를 계속 한쪽 방향으로 밀어서 원운동을 시킨다. 빨래에는 이렇게 해서 방향 변화가 자연스럽게 일어나 가속도가 붙으며

외부 힘의 영향을 받게 된다. 빠르게 도는 드럼의 회전력은 실로 엄청나다. 빨래를 그 안에 고르게 넣지 않아 세탁기에서 펑펑 소리가 나는 것을 들어본 적이 있는가. 그 힘이 어느 정도인지 알 수 있을 것이다.

　　드럼 안쪽 벽에 뚫린 구멍들은 이렇게 안으로 향하는 힘이 드럼 안의 물에 작용하지 못하도록 한다. 구멍들이 있으면 세탁기 드럼 안의 물은 뉴턴의 법칙에 따라 직선 경로로 움직여 드럼에서 빠져나가며, 회전하는 드럼에 부딪친 빨래는 효과적으로 탈수된다.

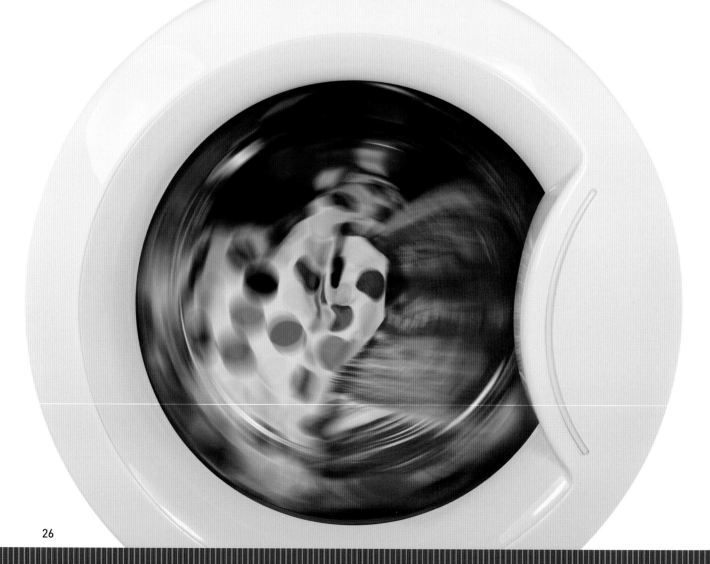

세로형 세탁기. 뚜껑을 열고 위에서 빨래를 집어넣는 세탁기에서 원뿔 모양의 세탁봉은 방향을 바꾸면서 회전하며 세제가 섞인 물로 가득한 통 안에서 빨래를 움직이게 한다. 이 과정이 끝나면 타이머는 모터를 멈춰 세탁 회전을 중지시키고 구멍 뚫린 안쪽의 바구니(드럼)를 돌게 한다. 회전이 시작되면 원심력이 작용해 물은 바깥쪽 통 구멍들을 통해 빠져나가고 빨래는 드럼에 부딪히면서 탈수가 이뤄진다.

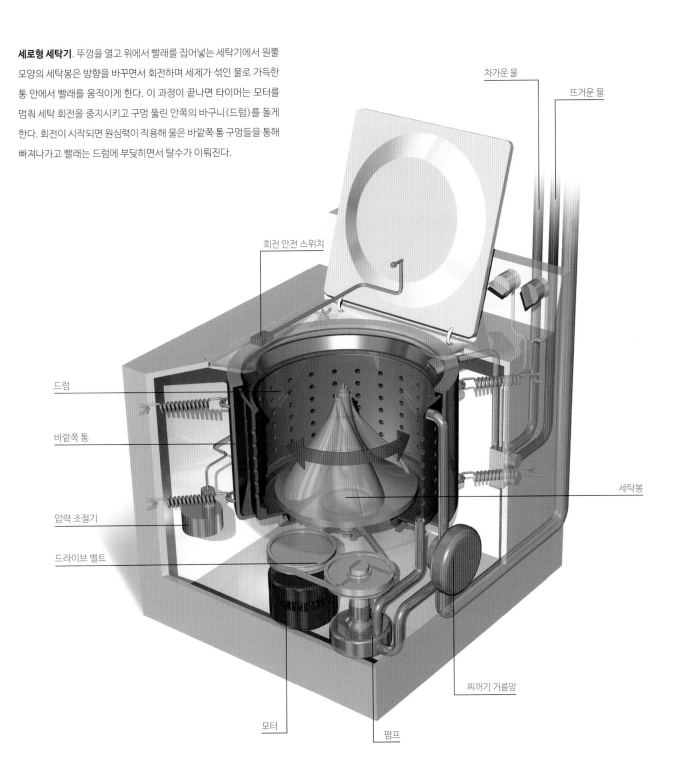

차가운 물

뜨거운 물

회전 안전 스위치

드럼

바깥쪽 통

압력 조절기

드라이브 벨트

세탁봉

찌꺼기 거름망

모터

펌프

총의 반동Gun Recoil

총알이 폭발적인 힘으로 총구에서 발사될 때 총을 쏘는 사람은 총이 뒤로 밀리는 것을 느끼게 된다. 뉴턴의 운동 제3법칙에 따르면 총을 뒤로 밀리게 하는 힘(반동)은 발사된 총알이 앞으로 나아가는 힘과 크기가 같다. 대포나 기관총 같은 몇몇 무기들은 반동이 땅으로 전해지도록 설치된다. 여타의 무기들에서는 탄피를 발사해 내보내고 재장전을 하는 스프링이 이 반동을 흡수한다.

법칙

작용과 반작용의 짝짓기
뉴턴의 운동 제3법칙

모든 작용에는 세기가 같고 방향은 반대인 반작용이 존재한다. 뉴턴의 운동 제3법칙은 매우 단순해 보이지만, 헤엄치는 오징어부터 우주로 발사되는 로켓까지 광범위한 현상들을 설명해 준다.

밀기와 당기기, 마찰, 장력 같은 간단한 것에서 좀처럼 이해하기 힘든 중력에 이르기까지 모든 종류의 상호작용은 힘을 만들어 낸다. 하지만 그 힘은 양방향에서 작용한다. 말하자면 항상 짝을 지어 발생하는 것이다.

같은 세기의 힘이 항상 짝으로 발생한다는 것은 직관만으로 이해하기 힘들지 모른다. 달리는 자동차의 앞 유리에 벌레가 부딪혔다고 가정해보자. 물론 벌레는 부딪히는 순간 충격으로 앞 유리에서 떨어져 나갈 것이다. 그러나 충돌 순간 벌레가 자동차에 미친 힘은 자동차가 벌레에 미친 힘과 세기가 같다. 다음처럼 생각해보아라. 벌레가 앞 유리에 부딪히는 힘만큼 앞 유리도 벌레에 부딪혀 충격을 받는다.

뉴턴의 운동 제3법칙
오징어와 문어 Squid and Octopus

오징어나 문어 같은 두족류 동물은 제트 추진의 원리를 이용해 움직일 수 있도록 진화했다. 이 동물들은 시속 40킬로미터가 넘는 엄청난 속도로 물속을 헤엄쳐 다닌다. 진화란 정말 정교하고 오묘한 기술을 가진 엔지니어가 아닌가.

오징어나 문어가 이렇게 빨리 헤엄칠 수 있는 것은 몸에서 물을 분사하기 때문이다. 물을 분사하면 뉴턴의 운동 제3법칙에 따라 반대 방향의 힘이 발생한다. 두족류는 근육에 있는 외투막을 부풀려 머리 부근의 작은 구멍으로 바닷물을 빨아들인다. 이어 외투막에서 압력을 높이기 위해 튜브처럼 생긴 구멍 하나만 남기고 나머지 다른 구멍들을 닫는다. 그런 다음 외투막을 급격하게 수축시키면 남은 구멍을 통해 바닷물을 몸 밖으로 분사해서 그 반대 방향으로 빠른

속도로 이동하게 된다. 이렇게 해서 적으로부터 몸을 피하기도 하고 먹잇감을 향해 접근하기도 한다.

뉴턴의 운동 제3법칙

제트 엔진 Jet Engine

제트엔진에서는 뉴턴의 운동 제3법칙에 따라 생겨난 한 방향의 힘과 반대 방향의 힘이 만나게 되는데, 이는 특별한 이름으로 불린다. 추력(Thrust)이다. 간단하게 설명하면 공기로 가득 찬 풍선의 입구를 손으로 잡고 있다가 놓으면 풍선이 치솟아 올라가는 데 이때 풍선을 움직이게 하는 힘이 바로 추력이다.

제트기는 많은 양의 공기를 엔진의 앞쪽에서 빨아들인다. 엔진 안으로 들어온 공기는 회전 날들로 이뤄진 압축기로 들어가고, 압축기는 이름 그대로 공기를 작은 공간에 압축시켜 압력과 잠재 에너지(Potential Energy)를 증가시킨다. 엔진의 연소기에서는 압력이 높아진 공기가 연료와 함께 분사되고 점화된다. 산소와 연료가 불에 타면서 뜨겁게 팽창하는 기체가 생성된다. 이 기체가 터빈으로 들어가 날개깃을 회전시킨다(이 회전은 다시 압축기의 회전날들을 돌리는 데 필요한 동력의 일부를 제공한다). 결국 뜨거운 공기가 엔진의 핵심부를 둘러싸고 흐르던 차가운 공기와 함께 엔진의 후면 노즐에서 엄청난 에너지로 분사된다. 제트기를 앞으로 쏜살같이 나아가게 할 만큼 폭발적이다.

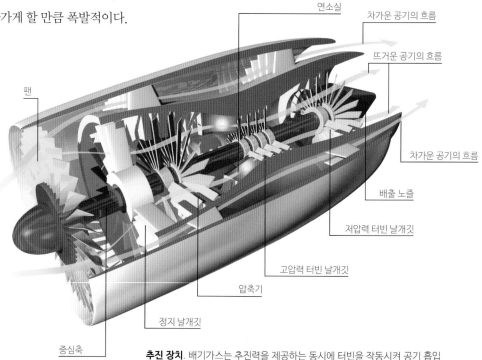

연소실
차가운 공기의 흐름
뜨거운 공기의 흐름
팬
차가운 공기의 흐름
배출 노즐
저압력 터빈 날개깃
고압력 터빈 날개깃
압축기
정지 날개깃
중심축

추진 장치. 배기가스는 추진력을 제공하는 동시에 터빈을 작동시켜 공기 흡입구의 팬을 돌게 한다. 터빈은 안으로 들어온 공기를 압축해서 연소율을 높이고 배기가스가 더 효율적으로 작동하게 한다.

뉴턴의 운동 제3법칙
로켓 엔진 Rocket Engine

새턴5호나 스페이스 셔틀 같은 거대한 우주선이 이륙하고 비행하는 모습은 거의 기적처럼 보인다. 하지만 이런 로켓의 비행도 자연의 힘을 섬세하게 이용한 것이다. 제트기처럼 우주 로켓도 공기를 배출해서 추진력을 얻는다. 역시 뉴턴의 운동 제3법칙을 따른 것이다. 로켓은 이륙하면서 지표면을 향해 배기가스를 뿜어낸다. 따라서 발사대는 양옆에서 발생할 수 있는 폭발 사고에 대비할 수 있게끔 설계돼 있다. 새턴5호의 초기 발사대는 불이 붙지 않는 벽돌 수천 개

를 쌓아올린 참호나 마찬가지였다.

물론 로켓이 지구 밖으로 나가면 제트기와는 다른 문제에 직면하게 된다. 우주 공간에는 산소가 없다. 때문에 산소를 가지고 가야 한다. 하지만 이점도 있다. 공기를 로켓 밖으로 배출하는 데 필요한 에너지가 없어도 된다. 덕분에 로켓은 지구의 대기권을 벗어나기만 하면 훨씬 적은 에너지로 이동할 수 있다.

새로운 것은 없다
에너지의 보존

에너지는 새로 만들어지거나 사라지는 게 아니다. 우주 또는 닫힌계(Closed System)에 존재하는 에너지의 총량은 시간이 지나도 일정하다. 에너지 보존의 법칙은 롤러코스터에서 하이브리드 전기자동차에 이르기까지 모든 것을 지배하는 보편적인 것이다.

우리가 에너지의 생성이라고 말한다면 그것은 사실 에너지의 형태 변화를 의미할 뿐이다. 에너지는 열, 빛, 소리, 운동 등의 형태를 띤다. 위치에 따른 위치에너지도 있다. 미끄럼틀 위에 있는 어린이나 체리나무에 달린 열매는 위치에너지를 갖는다. 포도당 같은 물질에는 인체가 세포호흡을 통해 에너지원으로 이용할 수 있는 화학 에너지가 담겨 있다.

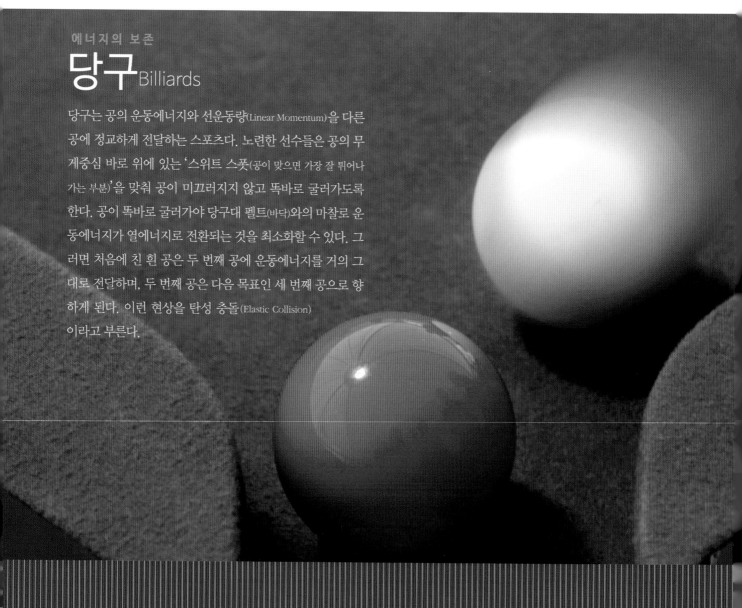

에너지의 보존

당구Billiards

당구는 공의 운동에너지와 선운동량(Linear Momentum)을 다른 공에 정교하게 전달하는 스포츠다. 노련한 선수들은 공의 무게중심 바로 위에 있는 '스위트 스폿(공이 맞으면 가장 잘 튀어나가는 부분)'을 맞춰 공이 미끄러지지 않고 똑바로 굴러가도록 한다. 공이 똑바로 굴러가야 당구대 펠트(바닥)와의 마찰로 운동에너지가 열에너지로 전환되는 것을 최소화할 수 있다. 그러면 처음에 친 흰 공은 두 번째 공에 운동에너지를 거의 그대로 전달하며, 두 번째 공은 다음 목표인 세 번째 공으로 향하게 된다. 이런 현상을 탄성 충돌(Elastic Collision)이라고 부른다.

에너지의 보존
회생제동 Regenerative Braking

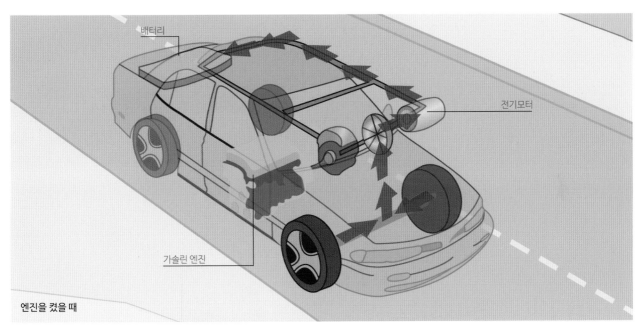

배터리

전기모터

가솔린 엔진

엔진을 켰을 때

에너지의 변환. 회생제동은 브레이크가 작동할 때 낭비되는 에너지를 전기에너지로 변환해 배터리에 저장하게 하는 역할을 한다.

전속력으로 달리는 자동차는 사실 에너지를 사라지게 하거나 소모하지 않는다. 에너지를 다른 형태로 바꿀 뿐이다. 효율이 높은 자동차는 가능하면 많은 에너지를 사용 가능한 형태로 보존한다. 기존의 화석연료 자동차는 이런 점에서 그리 성공적이지 못했다. 화석연료 자동차를 움직이거나 히터와 에어컨을 가동하는 데 사용되는 에너지는 연료 전체 에너지의 15%에 불과한 것으로 추산된다.

브레이크를 예로 들어보자. 브레이크 페달을 밟으면 유압 시스템이 가동돼 브레이크 패드가 바퀴에 작용한다. 브레이크 패드는 바퀴와 마찰을 일으켜 차의 속도를 줄이거나 차를 멈추게 하는데, 이 과정에서 운동에너지가 열에너지로 변환된다. 하지만 열은 자동차가 나아가는 데 도움을 주지 못한다. 그저 소모되는 에너지일 뿐이다.

기존의 내연기관과 전기에너지 구동 모터를 결합한 하이브리드 자동차는 회생제동을 사용한다. 회생제동은 자동차의 전기모터를 발전기로 사용해서, 감속하는 동안 손실되는 운동에너지의 일부를 잡아내고 그 에너지를 전기에너지로 변환한다. 이 전기에너지는 하이브리드 자동차의 배터리에 저장됐다가 나중에 에너지원으로 쓰이게 된다.

하이브리드 자동차에서 내연기관과 전기모터를 결합하는 방법에는 두 가지가 있다. 하나는 가솔린을 연료로 쓰는 엔진이 발전기에 에너지를 공급하고 그 발전기가 다시 바퀴를 구동하는 직렬 하이브리드(Series Hybrid) 방식이다. 병렬 하이브리드(Parallel Hybrid) 방식에서는 가솔린 모터와 전기모터가 구동 바퀴에 각각 따로 연결된다. 이 방식에서는 어느 한쪽 또는 양쪽 모두로부터 언제든지 동력을 얻을 수 있다. 병렬식은 비용이 더 많이 들지만 화학에너지(가솔린)에서 전기에너지를 거쳐 역학에너지로 변환되는 동안 열로 낭비되는 에너지를 보존할 수 있어서 효율이 높다.

다운힐 스키 Downhill Skiing

다운힐 스키 선수의 목표는 속도를 내는 것이다. 다시 말해서 선수들은 최대한 많은 양의 위치에너지를 운동에너지, 즉 속력으로 바꾸고 싶어 한다. 위치에너지가 운동에너지로 전환되는 과정에서 외부의 힘, 이를테면 지표면과의 마찰과 공기의 저항이 선수의 몸에 미치는 영향을 최소화하려 한다. 스키 선수는 스키에 왁스칠을 해 눈 위에서 잘 미끄러질 수 있도록 한다. 또한 몸에 달라붙는 옷을 입고 팔을 앞으로 뻗는 자세를 취해 몸이 받는 공기의 저항을 가능한 한 줄이려 한다. 그리고 당연하겠지만 중력을 이용해서 언덕 아래로 떨어지듯이 내려간다.

스키 선수가 경사로의 아래쪽 끝 지점에 접근하는 동안 거의 모든 위치에너지가 운동에너지로 전환된다. 이제 그는 스키를 경사로에서 비스듬한 방향으로 돌려 멈추는 자세를 취한다. 이때 마찰이 운동에너지를 열에너지로 전환시킨다.

에 너 지 의 보 존

롤러코스터 Roller Coaster

롤러코스터가 출발해서 가장 높은 곳으로 올라갈 때 승객들은 속이 뒤집어질 정도의 아찔한 순간을 느끼게 된다. 롤러코스터가 위치에너지를 얻는 과정이다. 롤러코스터에 사람이 많이 타고 더 높이 올라갈수록 위치에너지는 커진다. 정상에 이르렀을 때 위치에너지는 최대가 되고, 롤러코스터는 아래로 떨어지기 시작한다.

롤러코스터가 추락하듯이 밑으로 내려오면서 위치에너지는 운동에너지로 전환된다. 롤러코스터가 다시 레일을 따라 올라가면 위치에너지가 커진다. 이번에는 반대로 운동에너지가 위치에너지로 전환되는 것이다. 실제로 롤러코스터의 전체 경로는 신나는 에너지 전환의 연속이다. 마찰과 공기의 저항을 빼고 이론적으로만 생각한다면 롤러코스터의 전체 역학 에너지는 처음부터 끝까지 일정하다. 출발할 때 리

프트 기계를 이용해 위치에너지를 공급받은 롤러코스터는 마지막 구간에서 브레이크를 이용해 멈추게 된다. 마찰을 통해 운동에너지가 열에너지로 전환돼 흩어지는 것이다.

최초의 튜브 모양 철제 롤러코스터는 1959년 미국 디즈니랜드에서 선을 보였으며 궤도가 고리 모양으로 설계된 것도 이때가 처음이다.

회전운동 Rotating Objects

회전하고 있는 피겨스케이트 선수를 보면 각운동량(Angular Momentum)이라는 특별한 운동량을 제대로 이해할 수 있다. 선운동량(Linear Momentum)처럼 각운동량도 보존된다. 즉 일정하게 유지된다는 뜻인데, 물론 외부에서 밀거나 당기는 힘이 작용하지 않는 경우에 그렇다는 얘기다.

각운동량은 두 수치의 곱으로 이뤄진다. 물체의 회전 속도(각속도)와 관성 모멘트(Moment of Inertia)를 곱한 값이다. 관성 모멘트는 물체의 질량과 이 질량이 회전할 때 분포하는 위치를 모두 나타낸다. 질량이 회전축에 가깝게 모일수록 관성 모멘트는 작아진다.

따라서 스케이트 선수가 팔다리를 안쪽으로 당겨 몸을 회전축과 가깝게 만들수록 관성 모멘트는 작아지고 회전 속도는 빨라진다.

플랫폼 다이빙 선수도 다이빙하는 동안 각운동량을 유지하며 여러 가지 자세를 구사한다. 다리를 접어 가슴에 붙이는 턱(Tuck) 자세부터 몸을 반쯤 펴는 자세를 거쳤다가 마지막에는 몸을 완전히 일자로 만들어 입수한다. 이렇게 자세를 바꿀 때마다 다이빙 선수의 관성 모멘트에는 변화가 생기고 회전 속도도 달라진다. 턱 자세는 관성 모멘트가 가장 작고 회전 속도가 빠르다.

반대로도 적용할 수 있다. 회전하는 물체의 속도를 줄이려면 관성 모멘트를 높이면 된다. 빠르게 돌고 있는 자전거 바퀴에 제동을 걸어서 마찰을 발생시키면 회전 속도가 줄어든다. 이때 바퀴의 회전축 근처보다는 테두리 부분을 손대는 편이 속도를 훨씬 빨리 늦출 수 있다.

골프채도 무게를 힐과 클럽헤드(골프채의 머리 부분)의 끝부분에 집중시켜 관성 모멘트를 높이도록 설계돼 있다. 이렇게 하면 골프채가 회전할 때 회전을 방해하는 요소를 줄일 수 있어 공을 엉뚱한 방향으로 칠 가능성이 줄어든다.

제 2 장

기계적 확대율과 마찰
Mechanical Advantage and Friction

인류는 처음으로 손에 쥐는 석기를 쓰기 시작하면서 자신의 노동 효과를 높일 수 있는 장치들을 발명해왔다. 바로 기계다. 고대 그리스 수학자 아르키메데스는 "내게 설 땅과 지렛대를 주면 지구를 움직여 보겠다"며 큰소리를 쳤다. 물론 과장해서 한 말이지만 본질적으로 타당한 이야기다. 가장 간단한 기계인 지렛대만 이용해도 우리는 힘을 상당히 키울 수 있기 때문이다. 마치 인간의 힘을 거인족인 타이탄의 힘만큼 키운다고 비유할 수 있겠다. 이처럼 기계가 힘을 배가시키는 요인을 기계적 확대율(Mechanical Advantage, 기계를 사용해서 얻는 힘의 이득을 비율로 나타낸 것-옮긴이)이라고 한다.

일에 필요한 전체 작업량은 일정하고 일은 힘과 거리의 곱으로 나타낼 수 있다(일=힘×거리). 따라서 힘과 거리의 사이에는 교환의 관계가 성립된다. 다시 말해 거리가 늘어날수록 필요한 힘의 양은 작아지며, 거리가 줄어들수록 필요한 힘의 양은 커진다. 아르키메데스의 호언장담을 떠올려 보자. 그가 설 자리를 찾는다 해도 자신의 힘으로 지구를 움직이려면 엄청나게 긴 지렛대가 필요했을 것이다.

어떤 기계들은 일을 하는 데 더 많은 힘이 필요하도록 설계되기도 한다. 대신 이런 기계들로는 속도나 거리에서 이득을 보게 된다. 테니스 라켓을 예로 들면 손잡이에 가해지는 힘은 그 결과로 나오는 라켓의 속도나 라켓의 운동 폭보다 더 크다. 자전거 탑승자가 페달을 밟을 때 사용하는 힘은 자전거를 굴리는 데 필요한 힘보다 크다. 하지만 자전거는 페달보다 빠르게 움직이며 같은 시간에 더 많은 거리를 이동할 수 있다. 이런 기계들의 확대율은 1보다 작다.

실제 생활에서 기계적 확대율은 물체와 물체 사이 또는 운동을 거스르는 유체와의 마찰 때문에 항상 줄어든다. 마찰은 열의 형태로 에너지를 잃게 한다. 따라서 공학자들은 더 효율적인 기계를 만들기 위해 마찰을 줄이는 방안을 찾느라 고심하고 있다.

중심은 힘의 원천
기계적 확대율

3세기의 그리스 수학자 아르키메데스는 처음으로 단순 기계(Simple Machine)의 개념을 세상에 알렸다. 작업에 필요한 힘을 실용적인 힘으로 적용할 수 있도록 하는 장치라는 것이다. 이런 장치로 운동의 힘 또는 거리를 배가시킬 수 있지만 둘 다를 그렇게 할 수는 없다. 고전 역학에서는 6개의 단순 기계를 제시한다. 지렛대, 바퀴, 쐐기, 나사, 도르래, 경사면이다. 이들 단순 기계들은 확대율을 살려 쉽게 물건을 움직일 수 있게 해준다. 이 기계들은 현대에도 크레인이나 자동차 변속기 같은 더욱 복잡한 기계들의 핵심 부품으로 쓰이고 있다.

기계적 확대율
지렛대 Lever

지렛대는 중심이나 지주(Fulcrum) 위에 올려놓은 고정된 들보를 말한다. 지렛대를 이용하면 한 사람의 힘으로 들어 올릴 수 없는 물건을 들어 올릴 수 있다. 이런 장점은 바로 기계적 확대율에서 나온다.

지렛대는 또한 다른 기계들처럼 어떻게 설치하느냐에 따라 힘을 증폭시킬 뿐만 아니라 힘의 방향도 바꾼다. 즉 지렛대의 한쪽 끝을 누르면 다른 쪽 끝은 올라간다. 예를 들어 야구 방망이는 투입되는 힘이 산출되는 힘보다 큰 지렛대 역할을 한다. 공을 치는 야구 방망이의 두꺼운 부분은 방망이

의 손잡이 부분이 움직이는 것보다 긴 거리를 움직이며, 따라서 더 빠르게 움직이게 된다.

기 계 적 확 대 율
자전거 Bicycle

정밀하게 설계된 변속 자전거의 기어는 탑승자가 근육의 힘을 이용해 어떤 지형에서든 최적의 조건으로 달리게 해준다. 체인 하나가 두 세트의 톱니바퀴를 움직인다. 페달을 밟으면 체인링이 회전하는데 이를 구동기어(Driver Gear)라고 부른다. 더 작은 스프라켓(자전거의 뒷바퀴에 장착된 체인과 맞물리는 톱니바퀴)은 뒷바퀴 중심에 연결돼 있으며 종동기어(Follower Gear)라고 불린다. 변속기(Derailleur)라고 불리는 장치는 체인을 움직여 구동기어와 종동기어를 조합시키게 된다.

다른 기어열(Gear Train)에서도 그렇듯이 구동기어와 종동기어에 있는 톱니 수의 비율이 기계적 확대율을 결정한다. 톱니가 많은 큰 체인링이 더 작은 스프라켓과 연결되면 자전거 바퀴의 회전은 더 빨라지지만 탑승자는 더 많은 힘을 투입해야 한다. 언덕을 올라가려면 작은 구동기어와 더 큰 종동기어를 조합해야 하는데, 이때 탑승자는 페달을 밟는 데 힘을 적게 들이는 대신 더 빠르게 페달을 밟아야 한다.

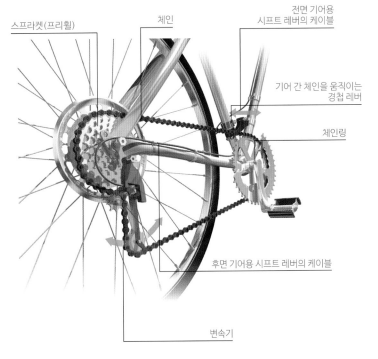

스프라켓(프리휠)

체인

전면 기어용 시프트 레버의 케이블

기어 간 체인을 움직이는 경첩 레버

체인링

후면 기어용 시프트 레버의 케이블

변속기

기계적 확대율

바퀴 Wheel

바퀴와 축은 물건을 옮기는 데 유용한 6개의 단순기계 중 하나다. 원통형 막대기가 가운데에 박힌 원판 형태를 띤다. 바퀴는 5천여 년 전에 메소포타미아 등지에서 등장한 아주 각별한 발명품으로, 무거운 물건을 질질 끌지 않고 굴려서 쉽게 옮길 수 있게 한다. 짐을 실은 수레의 바퀴는 땅과의 접촉 면적이 매우 좁다. 따라서 물체의 이동을 방해하는 마찰도 확 줄어든다.

중심축에 연결된 바퀴는 사실상 동그란 지렛대이다. 중심축에 더 큰 힘을 가하면 테두리 부분의 회전 속도와 이동 거리가 증가하기 때문이다. 문의 손잡이는 반대의 경우다. 손잡이에 상대적으로 적은 힘을 가하지만 문의 중심축에 작용하는 힘은 훨씬 커진다. 다른 지렛대에서처럼 기계적 확대율이 발생한 결과이다.

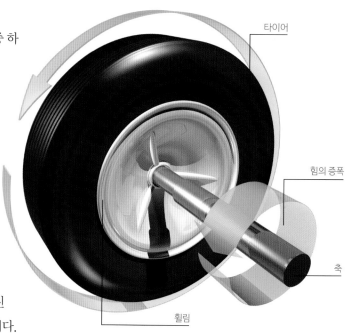

타이어

힘의 증폭

축

휠림

바퀴의 작동 원리. 바퀴는 우리에게 익숙한 둥근 구조물과 바퀴통, 축을 거쳐서 효과적으로 힘과 운동을 전달한다. 바퀴의 중심은 실제로 지렛목처럼 작용해 지렛대를 회전시킨다.

뼈, 관절, 근육
Bones, Joints, and Muscles

우리의 뼈대에도 지렛대가 많다. 관절은 받침대로서, 뼈는 힘을 전달하는 리프팅 빔(Lifting Beam)으로서, 근육은 가해지는 힘으로 작용한다. 커피를 마시려고 잔을 집어 들 때 팔은 이렇게 제3종 지렛대 역할을 한다. 즉 이두박근은 커피 잔을 옮기는 데 필요 이상의 더 큰 힘을 가하지만 손에 들린 커피 잔은 상대적으로 긴 거리를 움직이게 된다. 우리는 결국 쉽게 커피를 마실 수 있다. 커피와 함께 빵을 먹는다면 마찬가지로 아래쪽 턱이 제3종 지렛대 역할을 하게 된다.

대회전 관람차 Ferris Wheel

1893년 시카고 만국박람회장에 처음 세워진 대회전 관람차는 관람객들을 태우는 거대한 바퀴로, 이를 돌리기 위한 중심축의 무게만 40톤에 달했다. 관람객들은 이 관람차를 타고 중력과 구심력의 효과를 몸으로 느낄 수 있었다. 중력은 지구의 중심인 아래쪽으로 물체를 끌어당긴다. 반면 구심력은 물체를 원형 궤도로 끌어당기며 항상 궤도 중심을 향해 작용한다.

기계적 확대율

도르래 Pulley

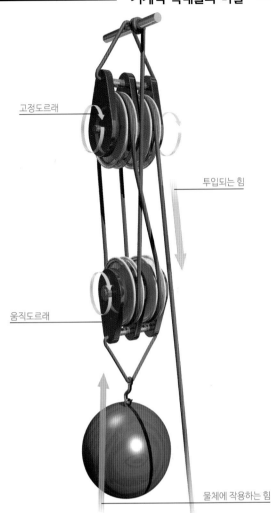

고정도르래

투입되는 힘

움직도르래

물체에 작용하는 힘

도르래는 둘레를 로프로 감은 바퀴다. 지렛대와 무척 비슷하게 작동한다. 로프의 한쪽 끝에 힘을 가해 다른 쪽 끝에 달린 물체를 들어 올리는 방식이다. 단 하나의 고정된 도르래만으로는 기계적 확대율을 기대할 수 없다. 들어 올리려는 물체의 무게와 같은 힘을 가해야 하기 때문이다. 하지만 로프를 아래쪽으로 당기면서 중력의 도움을 받는다는 이점을 누릴 수 있으며 등 근육을 사용하지 않고 몸 전체의 무게를 실어 쉽게 들어 올릴 수 있다. 두 개의 도르래를 동시에 사용하면 힘을 아낄 수 있다. 물체를 들어 올리는 데 투입해야 할 힘이 반으로 줄기 때문이다. 여기서도 교환의 원리가 작용한다. 일의 총량은 일정하지만 로프로 당겨야 할 거리가 길어지는 만큼 가해지는 힘이 줄어들게 된다.

자동차 미끄러짐 Car Skid

차가 미끄러지는 현상은 지렛대의 작용 때문이다. 브레이크를 밟으면 바퀴는 회전을 멈추지만 차체는 앞 방향으로 계속해서 나아간다. 이렇게 되면 차의 앞바퀴에 걸리는 부하량이 증가한다. 결국 앞바퀴가 지레의 받침대, 즉 중심처럼 작용하고 자동차 자체는 지렛대가 된다. 결국 차는 앞바퀴를 중심으로 회전하게 된다. 얼마나 많이, 얼마나 빨리 미끄러지는지는 앞바퀴와 뒷바퀴 사이의 거리, 차의 앞부분과 뒷부분 사이에 무게가 어떻게 다른지에 따라 결정된다. 브레이크 잠김 방지 시스템(Antilock Braking System)은 비상 상황에서 브레이크를 잡을 때 자동으로 브레이크를 밟았다 떼는 작용을 반복해 바퀴가 잠기는 현상을 방지한다.

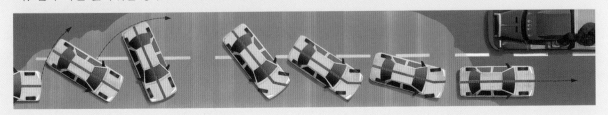

기계적 확대율
기어Gear

산업혁명 이후 기계화가 대규모로 이루어지는 과정에 기어만큼 중요한 역할을 한 것은 찾기 힘들다. 톱니바퀴들로 이루어진 기어는 맞물리면 서로 반대 방향으로 돌아가면서 힘이나 속도를 증가시켜 숱한 종류의 일들을 처리한다. 힘을 받는 기어, 즉 구동기어가 그보다 작은 종동기어와 맞물리면 종동기어는 더 빠른 속도로 회전한다. 구동기어가 종동기어보다 더 작으면 종동기어는 더 느리게 회전하지만 회전의 힘은 더 커진다.

   달걀 거품기를 예로 들겠다. 손으로 큰 중심 기어를 돌리면 이 중심 기어는 맞물려 있는 더 작은 두 개의 기어에 힘을 전한다. 이 두 개의 기어는 손잡이로 돌리는 중심 기어보다 몇 배 빠른 속도로 회전한다. 달걀 거품기는 힘을 거품을 내는 데 필요한 속도와 교환하는 대표적인 사례다.

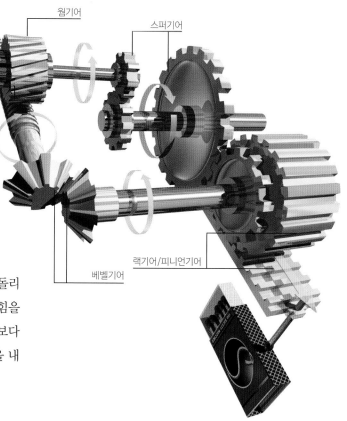

웜기어 · 스퍼기어 · 베벨기어 · 랙기어/피니언기어

기어. 기어의 톱니 모양과 크기는 회전수, 움직이는 방향, 속도, 가해지는 힘을 결정한다.
웜기어는 서로 다른 평면에서 수직으로 만나는 두 축 사이에서 회전운동을 전달한다. 베벨기어는 두 축의 양끝을 연결한다.
피니언기어는 미끄러져 이동하는 랙기어와 맞물린다.

웜드라이브Worm Drive

어떤 기어들은 바퀴 모양이 아니라 나사 모양으로 생긴 원기둥과 맞물리게 설계돼 있다. 이 기어에는 나선(Worm)이라는 이름이 적절하게 붙어있는데, 고속으로 회전하면서 더 큰 웜기어에서 엄청난 힘을 일으키게 한다. 보통 흔히 쓰이는 웜드라이브는 한 방향으로만 움직인다. 이렇게 한 방향으로 움직이는 경우는 전원이 꺼졌을 때 위치를 유지해야 하는 컨베이어 시스템, 윈치, 지게차 같은 기계에 적합하다. 웜기어는 자동차 운전대의 회전운동을 수평운동, 즉 앞바퀴의 좌우운동으로 바꿔준다.

기계적 확대율
타워크레인 Climbing Tower Crane

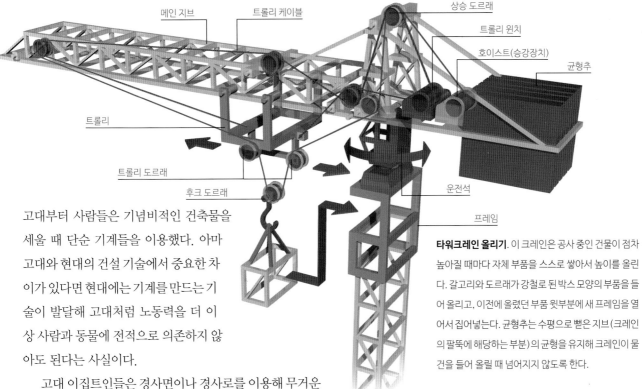

메인 지브
트롤리 케이블
상승 도르래
트롤리 윈치
호이스트(승강장치)
균형추
트롤리
트롤리 도르래
후크 도르래
운전석
프레임

고대부터 사람들은 기념비적인 건축물을 세울 때 단순 기계들을 이용했다. 아마 고대와 현대의 건설 기술에서 중요한 차이가 있다면 현대에는 기계를 만드는 기술이 발달해 고대처럼 노동력을 더 이상 사람과 동물에 전적으로 의존하지 않아도 된다는 사실이다.

고대 이집트인들은 경사면이나 경사로를 이용해 무거운 돌을 들어 올렸다. 거리가 길어지면 힘이 덜 든다는 점을 이용한 것이다. 물건을 직접 들어 올리면 거리는 짧지만 힘이 들기 때문에 거리를 늘리는 편을 선택한 것이다.

로마인들은 위대한 건축물을 세울 때 도르래를 장착한 크레인을 만들어 사용했다. 트리스파스토스(Trispastos)라는 크레인인데, 기본적인 형태로 도르래 3개가 달려 있어 작업자들의 힘을 3배로 늘릴 수 있었다. 어떤 경우에는 힘이 가해지는 크레인의 로프 끝에 캡스턴(무거운 것을 들어 올리는 밧줄을 감는 원통)을 연결하기도 했다. 이렇게 하면 당기는 힘을 최소화할 수 있었다. 바퀴의 둘레를 따라 거리가 길어질수록 중심부에 가해지는 힘이 증폭되기 때문이다. 문의 손잡이에 가한 힘이 중심축 부분에서 증폭되는 것과 같은 원리다.

타워크레인 올리기. 이 크레인은 공사 중인 건물이 점차 높아질 때마다 자체 부품을 스스로 쌓아서 높이를 올린다. 갈고리와 도르래가 강철로 된 박스 모양의 부품을 들어 올리고, 이전에 올렸던 부품 윗부분에 새 프레임을 열어서 집어넣는다. 균형추는 수평으로 뻗은 지브(크레인의 팔뚝에 해당하는 부분)의 균형을 유지해 크레인이 물건을 들어 올릴 때 넘어지지 않도록 한다.

현대의 공사장에서 쓰이는 크레인도 같은 방식으로 작동한다. 권양기, 붐, 지렛대, 도르래를 이용해 무거운 물건을 들어 올리고 옮긴다. 전기모터나 가솔린 엔진을 사용한다는 점이 다를 뿐이다.

초고층 건물이나 다리 등의 건축물을 세우려면 수십 층 높이의 수직 마스트(Vertical Mast)를 이용한다. 수직 마스트도 고대의 다양한 기술을 적용한 것이다. 크레인의 팔 높이까지 무거운 물건을 들어 올리는 데 쓰는 윈치-도르래 시스템, 크레인의 팔을 회전시키기 위한 기어가 그렇다. 그리고 놀랍게도 마스트를 중심으로 회전하며 반대편의 무거운 물건에 맞먹는 힘을 가하기 위해 한쪽 끝에 콘크리트 블록 균형추를 장착한 거대한 지렛대 역시 고대의 기술을 이용한 것이다. 고대인들의 기술혁신이 없었다면 현대 기술을 생각하기 어렵다.

자동차의 변속기 내부

기계적 확대율

오프셋 인쇄기 Offset Printing Press

엄청난 양의 신문이나 잡지, 책을 인쇄하는 데 사용되는 오프셋 석판 인쇄기는 복잡한 기어 열로 작동되는 압연 실린더(Rolling Cylinder)들로 구성돼 있다.

오프셋 인쇄기에서는 같은 크기의 메인 실린더 3개가 서로 같은 속도로 회전한다. 판 실린더, 오프셋 또는 블랭킷 실린더, 가압 실린더(Impression Cylinder)가 그것들이다. 판 실린더는 알루미늄 판으로 싸여 있다. 판의 표면에는 수분을 밀어내고 점착 잉크를 끌어당기는 물질이 인쇄될 부분에 따라 코팅돼 있다.

판 실린더는 잉크와 물을 품고 있는 보다 작은 롤러에 맞닿아 돌아간다. 그 과정에서 판의 코팅된 표면에는 잉크가 발리고, 그렇지 않은 부분은 물에 젖는다. 이렇게 잉크가 발린 판은 고무 블랭킷 실린더에 맞닿아 돌아가면서 이미지를 블랭킷에 찍는다. 블랭킷 실린더는 다시 가압 실린더에 맞닿아 도는데, 이 두 개의 실린더 사이에 종이가 들어가면서 이미지가 종이에 인쇄된다.

오프셋 인쇄. 오프셋 기술을 이용한 컬러 인쇄는 종이가 인쇄기로 말려들어 가면서 실린더, 롤러, 드럼들이 서로 맞물리는 복잡한 과정을 거친다. 이미지나 텍스트는 우선 광화학 과정을 거쳐 금속판에 찍힌다. 잉크를 입히는 롤러가 사이안(Cyan), 마젠타(Magenta), 옐로(Yellow), 블랙(Black) 잉크를 판에 바른다. 이렇게 잉크가 발린 이미지는 블랭킷 실린더에 찍히며, 이때 종이가 블랭킷 실린더와 가압 실린더 사이를 지나면서 컬러 인쇄가 이루어진다. 이 과정은 각각의 색깔에 따라 반복된다.

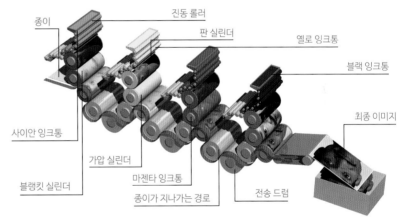

종이 · 진동 롤러 · 판 실린더 · 옐로 잉크통 · 블랙 잉크통 · 최종 이미지 · 사이안 잉크통 · 가압 실린더 · 마젠타 잉크통 · 블랭킷 실린더 · 종이가 지나가는 경로 · 전송 드럼

변속기 Transmission

전기 및 컴퓨터 부품으로 구성된 자동차 자동 변속기는 자전거 기어보다 훨씬 복잡하다. 하지만 자동차나 자전거 모두 바퀴를 굴리기 위해 힘을 전달하는 기본 장치를 갖추고 있다. 발로 자전거 페달을 밟을 때 최적의 속도와 힘이 생기는 것처럼 자동차를 굴러가게 하는 내연기관 역시 최적의 회전 속도에서 잘 작동한다.

변속기는 기어들을 조합해 엔진의 회전 속도를 원하는 바퀴 속도로 전환시키는 기능을 한다. 속도를 줄이도록 기어들을 조합하면 구동륜(Drive Wheels)의 회전력, 즉 토크(Torque)가 강해진다. 기어 조합 하나는 차를 후진시킨다. 자동차 변속기는 엔진을 바퀴와 분리시켜 중립 상태에 놓는 기능도 한다.

줄여도 좋고, 키워도 좋고
마찰

마찰은 운동을 방해하며 열을 발생시킨다. 이는 곧 에너지의 손실을 뜻한다. 마찰은 두 개의 물체가 접촉을 하거나 서로 문지를 때 발생한다.

기계적 확대율을 이상적으로 실현할 수 없는 이유는 마찰 때문이다. 거칠거나 탄성을 지닌 표면에서 마찰이 생기기 더 쉬우며 아주 부드러운 표면에서도 마찰은 어느 정도 발생할 수밖에 없다. 기계를 최대한 효율적으로 작동시키는 방법은 마찰을 최소화하는 것이다. 기름을 바른 돼지가 그렇지 않은 돼지보다 더 잡기 어렵듯이, 윤활유를 친 기계의 부품들은 마찰이 줄어들고 마모도 적다. 반대로 브레이크 같은 장치를 작동하려면 마찰이 필요하다.

마찰
볼 베어링 Ball Bearing

볼 베어링은 볼의 구르는 속성을 이용해 움직이는 기계 부품들 사이의 마찰을 최소화한다. 베어링에는 내륜(Inner Race)과 외륜(Outer Race)이라는 고리가 있으며 두 고리 사이의 파인 부분에 볼이 들어가 있다. 내륜은 중심축처럼 작용하며 외륜은 내륜을 중심으로 볼을 사이에 두고 회전한다. 외륜은 미끄러지지도 않고 마찰도 생기지 않는다. 스케이트보드와 자동차 바퀴의 회전은 바로 볼 베어링 덕분에 더 부드러워진다. 잘 만들어진 요요에는 볼 베어링이 들어 있어 바깥 부분이 안정된 속도로 회전하고 마찰을 최소화할 수 있다. 또한 볼 베어링은 금속면 사이의 접촉을 작은 점들로 줄여놓는다.

마찰
낙하산 Parachute

공기조차도 어떤 물체와 부딪치면 마찰을 일으키고 물체의 운동을 방해한다. 낙하산은 공기저항으로 알려진 일종의 마찰을 이용한 것이다.

낙하산을 멘 사람이 수천 피트 상공의 비행기에서 뛰어내린다고 치자. 그는 처음에 곤두박질치듯 떨어지고 낙하속도는 중력의 영향으로 점점 증가할 것이다.

이렇게 어느 정도 내려오다 보면 낙하산이 펴진다. 낙하산의 소재는 원래 리넨이나 실크였지만 지금은 주로 나일론이다. 모두 중력의 영향을 최소화하는 데 필요한 가벼운 소재들이다. 낙하산의 캐노피(낙하산에서 둥글게 펼쳐지는 부분)는 펴졌을 때 공기와의 마찰을 극대화하게 되는데, 이 캐노피가 공기와 접촉하면서 낙하산을 탄 사람이 안전하게 착지할 수 있게 된다.

마찰

현악기 Stringed Instruments

보통 기계의 부품들이 진동을 할 때는 소음이 나게 마련이다. 하지만 바이올린에서 나는 진동음은 음악으로 받아들여진다. 진동은 마찰 때문에 생긴다. 보다 자세하게 설명하면 스틱 슬립(Stick-Slip) 현상이라고 불리는 마찰력에서 떨림이 발생해 나오는 것이다. 바이올린 활의 털이 본체의 현을 밀고 당기기를 반복하면서 마찰이 일어나 소리가 나는데, 당길 때는 정지 마찰이 일어나 스틱(달라붙는) 현상이, 밀 때는 활 털에 가해진 힘이 정지 마찰을 밀어내며 슬립(미끄러지는) 현상이 나타난다. 미끄러지면서 생기는 마찰은 달라붙을 때 생기는 마찰보다 적다. 이로 인해 활의 속도가 갑자기 빨라져 현을 미세하게 진동시킨다. 활 털로는 말의 꼬리털을 오랫동안 사용해왔다. 말 꼬리털의 섬유질은 바이올린 활을 제어하는 성질이 있고, 활의 달라붙는 현상을 강화하기 위해 바르는 송진의 효능을 지속시켜주기 때문이다.

마찰

선수용 수영복 Competitive Swimwear

뛰어난 수영선수는 물살을 잘 헤쳐 나간다. 하지만 물은 공기보다 밀도가 높고 점성이 강해 수영선수의 몸 주위에서 교란을 일으키며 피부와 마찰을 일으켜 수영을 방해한다. 선수용 수영복에서 무엇보다 중요한 것은 이런 문제를 최소화하는 것이다.

수영선수가 마찰을 피할 수 있는 수영복이 나와 주요 경기에서 기록을 단축하는 효과를 내게 된다면 어떤 일이 벌어질까? 지난 2008년 스피도(Speedo)의 하이테크 수영복인 LZR 레이서가 처음 선보이자 그런 질문이 나왔다. 이후 어깨에서 발

목까지 감싸는 폴리우레탄 수영복이 잇따라 쏟아져 나왔다. 이런 종류의 수영복은 기존 수영복보다 훨씬 효과적으로 몸을 꽉 조이고 좀 더 유선형으로 바꿔놓았다. LZR 레이서의 이음 부분은 마찰을 최소화하기 위해 보통의 재봉 방식이 아니라 초음파를 이용해 봉합했다. 전략은 확실하게 통했다. 2008년 중국 베이징 올림픽에서 메달을 따고 신기록을 낸 수영선수들의 대부분이 LZR 레이서를 입고 경기를 치렀다. 하지만 2010년 이 수영복은 국제 공식경기에서 착용이 금지됐다.

제 3 장

파동과 교란현상
Waves and Turbulence

파동이란 무엇인가? 파동은 상호작용하는 입자들로 이뤄진 매질을 통해 에너지를 전달하는 일종의 진동 현상을 말한다. 진자처럼 진동하는 이 패턴은 물질 자체는 이동시키지 않으면서 에너지를 한 곳에서 다른 곳으로 전달한다. 파도 위의 물체가 파도와 함께 이동하지 않고 위아래로만 움직이는 현상은 바로 이 때문이다. 물은 에너지를 전달하는 매질에 불과하다.

파동에는 수많은 종류가 있다. 음파, 수중파, 광파, 빛 속도로 움직이는 전자기파 등등. 파동은 한쪽 끝에서 진동을 일으키며 퍼져 나간다. 연못에 돌을 던지면 동심원들이 생기면서 파동을 일으킨다.

모든 파동은 물 위에 세찬 바람이 불거나 기타 줄을 튕기는 것처럼 일시적으로 입자의 위치를 바꿀 수 있는 힘을 가해야 시작된다. 위치가 바뀐 입자들은 주변 입자들을 밀거나 당겨서 운동을 하게 만들어 에너지를 전달한다. 두 번째 파동이 일어나면서 첫 번째 파동은 잦아들고 입자는 원

래 위치로 돌아가 휴식 상태로 접어든다. 한편 두 번째 파동은 세 번째 파동을 일으키고 이 과정은 계속된다.

파동에는 질서가 있다. 교란과 같은 혼란스러운 운동은 물리학으로 정의하거나 설명하기가 매우 힘들다. 하지만 교란운동은 도처에서 일어난다. 흐르는 기체, 소용돌이치는 액체, 예측할 수 없는 회오리, 범람하는 강물, 확 타오르는 불꽃, 불규칙하게 배출되는 배기가스 등이 그렇다. 얼핏 보면 교란운동이 특정한 조건에서 복잡한 3차원적인 패턴에 따라 발생하는 것 같다.

물을 타고, 파도를 타고
파도 에너지

파동은 매질을 통해 연쇄작용을 일으키며 에너지를 전달한다. 바다에서 파도를 일으키는 힘은 바다 표면을 강타하는 바람이다. 바람은 공기의 운동에너지를 바닷물로 전달한다. 파도의 높이는 바람의 속도, 바다 표면을 바람이 때리는 시간, 바람이 작용하는 수면상의 거리(대안 거리)에 따라 결정된다. 파도가 높으면 에너지도 크다. 파도가 수천 킬로미터를 여행한 뒤에 바닷가에서 부서지는 것은 물이 아니라 에너지다. 물은 그 자리에 머물지만 에너지는 물을 타고 파도처럼 흐른다. 같은 원리가 연못의 잔물결이나 엄청난 파괴력을 지닌 지진해일에도 적용된다.

파도 에너지
파력 발전장치 Wave Turbine

1.6킬로미터에 걸친 해안선에서 10초 동안 몰아치는 1.2미터 높이의 파도를 살펴보자. 파도에서는 백열등 한 개를 30년 동안 켜기에 충분한 에너지가 나온다. 이처럼 출중한 재생가능 에너지를 마다할 이유가 있을까? 공학자들은 파도의 상하운동을 이용한 부표시스템을 이용해 발전 장치를 개발해왔다. 파도가 상하운동을 하면서 압력을 만들어내면 해안가에 설치된 기둥 구조물(Water Column)이 그 압력으로 공기를 밀어 터빈을 돌아가게 한다. 즉 기둥 구조물들이 파도를 저장해서 저수지의 수력발전 댐과 같은 역할을 하는 것이다. 유감스럽게도 이 기술은 비용이 너무 많이 들어 요즘에는 별로 쓰이지 않는다.

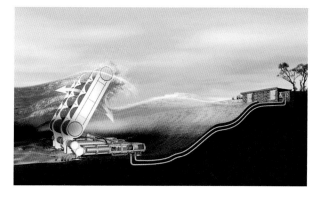

파도 에너지 전환 장치. 위쪽의 파도는 기둥들을 상하로 움직이게 하고, 이 움직임이 전기에너지로 전환된다.

파도 에너지

서핑 Surfing

파도를 타고 싶은 사람이라면 파도 에너지에 관심을 갖게 될 것이다. 그들은 커다랗고 강력한 파도를 찾는다. 그런 파도는 선명하게 부서지며 해안으로 밀려들어 온다.

서퍼들은 바다의 폭풍 예보를 예의주시하면서 고(高)에너지 파도를 세심하게 지켜본다. 고에너지 파도는 지속해서 강력하게 멀리 부는 바람이 일으키는데, 커다란 놀을 만들어 낸다. 놀은 깊은 바다를 거쳐 먼 거리를 이동할 수 있는 파도의 연속체이다. 이러한 파도는 해안가에서 일어난 파도보다 훨씬 많은 에너지를 갖고 있다. 서퍼들이 즐겨 찾는 웹사이트에서는 파도의 높이와 주기를 함수에 대입해 파도 에너지를 예측한다. 주기가 클수록 파도는 빠르게 움직인다.

서퍼들은 또한 서핑 지점의 바다 밑 지형에도 관심을 갖게 된다. 바다 밑 지형은 언제 어디서 파도가 부서질지를 결정한다. 서퍼들은 큰 파도가 해안에 접근하면서 속도가 줄어들고 바다가 얕아지면서 급격하게 모양을 바꾼다는 사실도 잘 안다. 결국 파도는 잦아들고 소리를 내면서 에너지를 방출한 뒤(즉 부서지고), 저층역류(Undertow)와 이안류(Rip Current)의 형태로 다시 바다로 돌아간다. 서퍼들은 이안류를 타고 다음 파도를 맞으러 바다로 나간다.

무시할 수 없는 존재
지진파

에너지의 파동이 공기와 물을 통과할 수 있다면 그 파동은 지구도 통과할 수 있을 것이다. 이런 파동을 지진파라고 부른다. 지진, 화산 폭발, 지진해일, 핵폭발, 그리고 지구상의 다른 강력한 충격 등으로 발생한다. 지진파는 기본적으로 실체파(Body Wave)와 표면파(Surface Wave)로 나눌 수 있다. 실체파는 지구 전체를 통과하며 진동하는 파동이며, 표면파는 지구의 지각에만 영향을 미친다. 과학자들은 실체파 덕분에 지구의 내부 구조를 알게 됐다.

지진파
지진해일 Tsunami

지진해일은 바람이 일으키는 파도와 본질적으로 다르다. 지진해일은 해저 지진 또는 다른 형태의 지진 붕괴로 발생한다. 이런 지진들이 일어나면 엄청난 양의 물이 중력의 영향을 받아 이동하게 되는데, 이 물의 이동이 바로 지진해일이다. 일정한 높낮이를 보이는 보통의 파도와는 다르게 지진해일은 파도의 규모가 매우 크고 주기가 길다. 물로 만든 거대한 벽이 성큼성큼 다가오는 듯한 느낌을 준다. 물의 깊이에 비해 파도의 길이(파장)가 길어 속도가 빠르고 엄청난 거리를 지나도 에너지를 거의 잃지 않는다.

지진해일로 일어난 거대한 파도가 비교적 얕은 해안가에 접근할 때 속도는 줄어들지만 높이가 증가해 에너지를 그대로 유지한다. 결국 이 에너지는 해안에서 방출되며 곳곳을 무시무시하게 파괴한다. 해안을 휩쓸면서 나무를 뿌리째 뽑아내고 집들을 날려버리며, 그 모든 잔해들이 어뢰처럼 주변을 쓸고 다닌다.

지진파

지진 Earthquake

지구 표면의 암석층들은 끊임없이 조금씩 움직이면서 서로를 비틀고 구부러트리며 단층선들의 모양을 변형시킨다. 이런 현상은 암석층에 탄성 에너지(Elastic Energy)가 저장돼 있음을 드러낸다. 암석층들이 움직이면서 마찰을 버텨내고 미끄러질 때 저장된 탄성 에너지가 쏟아져 나오는 현상을 지진이라고 한다. 탄성 에너지의 약 10분의 1은 지진파의 형태

로 방출되는 반면, 나머지 에너지는 지구 표면에 균열을 일으키거나 마찰에 따른 열을 발생시킨다. 지진은 해마다 몇백만 번이나 일어나지만 소규모 지진의 경우는 대부분 발생한 사실조차 모르고 지나가곤 한다. 게다가 요즘에는 지진을 초기에 탐지하는 기술과 방진 설계 기술이 발달해 치명적인 피해가 크게 줄어들었다.

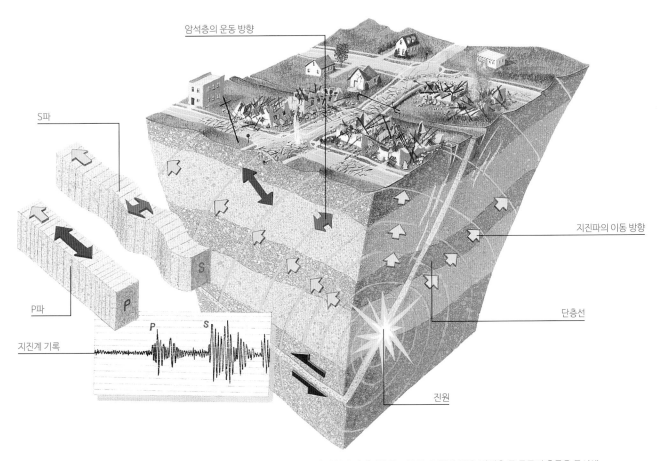

지진측정. 세계 곳곳에 분포된 지진계들 덕분에 과학자들은 자연적으로 발생하는 지진의 진원과 상대적인 규모를 알 수 있게 됐다. 지진은 두 종류의 운동을 동시에 일으킨다. 압축파인 P파(1차파)와 상하운동을 하는 S파(2차파)다. S파는 보통 건물의 기반을 흔들기 때문에 더 큰 피해를 준다.

마루와 골을 맞춰라
상쇄 간섭

파동은 물질 대신 에너지를 이동시키기 때문에, 고체와는 달리 서로를 통과해 이동할 수 있다. 두 개의 파동이 같은 방향으로 움직이고 진동수를 공유하면 합(合)의 결과가 나온다. 즉 진폭(Amplitude)은 두 파동의 진폭을 더한 것이 되고, 방향은 여전히 같으며 진동수도 그대로 유지된다.

두 파동의 마루(가장 높은 지점)가 수직선상의 같은 위치에 있으면 그 결과는 파동의 진폭 증가로 나타난다. 반대로 한 파동의 마루가 다른 파동의 골(가장 낮은 지점)과 같은 위치에 있으면 두 개의 파동 패턴은 서로를 상쇄한다. 이상해 보이지만 이 경우에는 파동 자체가 없어진다. 이런 현상을 상쇄 간섭이라고 부른다.

상쇄 간섭
소음제거장치 Noise-Canceling Device

적극적인 소음 제어(Active Noise Control)라고도 불리며 기존의 수동적인 소음 제거 방식과 대비된다. 수동적인 소음 제거 방식에서는 원하지 않는 소음을 차단하거나 백색 소음으로 소음을 덮곤 했다.

적극적인 소음 제어 시스템은 거슬리는 음파의 거울 이미지를 생성함으로써 작동한다. 거울 이미지 음파는 외부 음파와 진동수 및 방향이 같지만 마루와 골이 반대다. 이렇게 거울 이미지 음파를 생성하면 적어도 이론적으로는 소리가 들리지 않게 된다.

매우 기발한 기술임에는 틀림없지만 실제로 이 기술을 적용하기는 까다롭다. 대상이 되는 음파들은 시간적, 공간적으로 수직선상에 있어야 한다. 따라서 이 기술은 소음 제거가 필요한 지점까지 음파가 다다르기 전에 마이크가 그 음파를 잡아낼 수 있는, 즉 구조가 단순하고 폐쇄적인 공간에서 잘 구현된다. 적극적인 소음 제거는 항공기 객실 또는 에어컨의 소음을 줄이는 데 사용된다. 비행기 조종사들이 시끄러운 엔진 소음을 제거한 채 서로 대화하기 위해 사용하는 헤드폰에 쓰이기도 한다.

상쇄 간섭

보안용 전파 방해기 Cell Phone Jammer

전파(Radio Wave)는 전자기장을 통해 에너지를 전달한다. 체계적으로 잘 조작하면 전파는 전기 전도체(Electrical Conductor)에 정보를 전송할 수 있으며, 전기 전도체에서는 정보를 다시 원래의 형태로 복원할 수 있다. 라디오는 이 원리로 작동한다. 이동전화 송신탑을 통해 이동전화가 신호를 주고받을 수 있는 것도 같은 원리다.

주기가 같은 모든 종류의 파동은 시로 교차할 때 높이와 진폭이 결합된다. 전파가 서로 교차하면 그 결과로 신호가 왜곡돼 통신이 불가능해진다.

전파 신호를 전송하면 라디오, 속도 측정기, 이동전화 등의 작동을 방해할 수 있다. 미국에서는 개인이 전파 신호를 전송해 이런 장치들의 작동을 방해하는 것이 불법이다. 경찰과 보안요원들이 이동전화 송수신을 방해하는 경우는 있지만, 대부분은 원격 조정되는 폭탄이 터지는 것을 막기 위한 조치다.

메아리의 새로운 발견
음파의 반사

해변으로 몰려오는 바다의 파도처럼, 하나의 매질에서 또 다른 매질로 이동하는 파동도 무한정 움직이지는 않는다. 음파가 공기 속을 다니다가 벽에 부딪히는 것이 좋은 예다. 하지만 음파는 그냥 사라지지 않는다. 음파가 전달하는 에너지는 다른 어딘가로 가야만 한다.

그 에너지는 공기 같은 부드러운 물질에 흡수되거나 딱딱한 물질에 부딪혀 다른 곳으로 튀기도 한다. 소리는 물체나 표면에 부딪히면 부딪힐 때와 같은 각도로 반사된다. 소리가 다시 돌아오는 데 어느 정도 시간이 걸리고 돌아올 때의 소리 크기도 어느 정도 된다면 그것이 바로 메아리다.

음파는 또한 회절(Diffraction)하기도 한다. 방향을 바꾸거나 작은 장애물을 돌아서 가기도 한다. 회절은 특히 파장이 긴(진동수가 작은) 음파에서 잘 나타난다. TV 소리를 현관 밖에서 들을 경우 낮게 웅얼거리는 소리로 들리는 것은 바로 회절 때문이다. 반면 높은 음은 잘 회절하지 않는다.

음파의 반사
수중 음파 탐지기 Sonar

잠수함 하면 흔히 떠오르는 '핑' 소리는 1백 년간 축적된 기술인 소나가 음파를 탐지할 때 내는 소리다. 제2차 세계대전 때 적 잠수함을 탐지하고 공격하기 위해 널리 쓰이기 시작한 소나는 의료용 초음파와 매우 비슷하게 작동한다. 음파를 쏜 후 에코 신호가 돌아오는 시간을 측정해 다양한 물체와의 거리를 측정한다.

소나는 땅이나 바다에 묻힌 지뢰를 찾는 데 사용하기도 한다. 과학자들은 소나를 이용해 해저의 산, 계곡, 평원 등의 위치를 찾아낸다. 산업적으로는 해저에 석유나 광물이 매장된 곳을 탐색하고, 그물 낚시를 할 때 안전한 장소를 찾거나 해저 송유관 등의 장비를 점검하는 데 사용한다.

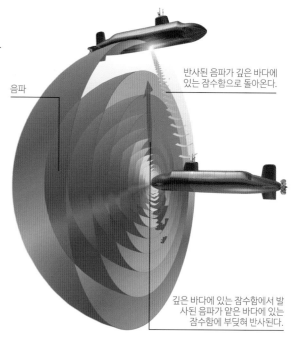

반사된 음파가 깊은 바다에 있는 잠수함으로 돌아온다.

음파

깊은 바다에 있는 잠수함에서 발사된 음파가 얕은 바다에 있는 잠수함에 부딪혀 반사된다.

소나. 전자장치로 생성한 음파의 메아리 정보를 컴퓨터에 입력하면 음파가 어느 방향에서 오는지 알아내고 음파가 돌아오는 시간을 계산할 수 있다.

음파의 반사

초음파 Ultrasound

음의 반향을 이용해 길을 찾는 돌고래처럼 초음파 검사도 소리를 이용해 인체를 살펴볼 수 있는 의학 진단 기술이다. 초음파 검사를 하려면 탐사기를 이용해 음파를 몸 안으로 들여보낸다. 음파가 폐 조직이나 뼈처럼 다른 밀도를 가진 새로운 종류의 물질과 만날 때마다, 에너지의 일부는 그 물질을 투과해 몸 속 깊숙이 들어가고 또 다른 일부는 에코 신호가 되어 탐사기로 되돌아온다. 초음파 검사기는 되돌아오는 에코 신호의 강도와 탐사기에 도달하는 시간을 측정한다.

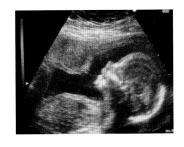

컴퓨터는 이 데이터를 이미지로 바꿔서 화면에 나타낸다.

초음파는 자궁 내 태아의 모습을 보기 위해 1960년대 처음 등장했다. 지금은 조직검사를 비롯해 심장, 혈관 등 여러 인체 기관의 이상을 진단하는 데 폭넓게 사용되고 있다.

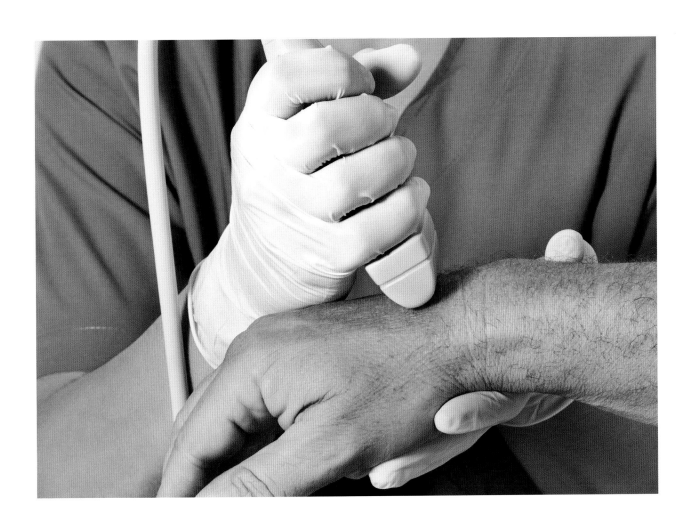

제 4 장

유체와 압력
Fluids and Pressure

유체는 자유롭게 움직이는 분자로 구성된 물질이다. 달리 말해 흐르는 물질이다. 유체에는 액체와 기체가 있으며, 구성분자들의 위치가 고정돼 있는 고체와는 성질이 확연히 다르다. 유체의 고유한 속성 때문에 비행기와 헬리콥터는 공중에 떠서 돌아다닐 수 있다. 불꽃놀이를 하거나 연소엔진으로 자동차를 구동하고 심지어는 집 안에서 수돗물을 이용할 수 있는 것도 유체 덕분에 가능한 일이다.

유체는 수시로 변형한다. 유체가 담긴 용기의 모양에 따라 형태를 달리한다. 벽돌이나 공과는 달리 공기나 물은 병 안으로 들어가 모양을 바꾼다는 말이다. 하지만 기체와 액체는 성질이 다르다. 고(高)에너지의 기체 분자들은 병 안에서 넓게 퍼져 전체를 채우는 반면 액체는 중력의 영향을 받아 병 아래쪽으로 모인다. 액체는 기체보다 밀도가 높기 때문에(분자 사이의 거리가 보다 가깝다) 기체에 비해 압축이 어렵다. 따라서 액체를 압축해서 더 작은 공간에 집어넣기란 쉽지 않다.

유체역학은 유체가 정지해 있을 때와 움직일 때 어떤 현상이 나타나는지를 연구하는 학문이다. 지금으로부터 2000여 년 전에 그리스 과학자 아르키메데스가 처음 시작했다. 아르키메데스는 물체가 어떻게 뜨는지를 관찰해 책으로 내놓기도 했다. 유체역학에서는 유체의 점성(Viscosity)도 다뤄, 유체의 정지 상태와 운동 상태에서 유체 내부의 압력과 온도에 따라 어떻게 점성이 변화하는지를 연구한다. 이런 연구 결과는 의학(혈압 측정), 기상학(대기와 수자원의 흐름 관찰), 공학(유압모터처럼 압축된 유체를 이용한 힘의 이동) 등 광범위한 분야에서 쓰이고 있다.

새처럼 흐름을 타고
베르누이의 원리

유체(액체나 기체)는 압력이 상대적으로 낮은 곳으로 가면 속도가 증가한다. 이는 빠르게 움직이는 유체는 천천히 움직이는 유체보다 압력이 낮다는 뜻이다. 연을 날리고 방향제를 분사하고 물 위에서 배의 방향을 바꿀 수 있는 것은 바로 이 압력의 차이 때문에 가능하다.

1738년 스위스의 과학자 다니엘 베르누이(Daniel Bernoulli)가 발표한 이 원리는 에너지 보존의 법칙에 깔끔하게 들어맞는다. 유체가 빠르게 운동하면서 운동에너지를 얻으면 그 유체는 내부 압력을 잃게 된다.

베르누이는 먼저 직경이 서로 다른 파이프에 물을 흘려보냈을 때 나타나는 현상을 관찰했다. 그 결과 주어진 시간에 같은 길이의 파이프를 통과하는 물의 양은 파이프의 굵기가 변해도 일정했다. 베르누이는 결국 물이 좁은 파이프를 통과할 때는 내부 압력이 낮아지면서 더 빨리 통과한다는 사실을 알아낼 수 있었다.

베르누이의 원리
요트 Sailboat

노련한 뱃사람은 바람을 이용하는 법을 잘 안다. 하지만 바람을 다루는 기술에는 복잡한 물리학 이론이 들어 있다. 그 이론의 핵심은 돛의 표면을 둘러싸고 압력 차가 생긴다는 사실이다. 요트가 바람을 타고 움직일 때 기류는 돛 전체에 부딪혀 부서진다. 이때 돛의 바깥쪽 호(弧) 부분을 지나는 바람은 돛의 오목한 부분을 지나는 바람보다 속도가 더 빠르다(오목한 부분보다 바깥쪽 호가 더 길고 넓기 때문). 호를 지나 속도가 빨라진 바람은 압력이 낮은 공간을 형성하고, 오목한 부분을 지나며 압력이 높아진 바람은

압력이 낮은 쪽으로 이동하면서 배의 방향을 바꾼다.

바닥에 날개처럼 달려 수면에 잠겨 있는 용골(Keel)이 없다면 요트는 바람이 부는 방향으로만 움직일 것이다. 요트가 수면 위에서 바람을 타고 움직이면 용골의 한 쪽에서는 반대편보다 물이 더 빠르게 움직이게 된다. 이 속도의 차이가 용골 양쪽에 물의 압력 차이를 만들어낸다. 따라서 압력이 높은 물은 압력이 낮은 쪽으로 이동한다. 결과적으로 그 물의 흐름이 용골에 작용해 항해의 방향을 바로 잡아준다.

베르누이의 원리
호버크라프트Hovercraft

고압 공기를 밑에서 분사해 선체를 떠올리며 달리게 하는 장치다. 지난 2000년 영불해협 터널이 개통되기 전 해협 양쪽으로 30분 만에 승객들을 실어 날랐던 대형 호버크라프트가 가장 유명하다. 이 호버크라프트는 구조작업, 군사작전 등에도 동원됐으며 레크리에이션 용도로 쓰이기도 했다. 공기쿠션을 타고 쌩쌩 돌아다니는 것보다 더 재미있는 게 있을까?

호버크라프트는 미끄러운 곳, 질퍽거리는 곳, 울퉁불퉁한 곳을 가리지 않고 운행할 수 있다. 수면 위는 말할 것도 없다. 선체 바닥에서 강력한 팬으로 바람을 일으켜 그 바람을 타고 떠다닌다. 바람을 일으키는 압축된 공기는 호버크라프트 바닥에 두른 고무 덮개 안에 저장된다. 대부분의 호버크라프트는 뒷부분에 추력을 발생시키는 프로펠러가 달려 있다. 프로펠러는 공기를 분출하면서 호버크라프트가 앞으로 나아가게 한다. 프로펠러 팬의 배출구 부분에는 키(Rudder)가 장착돼 공기의 분출 방향을 조절한다. 키의 각도를 조절하면 호버크라프트의 방향을 제어할 수 있다.

앞서 언급했던 바퀴처럼 호버크라프트도 표면과의 마찰을 최소화해 보다 빠르고 보다 편하게 움직일 수 있도록 해준다.

베르누이의 원리
비행기 Airplane

상승

무게

윗부분의 낮은 압력

아랫부분의
높은 압력

상승 원리. 새와 비행기는 같은 원리로 난다. 새와 비행기의 날개는 유선형의 형태를 하고 있어, 날개 위의 공기는 빠르게 날개 밑의 공기는 상대적으로 느리게 흐른다. 날개의 굽은 구조는 날개 밑과 같은 지점에 닿게 되는 날개 위의 기류를 가속시킨다.

비행기의 전진 운동은 엔진의 추력 때문에 가능하며, 모든 힘에는 같은 크기의 반대 방향 힘이 존재한다는 뉴턴의 법칙을 따른 것이기도 하다. 하지만 비행기가 이륙하고 공중에 떠 있게 되는 것은 어떻게 가능할까? 중요한 것은 비행기를 띄우는 힘인 양력(揚力)이며 열쇠는 날개가 쥐고 있다.

비행기 날개의 위쪽은 바람이 지나가는 거리를 늘리기 위해 곡면으로 설계돼 있다. 따라서 날개 위쪽에는 속도가 빠르고 압력이 낮은 기류가 형성되고, 날개 아래쪽에는 속도가 느리고 압력이 높은 기류가 형성된다. 이 압력 차이 때문에 비행기가 뜬다. 베르누이의 원리가 그대로 적용되는 예다. 공기는 날개 위에서 더 긴 경로로 빠르게 움직이기 때문에 압력이 낮아지고, 날개 아래에서는 상대적으로 압력이 높아

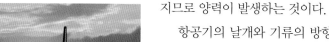

지므로 양력이 발생하는 것이다.

항공기의 날개와 기류의 방향에 따라 생기는 날개의 받음각(Angle of Attack)도 양력을 만들거나 강화한다. 이륙하려는 비행기가 앞쪽을 들어 올리면 날개는 기류를 방해하는 방향으로 각을 세운다. 이렇게 되면 날개의 아랫부분은 공기와 직접 부딪히게 되고, 공기는 뉴턴의 법칙에 따라 같은 크기, 반대 방향의 힘을 날개에 가한다. 사실 이 힘은 베르누이 원리가 만들어낸 양력보다 더 강력할 수 있다. 받음각에서 나오는 양력을 이용해 위아래가 뒤집힌 채로 나는 비행기가 있을 정도다. 받음각은 자동차 창문 밖으로 손을 내미는 행위와 비슷하다. 손을 어떻게 기울이느냐에 따라 위로 작용하는 힘, 아래로 작용하는 힘을 느끼게 될 것이다.

헬리콥터 Helicopter

수직비행(Vertical Flight)의 아이디어가 공학자들의 상상력을 자극하며 현실이 되기까지는 수백 년이 걸렸다. 레오나르도 다 빈치는 15세기에 나사 모양의 비행 장치(Aerial Screw)를 도면에 스케치했다. 19세기에는 영국의 엔지니어 조지 케일리 경(Sir George Cayley)이 공중 마차(Aerial Carriage)라는 이름의 비행 장치를 설계했다. 하지만 현재의 헬리콥터와 비슷한 장치가 이륙에 성공한 것은 유명한 라이트 형제의 비행 성공 직후인 20세기 초반의 일이다.

비행기는 양력을 얻기 위해 날개 주변의 공기를 순환시키고 전진 운동에 의존하지만, 헬리콥터는 회전날개를 사용해서 양력을 받는다. 조종사가 회전날개의 각도를 조절하면 기류의 방향이 바뀌고 공기를 아래로 밀어낸다. 베르누이의 원리에 따라 회전날개의 아래쪽에 압력이 높아지도록 만들어 본체를 띄우는 것이다. 회전날개를 앞으로 기울이면 앞으로 나아가면서 위로 올라가며, 뒤로 기울이면 반대 방향으로 움직인다.

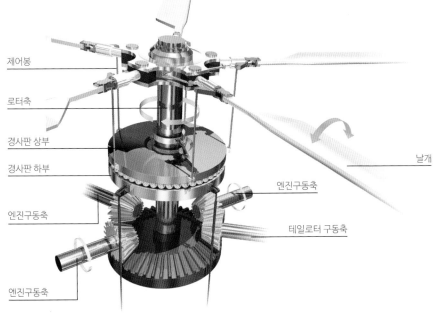

제어봉

로터축

경사판 상부

경사판 하부

엔진구동축

엔진구동축

엔진구동축

엔진구동축

테일로터 구동축

날개

회전날개. 헬리콥터의 회전날개가 돌아가고 있다. 제어봉이 날개와 경사판을 연결한다. 경사판은 기울어지기도 하고 위아래로 움직이기도 한다. 엔진 3개가 베벨기어를 통해 주축을 구동한다.

베르누이의 원리

하이드로포일 Hydrofoil

비행기의 날개는 공기의 흐름을 조작해 움직임을 만들고 방향을 전환한다. 하이드로포일도 같은 역할을 한다. 다만 물에서 작용할 뿐이다.

하이드로포일은 배의 키와 용골, 어류와 수중 포유류의 지느러미발, 지느러미, 꼬리를 뜻하는 말이다. 하지만 보통은 지지대를 이용해서 배의 선체에 부착한 스키처럼 생긴 판을 가리킨다.

배가 속도를 내면 하이드로포일은 물 위를 스치면서 선체를 수면

바로 위로 띄운다. 비행기의 날개가 비행기를 띄우는 것과 같은 원리다.

보통 배가 속도를 올리면 항력(抗力)도 증가한다. 하지만 이 경우에는 항력이 최소화된다. 배 표면의 대부분이 밀도가 높은 물 대신에 공기와 접하기 때문이다.

지지대

상승

지지대

포일   물의 흐름   포일   물

하이드로포일. "수중 날개"는 하이드로포일 설계에서 가장 중요한 위치를 차지한다. 비행기의 날개처럼 수중 날개 위쪽의 압력보다 아래쪽의 압력을 높게 해서 양력을 발생시킨다.

베르누이의 원리

커브볼 Curveball

투수는 손목에 스냅을 주면서 공을 던진다. 공은 위로 올라갔다가 홈플레이트에서 뚝 떨어져 스트라이크존에 꽂힌다.

야구를 신나게 하는 요소 중의 하나인 커브볼은 공의 위와 아래 부분의 공기 압력 차로 설명할 수 있다. 톱스핀 (Topspin)은 공 윗부분이 공의 진행 방향에 따라 회전하는 것을 뜻한다. 공은 물론 공기의 저항을 받는다. 공을 이렇게 던지면 공의 아래쪽은 공기의 흐름과 같은 방향으로, 위쪽은 반대 방향으로 회전하게 된다. 즉 공의 위쪽에서 더 큰

마찰이 생긴다. 따라서 공의 위쪽보다 아래쪽에서 공기가 더 빨리 움직이고 압력은 상대적으로 낮아진다. 이때 압력이 높은 공기가 공을 밑으로 떨어뜨린다.

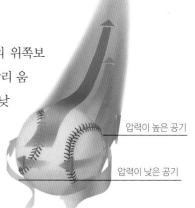

압력이 높은 공기

압력이 낮은 공기

압력으로 누르다
다운포스

비행기처럼 자동차도 공기역학(Aerodynamics)에 따라 뜰 때가 있다. 자동차 밑의 공간을 지나는 공기는 자동차 윗부분의 굴곡진 차체를 따라 지나는 공기보다 속도가 느리다. 따라서 자동차 아래의 공기 압력이 높아져 차체를 위로 뜨게 만든다. 평상시 주행할 때는 차가 땅 위로 붕 뜰 정도로 압력차가 생기지는 않는다. 하지만 자동차 경주장에서 시속 160킬로미터가 훨씬 넘는 속도로 달리는 경주용 자동차의 경우는 매우 위험할 수 있다. 따라서 경주용 자동차들은 차체가 뜨는 것을 억제하는 특수 장치를 장착한다. 이른바 다운포스를 가해주는 것이다. 이런 특수 장치에는 별도로 제작된 범퍼, 차체 밖으로 튀어나온 날개 등이 있다. 모두 자동차 밑을 지나는 공기의 속도를 빠르게 하면서 윗부분의 공기 압력을 높이는 장치들이다. 이 압력은 차체를 눌러서 차가 트랙에서 벗어나지 않게 도와준다.

다운포스
분무기 Atomizer

고풍(古風)이 물씬 나는 향수병에서 향수가 분사되는 현상은 베르누이의 원리를 잘 보여준다. 둥근 벌브(Bulb)를 눌러 가느다란 노즐을 통해 공기를 밀어 넣으면 공기의 흐름이 빨라지고 압력은 떨어진다. 노즐의 끝부분은 밀폐된 향수병 안의 튜브에 연결돼 있기 때문에, 압력이 낮은 공기의 빠른 흐름은 향수를 빨아들이는 진공 상태를 만들고 튜브를 타고 올라온 향수는 병 밖으로 분사된다.

분무기 외에 공기의 흐름을 빠르게 해서(압력을 낮게 해서) 유체를 빨아들이는 장치로는 연기를 빨아올리는 굴뚝, 기화된 가솔린을 자동차 엔진에 주입하는 연료 주입 시스템 등이 있다.

폭발의 미학
급속 팽창 기체들

기체는 외부의 압력으로 (병 같은 곳에) 가두지 않으면 온도에 따라 팽창하거나 수축하는 성질이 있다. 온도가 떨어지면 기체는 수축하며, 열을 가하면 분자들이 에너지를 얻어 퍼져 나간다. 팽창하는 것이다.

기체를 극도로 빠르게 팽창시키면 그 결과로 위치에너지가 폭발적으로 분출된다. 이것이 폭죽, 총, 자동차 연소엔진 등의 작동 원리다. 태양열 기술 중에는 피스톤 실린더에 연결된 튜브에 헬륨이나 수소를 넣고 태양열을 가하는 기술도 있다. 튜브 안의 기체가 팽창해 실린더로 들어가서 피스톤이 구동하는 원리다. 천둥이 치는 것도 자연에서 기체가 급속하게 팽창하는 예다. 번개가 치면 공기는 열을 받아 주변의 찬 공기를 향해 음속보다 빠른 속도로 팽창한다. 그래서 '쾅' 하는 소리가 나는 것이다.

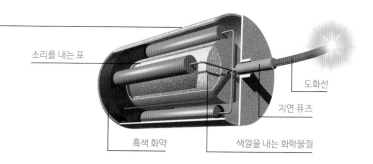

소리를 내는 포
도화선
지연 퓨즈
흑색 화약
색깔을 내는 화학물질

급속 팽창 기체들
불꽃놀이 Fireworks

폭발과정을 설계해 시각 효과를 극대화하고자 한 것이다. 불꽃놀이로 감탄하고 싶다면 먼저 화학 반응물 꾸러미를 하늘로 쏴야 한다. 보통은 퓨즈에 불을 붙인 화약을 쓴다. 화약은 폭발의 결과로 발생하는 팽창 기체가 뒤쪽으로 빠질 수 있도록 잘 처리돼 있다. 그로 인해 퓨즈가 폭죽의 중심부에 있는 폭발화약(Burst Charge) 부분까지 타들어 갈 때까지 폭죽은 하늘로 계속 올라간다. 마침내 폭발화약을 구성하는 화학물질들이 폭발하면서 사방으로 불꽃이 퍼진다. 폭죽에 들어 있는 일부 화학 반응물은 불꽃의 색깔을 내는 데 사용된다. 반응물들은 금속염(Metallic Salt)인데, 리튬이나 스트론튬은 빨간색, 질산바륨은 초록색, 구리 화합물은 파란색, 나트륨은 노란색, 목탄과 강철은 금색, 티타늄은 흰색을 낸다. 화학물질들은 빠르고 격렬한 반응을 일으킨다. 고체 화학물질의 분자 간 공유결합이 끊어지면서 고온의 압축된 기체들이 생성되고 이 기체들이 급속히 팽창하면서 에너지를 소리, 운동, 빛의 형태로 방출한다.

총Firearm

총알의 발사는 뜨겁고 팽창하는 기체의 힘을 이용한 것이다. 총에는 장약(9세기에 중국에서 발명된 일종의 흑색 화약)이 총열의 안쪽 공간에 자리 잡고 있다. 점화가 되면 이 장약은 초고온의 기체를 만들어내고, 그 기체의 분자들은 급격하게 확산해서 엄청난 힘과 속도로 총알을 밀어낸다.

　대포나 머스킷총 같은 초창기 화기는 화약과 포탄 또는 총알을 따로따로 총구에 넣어서 장전했다. 대부분의 현대식 화기에서 화약통은 총열 뒷부분에 있는 약실로 들어간다. 탄약통에는 총알과 화약, 그리고 방아쇠를 당겼을 때 점화되는 뇌관이 함께 들어 있다. 수백 년 동안 총기 기술이 점점 더 정교한 형태로 발전했지만 원리는 여전히 그대로다.

급속 팽창 기체들

연소엔진 Combustion Engine

자동차와 트럭에 장착된 4행정 내연기관은 유체역학에서 상당히 흥미로운 소재다.

핵심 부품인 피스톤과 실린더를 보자. 피스톤은 한 번 위아래로 움직일 때마다 다른 작업을 수행한다. 맨 처음 피스톤이 아래로 내려가는 운동은 실린더에 부분적인 진공상태를 만들어, 공기와 섞여 기화된 연료를 실린더로 빨아들인다. 그런 다음 피스톤은 위쪽으로 움직여서 이 공기와 기화된 연료의 혼합체를 압축시킨다. 동시에 실린더 위쪽에서 스파크 플러그가 작동해 기체에 불을 붙인다. 동력행정(Power Stroke)이라고 불리는 이 과정에서 뜨거운 기체는 팽창해 피스톤을 아래로 밀고 힘을 크랭크축에 전달한다. 배기판이 열리고 피스톤이 다시 상승하면 연소된 공기-연료 혼합체는 밖으로 배출된다. 피스톤은 다시 내려가서 혼합체를 실린더 안으로 끌어들이고, 그다음에는 사이클을 유지하기 위해 혼합물을 다시 압축한다. 이 과정은 1876년 4행정 내연기관을 발명한 독일의 니콜라우스 오토(Nikolaus Otto)의 이름을 따서 오토 사이클(Otto Cycle)이라고도 부른다.

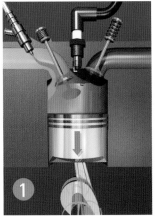  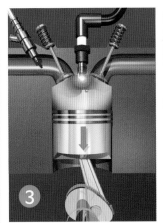 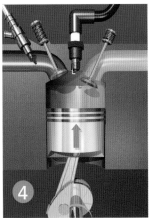

동력행정. 기화된 가솔린은 4행정 내연기관의 실린더 안에서 점화돼 타들어 간다. 피스톤이 먼저 아래쪽으로 움직이면 배기판이 열리고, 그다음으로 피스톤이 위쪽으로 움직이면 공기-연료 혼합체가 압축이 된다. 이때 스파크 플러그가 연료에 불을 붙이고 열린 밸브를 통해 배기가스가 분출된다.

압축하고, 풀고, 비우고
공기의 탄성

공기는 질소, 산소, 이산화탄소 등의 기체로 이뤄져 있으며 압축이 가능하다. 우리는 공기를 압축해서 구성분자를 더 작은 공간에 구겨 넣을 수 있다. 또한 공기는 탄성을 지닌다. 압축을 했다가 풀면 구성분자는 원래의 위치로 다시 돌아가려고 한다. 이 과정에서 위치에너지(압축된 공기의 압력)는 운동에너지(공기의 팽창)로 전환된다.

압축과 해제 과정에서 공기가 운동에너지를 방출하는 힘은 전동 공구에서 제트기까지 수없이 많은 기술의 원천으로 유용하게 쓰이고 있다.

공기의 탄성
진공관 Vacuum Tube

성가신 기체 분자들을 치워보자. 그러면 음의 전기를 띤 전자가 양의 전기를 띤 금속판으로 급속히 이동할 것이다. 다시 말해서 전류는 아무것도 없는 공간인 진공에서 더 효율적으로 흐른다.

이것이 바로 20세기 초반의 주요 발명품인 진공관의 기초 원리다. 진공관은 공기를 뺀 유리 전구로 만들어진다. 한쪽에는 금속 필라멘트가, 다른 한쪽에는 금속판이 있다. 전기로 필라멘트에 열을 가하면 전자가 방출되며, 이 전자들은 금속판을 향해 끌려간다.

필라멘트와 금속판 사이의 작은 그리드에 전류가 흐르면 이 그리드는 전기 신호를 전달할 뿐만 아니라 그 과정에서 전기 신호를 증폭하기도 한다. 3극관이라고 알려진 이런 진공관은 20세기 초반 장거리 전화, 라디오, TV의 탄생을 이끌면서 일대 통신 혁명을 일으켰다.

공기의 탄성
진공청소기 | Vacuum Cleaner

흡입 작용으로 입자를 빨아들인다. 모터로 작동하는 팬을 돌려 내부에 부분적인 진공상태를 만들고, 회전 솔(Beater Brush)에 의해 흐트러진 먼지를 빨아들여 종이봉투 같은 곳에 저장한다. (진공청소기의 팬은 1분에 최대 1만 8000번 회전한다. 제트엔진의 날개깃이 기껏해야 1분에 7000~8000번 정도 회전하는 것과 비교해보면 상당히 빠른 속도다) 업라이트형(Upright) 청소기는 종이봉투가 보통 핸들의 뒤쪽에 달려 있다. 캐니스터형(Canister)은 업라이트형에 비해 모터의 힘이 더 세고 먼지를 빨아들이는 부분이 본체와 더 멀리 떨어져 있다.

진공청소기는 누구나 전기를 쓸 수 있게 된 20세기에 널리 보급됐다. 하지만 그 전에도 같은 아이디어인 저압력 흡입(Low Pressure Suction)을 이용한 수동형 청소기들이 있었다. 가정에서 수동형 청소기를 사용하려면 풀무질을 하거나 도르래 장치를 움직여서 직접 흡입 작용을 일으켜야 했다. 전동 진공청소기는 이런 노고를 덜어준 이 시대의 위대한 발명품이다. 짧은 시간에 집을 훨씬 더 깨끗하게 청소할 수 있으니 말이다.

청소기. 과학적 의미에서 완벽한 진공이란 공간 안에 한 점의 물질도 없는 상태를 말한다. 이는 불가능한 것은 아니지만 거의 있을 수 없는 현상이다. 모터의 힘으로 돌아가는 팬은 흡입 작용을 일으켜 부분적인 진공상태를 만든다.

먼지주머니

팬

모터

회전 솔

드라이브 벨트

법칙

물을 쥐어짜라
파스칼의 원리

기체와 달리 기름이나 물 같은 액체는 압축되지 않는다. 구성분자가 더 이상 서로 가까워지기 힘들기 때문이다. 게다가 개방된 공간에서 퍼져 나가지도 않는다. 사람들은 팽창하는 기체의 성질을 절묘하게 이용했듯이, 압축이 불가능한 액체의 성질도 이용해서 세상을 바꾸기 시작했다.

액체의 힘을 이용하는 데 결정적인 역할을 한 사람은 17세기 중반 프랑스의 블레즈 파스칼(Blaise Pascal)이다. 파스칼의 원리는 다음과 같다. 용기에 담긴 유체의 한 점에 압력을 가하면 그 압력은 유체의 모든 지점에서 균등하게 작용한다(압축이 불가능하기 때문에 나타나는 현상이다). 풍선에 물을 가득 채우고 한 지점을 누르는 상황을 상상하면 된다. 파스칼은 또한 물의 압력이 깊이에 비례해 증가한다는 것과 대기의 무게는 (기압계에서처럼) 밀폐된 튜브의 액체를 밀어 올릴 수 있다는 것도 알아냈다.

파스칼의 원리
다이빙과 잠수병 Diving and The Bends

다이버가 바다 속으로 들어갈수록 물은 다이버의 몸에 점점 더 큰 압력을 가한다. 깊이가 10미터 내려갈 때마다 제곱센티미터당 거의 1킬로그램의 무게가 더해진다. 이렇게 되면 스쿠버 탱크에서 고압기체를 공급받지 않는 한 폐가 제대로 기능할 수 없다. 이 고압기체의 압력은 다이버 외부에서 작용하는 압력을 상쇄한다. 이렇게 들이마신 공기는 평소보다 높은 농도로 혈관에 주입된다. 압력이 높은 이산화탄소가 물 안으로 들어가 탄산수를 만드는 것과 비슷한 현상이다.

다이버가 물 표면을 향해 너무 갑자기 올라오게 되면 탄산음료 병을 따는 것과 비슷한 상황이 발생한다. 주변의 압력이 갑자기 떨어지면서 미처 빠져나가지 못한 기체가 다이버의 혈관에서 기포를 만든다. 주로 질소로 이루어진 이 기포들은 잠수병이라는 치명적인 상태를 일으킨다. 감압증(Decompression Sickness)라고도 불리는 잠수병을 예방하려면 다이버들은 천천히 물 표면으로 상승해야 하며, 몸이 질소 기체를 방출할 수 있도록 상승하면서 한 번씩 정지해야 한다.

파스칼의 원리

주택 배관 시스템 Home Plumbing System

배관은 현대인들이 누리는 기적 중의 하나다. 배관 기능이 최적화되면 우리는 그 존재를 의식하지 않게 된다.

물은 어떻게 위층까지 올라가 수도꼭지에서 나오는 것일까? 간단하게 설명하면 압력 때문이다. 물의 압력은 (전체 체적이 아니라) 깊이에 비례해 증가한다는 파스칼의 통찰을 잘 이용한 결과다. 깊이는 급수탑을 언덕 위나 높은 건물의 옥상 등 고도가 높은 곳에 위치시킴으로써 만들어낼 수 있다. 물기둥은 무게 때문에 아래로 향하게 되고, 이렇게 압력을 받은 물은 압력을 타고 공급관을 통해 위층까지 올라갈 수 있다. 이는 1층의 수압이 위층 수압보다 높다는 뜻이다.

우리가 사용한 물은 또 다른 배관 시스템을 타고 집 밖으로 배출된다. 하수용 배관은 중력을 이용하며, 물이 아래쪽으로 빠질 수 있게 모두 구부러져 있다.

흔한 배관설비 중에서 가장 정교한 모델은 양변기다. 양변기는 사이펀(흡입관) 효과를 이용해 물을 버린다. 물 내리는 손잡이를 내리면 체인이 물탱크 안에 있는 밸브를 들어서 열고 물을 내려 보낸다. 물은 배수관을 꽉 채우기에 충분한 속도로 흘러 위아래로 굽은 관을 타고 하수도로 배출된다. 다른 사이펀들처럼 아래로 내려가는 흐름은 구부러진 관의 위쪽에서는 낮은 압력이 생성되고, 이 낮은 압력이 나머지 물을 빨아들여 하수도로 보내는 원리에 따른 것이다.

물과 오수. 수직관과 급수지관(온수는 빨간색, 냉수는 파란색)은 주 공급관에서 물을 공급받아 배분한다. 오수는 배수관(녹색)을 통해 하수도로 흘러 나간다. 배기관이 배수관을 옥상의 환기통과 연결해 시스템 전체의 가스를 제거한다.

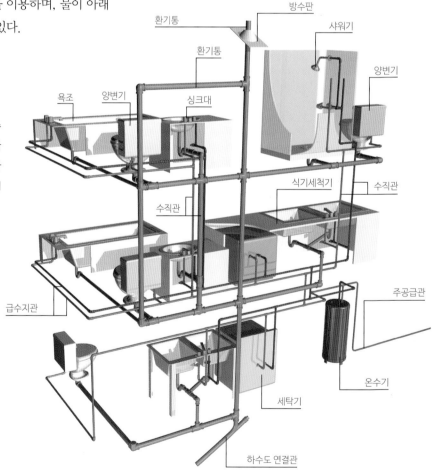

파스칼의 원리
사이펀 Siphon

정유 탱크에서 사이펀으로 흡입된 가솔린은 튜브를 거슬러 올라갔다가 다시 아래쪽으로 떨어져 튜브의 다른 끝 부분을 통해 다른 용기로 옮겨진다.

그 원리는 무엇일까? 우선 조건 몇 가지를 반드시 충족해야 한다. 가솔린 탱크가 열려 있어 대기에 노출돼 있어야 한다. 가솔린을 담을 용기는 가솔린 탱크보다 낮은 곳에 위치해야 한다. 가솔린을 흐르게 하려면 흡입이나 여타의 방식으로 튜브를 가솔린으로 채워

야 한다. 그러면 튜브의 위쪽 공간의 압력이 낮아져서 가솔린이 올라간다. 그다음엔 중력 때문에 가솔린이 용기로 떨어진다. 한편 탱크 밑부분에 있는 가솔린은 공기와 가솔린 자체의 압력을 모두 받게 되며, 이 압력 때문에 가솔린은 튜브의 위쪽 공간으로 계속해서 올라간다. 사이펀은 고대부터 쭉 사용됐다. 이집트인과 그리스인들은 사이펀을 처음 사용한 사람들이었다.

파스칼의 원리
분수우물 Artesian Well

분수우물(아르투아식 우물)은 한때 이 우물을 널리 사용했던 아르투아라는 프랑스 마을의 이름에서 따온 것이다. 펌프가 없이도 물의 깊이를 이용해 압력을 만들어낸다는 점에서 급수탑과 다르지 않다. 엔지니어들은 암석층 사이에 있는 대수층(지하수가 있는 지층)까지 우물을 뚫는다. 이 대수층의 수원은 우물을 파는 지점보다 더 높은 곳에 있어야 한다. 높은 지점의 물이 대수층에 강한 압력을 가하기 때문에 우물에서 물이 솟아 나온다.

급수 시설. 그리스 아테네에 있는 이 분수들은 분수우물의 원리를 이용한다.

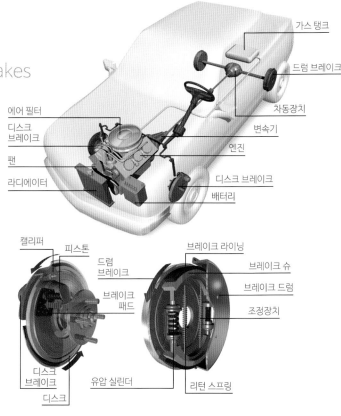

파스칼의 원리
유압 브레이크 Hydraulic Brakes

요즘 자동차들은 브레이크를 밟는 데 별로 힘이 들지 않는다. 유체의 힘으로 페달의 힘을 증폭하는 브레이크 시스템 덕분이다.

브레이크 페달을 밟으면 지렛대가 밀대를 가동하고, 이 밀대는 다시 주사기의 피스톤처럼 작용해 마스터 실린더안의 브레이크액(주로 에틸렌글리콜)을 밀어낸다. 피스톤이 미는 힘은 마스터 실린더에 연결된 4개의 휠 실린더로 브레이크액을 전달한다. 브레이크액은 휠 실린더들에 이르러 브레이크 패드 피스톤을 밀어내 결국 힘이 바퀴로 전달된다.

파스칼의 원리에 따르면 마스터 실린더에 담긴 브레이크액에 가해지는 압력은 배관을 통과하고 바퀴 옆에 있는 출력 피스톤을 미는 과정에서 줄어들지 않고 그대로 브레이크액 전체에 전달된다. 압력은 면적당 힘이다. 따라서 압력을 적은 면적(마스터 실린더)에서 넓은 면적(바퀴 옆에 있는 출력 피스톤)으로 전달하면 유체의 힘은 증폭된다.

유압 브레이크. 앞바퀴 디스크 브레이크(왼쪽)에서 U자 모양의 캘리퍼 안에 있는 브레이크 패드가 바퀴와 함께 도는 디스크에 제동을 가한다. 브레이크액이 캘리퍼를 작동시켜 패드를 누르는 것이다. 뒷바퀴 드럼 브레이크(오른쪽)에서는 바퀴와 함께 도는 컵 모양의 드럼 안에 브레이크 슈가 있다. 브레이크액은 이 브레이크 슈가 드럼의 표면에 힘을 가하도록 해 자동차의 속도를 줄인다.

유압파쇄공법 Hydraulic Fracturing

수심이 깊은 곳에서 다이버의 폐가 물의 압력 때문에 수축되는 것처럼 지구 표면 밑의 암석층도 그 암석층 위에 있는 암석들의 무게에 눌려 수축된다. 이렇게 되면 셰일(이판암)에 있는 작은 구멍들에서 천연가스를 추출해 상업적인 용도로 쓰는 것이 힘들어진다.

1990년대 후반 에너지 회사들은 이 문제를 유압파쇄공법으로 해결하기 시작했다. 이 공법은 논란의 여지가 있지만 효율적이다. 드릴을 이용해 지표면 밑으로 최대 1.6킬로미터 정도 깊이의 우물을 판다. 때로는 수평 방향으로 우물을 확장해 암석층으로 길을 내기도 한다. 우물 내부를 콘크리트로 포장한다. 그런 다음에 천공장비를 가스가 비축된 곳까지 내린다. 천공장비는 폭발음을 내며 우물 벽에 구멍을 낸다. 마지막으로 지표면에서 펌프가 물을 엄청난 압력으로 우물 안으로 밀어넣고, 그 물은 우물 벽의 구멍으로 나가면서 암석층에 균열을 일으킨다. 그러면 가스가 우물 안으로 들어오게 된다. 이 방법은 지하수를 오염시킬 수 있다고 해서 논란을 일으킨 바 있다.

파스칼의 원리

유압 굴착기
Hydraulic Excavator

옛날에는 증기 굴착기(Steam Shovel)가 공사 현장의 왕이었다. 석탄연소 보일러가 뜨거운 증기를 내뿜고 그 힘으로 윈치(굴착기의 팔을 움직이는 장치)와 버킷(굴착기의 삽에 해당하는 부분)을 움직였다. 오늘날에는 액체의 힘을 이용하는 디젤엔진이 주로 쓰인다. 디젤엔진은 유압펌프를 가동시키고, 유압펌프가 탱크에서 오일을 뽑아 올려 압축시키면서 기어에 오일을 공급한다. 굴착기 기사가 제어하는 밸브와 배관은 이 오일을 팔과 버킷의 피스톤, 그리고 유압모터로 전달한다. 유압모터는 오일의 압력으로 굴착기의 무한궤도를 돌리고 굴착기 본체의 회전운동을 가능하게 한다.

이 모두가 파스칼의 원리에 기초를 두고 있다. 펌프가 오일에 가한 압력이 좁은 튜브를 거쳐 상당히 멀리 떨어진 곳에서 빠르고 강력하게 기계적인 작업을 수행하는 것이다.

석유 채굴기 Oil Drill

영화에서 채굴기가 땅 밑의 석유 매장층을 뚫고 들어가면 검은 황금이 거품처럼 자연스럽게 솟아 나오는 장면을 보게 된다. 석유다! 지하의 압력이 석유를 위로 밀어낼 정도로 충분할 때 생기는 현상이다. 하지만 대부분의 경우 에너지 회사들은 인공 추출 방법을 사용해 석유를 원하는 방향으로 뽑아낸다.

우선 펌프 잭(유정에서 석유를 뽑는 기계)을 유정(油井) 위에 위치시킨다. 엔진의 힘을 받은 지렛대가 피스톤 모양의 막대(플런저)를 유정의 구멍 위아래로 움직이게 한다. 플런저는 위방향으로 움직이면서 공기 분자를 밀어내 압력이 낮은 공간을 만들고, 이 공간을 따라 석유가 위로 올라오게 된다. 석유가 나오는 유정 옆에 두 번째 구멍을 뚫기도 한다. 새로 뚫은 구멍에 물을 주입해서 바위의 균열에 압력을 가한다. 압력 때문에 밀려난 석유는 유정 위로 솟아오른다. 물 대신 높은 압력의 수증기를 밀어 넣기도 한다. 이 경우에는 수증기의 열이 석유의 농도를 낮춰 유정 위로 더 잘 솟아오르게 한다.

뭉치면 강하다
표면장력

수영장에서 물에 뛰어들 때 힘이 가장 많이 드는 것은 물 표면을 뚫고 들어가는 순간이다. 일단 물 안으로 들어가면 더 깊이 들어가는 데 별로 힘이 들지 않는다. 이런 현상이 발생하는 이유는 액체 분자의 서로 끌어당기는 성질 때문이다. 표면에 있는 물 분자들은 다른 물 분자와 한쪽으로만 이웃하기 때문에 훨씬 집요하게 그 물 분자들을 끌어당기면서 일종의 '막'을 형성한다. 빗물은 방수 처리된 표면에 떨어지면 동그란 방울 모양을 이루며 굴러간다. 빗방울 바깥쪽에 있는 물 분자들이 모두 빗방울 안쪽으로 끌어당겨지기 때문이다.

비누는 이런 물의 표면장력을 줄여 물이 옷, 머리카락 등에 더 쉽게 침투하게 한다. 비누가 물 분자들을 감싸 그 분자들이 더 잘 움직이게 하는 것이다. 비누 분자의 한쪽 끝은 물 분자를 끌어당기고 다른 한쪽 끝은 물 분자를 밀어낸다.

표면장력
거품 Bubble

액체 분자들은 서로를 강하게 끌어당기기 때문에 공기나 다른 기체와 만나는 표면적이 줄어들게 된다. 예를 들어 공기가 물에 주입되면 물 분자는 서로 달라붙어 공기와의 접촉을 최소화한다. 공기를 감싸는 데 필요한 표면을 최소화하려면 둥그런 구(球)의 형태가 돼야 한다. 거품이 바로 구의 형태다. 거품은 같은 체적의 물보다 훨씬 가볍기 때문에 당연히 물 위에 뜬다.

다이빙 선수들은 수영장 바닥에서 공기방울을 쏘아 보내는 기계를 이용해 새로운 자세를 연습하기도 한다. 이렇게 하면 공기방울들이 물의 표면장력을 약화시켜 다이빙 선수가 좀 더 편하게 입수할 수 있게 된다.

표면장력

식물 팽압 Turgor Pressure in Plants

물과 다양한 입자들은 세포막(Cell Membrane)이라고 불리는 선택적 투과막을 통과해서 움직인다. 이 움직임에는 분명한 패턴이 있다. 농도가 낮은 쪽의 물이 세포막을 통과해 농도가 높은 곳으로 움직여 세포막 양쪽의 농도가 같아지게 되는 것이다. 이런 현상을 삼투(Osmosis)라고 한다.

사람을 비롯한 동물의 세포는 물을 흡수하면 세포막이 늘어난다. 물의 농도가 너무 낮아서 빠르게 물을 흡수한 세포는 '홍수 상태'가 돼 부풀어 오르고, 드물지만 세포막이 터지는 물 중독(Water Poisoning) 상태에 이르기도 한다.

하지만 식물 세포는 자신의 안으로 들어온 물의 압력을 일종의 뼈대처럼 이용하는 특별한 능력을 가지고 있다. 단단한 세포벽(Cell Wall)이 부드러

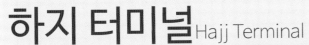

운 세포막을 감싸고 있어 세포막이 과도하게 팽창하는 것을 막는다. 세포가 물로 가득 차 불어 오르면 세포막은 세포벽에 압력을 가해 세포를 딱딱하게 만든다. 이 압력을 팽압이라고 한다. 팽압은 식물을 튼튼하게 해서 곧게 서 있을 수 있게 한다. 반대로 가뭄 때는 세포 바깥이 더 건조하기 때문에 세포 안의 물이 바깥으로 흘러나오게 된다. 이렇게 되면 세포는 팽팽한 기운을 잃고 식물은 축 늘어진다. 하지만 세포벽은 세포가 원래의 모양을 유지하는 데 도움을 준다. 비가 오기 시작하면 식물은 금방 기운을 차려 다시 꼿꼿해진다.

하지 터미널 Hajj Terminal

해마다 무슬림 수십만 명이 종교적인 의무인 하지를 수행하기 위해 메카로 모여든다. 몰려드는 사람들을 수용하기 위해 사우디아라비아의 킹 압둘 아지즈 국제공항에는 하지 터미널이라는 15만 평에 이르는 현대식 옥외 텐트촌이 마련돼 있다.

대부분의 건물은 벽돌이나 들보처럼 서로를 누르는 자재의 무게를 이용해 구

조를 지탱한다. 그러나 하지 터미널은 물체를 양쪽으로 당길 때 발생하는 장력을 이용한다.

하지 터미널의 지붕은 엄청난 넓이의 섬유유리 천으로 만들어져 있다. 천은 테플론으로 코팅돼 있으며 가볍고 유연하다. 팽팽한 강철 케이블이 이 천을 원뿔 모양으로 유지시킨다.

가라앉을 것인가, 뜰 것인가
아르키메데스의 원리

부력(Buoyancy)의 기본 원리는 고대 그리스의 수학자 아르키메데스가 밝혀냈다. 유체에 잠긴 물체는 그 물체가 밀어내는 유체의 무게만큼 힘을 받아 떠오른다는 원리다.

같은 부피의 물보다 훨씬 더 무거운 돌은 당연히 가라앉고, 고무 튜브나 장난감 오리처럼 안에 공기가 들어 있는 것은 물에 뜰 것이다.

사람도 어느 정도는 물에 뜬다. 몸의 부피가 큰 사람은 상대적으로 가벼운 조직인 지방이 많기 때문에, 몸이 마르고 밀도가 높은 사람보다 쉽게 물에 뜬다. 몸이 마르고 밀도가 높은 사람들은 밀어내는 물의 부피가 작아 그만큼 부력의 영향을 적게 받는다.

아르키메데스의 원리
떠다니는 대륙 Floating Continents

지각의 단단한 대륙판은 녹아 있는 암석인 맨틀의 끝없는 바다 위에 떠 있다. 아르키메데스의 원리로 그 이유를 설명할 수 있다.

아르키메데스의 원리에 따르면 물체에 작용하는 부력은 그 물체가 밀어내는 유체의 무게와 같다. 따라서 유체와 비슷한 맨틀 위에 지각판이 뜰 수 있는지 여부는 지각판의 부피와 밀도에 따라 결정된다. 즉 맨틀보다 밀도가 낮은 지각판은 맨틀 위에 뜬다. 지각판 중에서도 밀도가 더 낮은 대륙판은 해양판 위에 위치한다. 한편 크고 무거운 지각 덩어리는 물에 잠긴 빙산의 아랫부분처럼 깊게 잠겨 있다. 엄청난 양의 얼음으로 덮인 그린란드가 좋은 예다. 무거운 지각 덩어리들은 맨틀 위로 아주 높게 솟아 있지는 않지만 떠 있을 수는 있다.

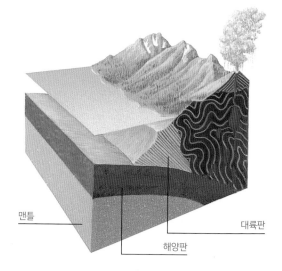

맨틀

대륙판

해양판

떠다니는 대륙. 아르키메데스의 원리는 지구의 대륙들이 어떻게 맨틀 위에 떠 있을 수 있는지 설명한다. 대륙을 이루는 암석의 평균 밀도는 물의 밀도의 약 2.8배인 반면 맨틀 암석의 평균 밀도는 물의 밀도의 약 3.3배에 달한다. 이런 대륙 덩어리들은 맨틀과의 밀도 차이가 크지 않아 맨틀 위로 그리 많이 튀어나오지 않는다.

아르키메데스의 원리
배 Ship

수천 년 전 사람들은 부력의 원리를 이용해 작은 뗏목, 카누를 만들어 여행을 하고 물건들을 옮겼다. 오늘날에도 같은 원리에 따라 카지노, 레스토랑, 수영장이 있는 크루즈선이 무게가 수백만 킬로그램에 이르는 사람들과 물건들을 실어 나른다.

배는 가능한 한 가벼운 소재를 이용하지만, 가벼운 소재들도 촘촘하게 밀집해 있으면 가라앉을 수밖에 없다. 가라앉지 않기 위해서는 배 안에 공기가 들어가는 큰 공간이 있어야 한다. 그래야

거대한 크루즈선이 물에 잠기는 부피만큼의 물을 밀어내고 이때 작용하는 부력으로 뜰 수 있다. 1912년 타이태닉호 침몰은 이런 균형이 깨진 비극적인 사례다. 타이태닉호는 빙산과 충돌해 선체에 여러 개의 구멍이 나 침몰했다. 공기가 있어야 할 자리에 밀도가 높은 물이 차오르면서 배가 침몰한 것이다. 밀도가 높은 물이 공기

를 밀어내면서 배는 부력을 상실하고 결국 바다 밑으로 가라앉고 말았다.

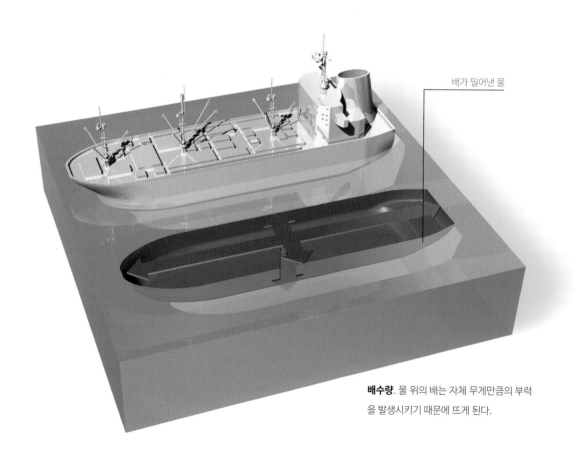

배가 밀어낸 물

배수량. 물 위의 배는 자체 무게만큼의 부력을 발생시키기 때문에 뜨게 된다.

아르키메데스의 원리

잠수함 Submarine

배가 물에 뜨는 것은 배 무게만큼의 물을 밀어내기 때문이다. 잠수함은 스스로의 무게를 조절함으로써 잠수와 부상(浮上)을 할 수 있다.

　잠수와 부상은 밸러스트 탱크(Ballast Tank)에 공기 또는 물을 채움으로써 가능하다. 잠수할 때는 탱크에 물을 채워 주변의 물보다 무게를 늘리고, 부상할 때는 저장된 압축 공기를 이용해 물을 방출한다. 잠수함의 무게가 줄어들면 부력이 회복된다.

다이버들도 물에 뜨는 정도를 조절하기 위해 비슷한 방법을 쓴다. 잠수복이나 물에 뜨는 장비를 사용하지만 웨이트 벨트를 착용해 물속으로 깊이 들어가며, 압축 기체로 채워진 특수조끼를 이용해 부력을 증가시켜 물 위로 떠오른다.

잠수함의 운행. 동그런 모양과 이중벽으로 된 선체는 심해의 수압을 견뎌낸다. 잠수함은 밸러스트 탱크 안의 물과 공기의 양을 조절함으로써 잠수와 부상을 할 수 있다.

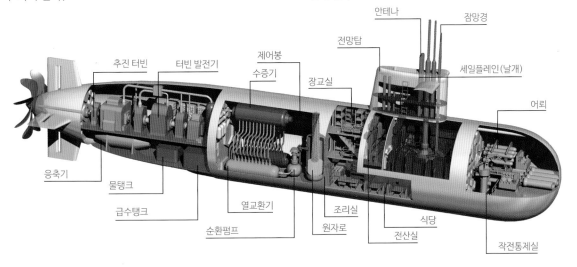

안테나
잠망경
전망탑
세일플레인(날개)
제어봉
수증기
장교실
어뢰
추진 터빈
터빈 발전기
응축기
물탱크
급수탱크
순환펌프
열교환기
조리실
원자로
전산실
식당
작전통제실

제5장

열역학
Thermodynamics

열은 에너지의 원시적인 형태다. 인간은 불로 몸을 따뜻하게 하고 음식을 익혀 먹을 수 있다는 사실을 발견한 다음부터 불을 이해하고 활용하고자 노력해왔다. 하지만 열역학이라는 용어 자체는 최초의 증기기관에 열에너지가 사용된 19세기에 들어서야 생겨났다. 열역학(Thermodynamics)은 열과 힘을 뜻하는 그리스어를 합쳐 만든 말이다.

하나의 과학으로서 열역학은 열과 물체를 움직이는 힘의 관계, 그리고 다른 형태의 에너지와의 관계를 다룬다. 열은 물체가 보유하는 것이 아니다. 열은 에너지의 흐름이다. 따라서 온도는 한 물체가 다른 물체에 열에너지를 전달할 수 있는 능력을 수치로 나타낸 것에 불과하다. 욕조에 있는 뜨거운 물은 빠르게 움직이는 고에너지 분자로 가득 차 있으며, 이 분자들은 목욕하는 사람의 몸(온도가 더 낮다)으로 에너지를 옮긴다. 열은 항상 온도가 높은 곳에서 낮은 곳으로 흐르기 때문이다.

열역학은 특히 열의 흐름이 유용하게 쓰일 수 있는 한계가 어디까지인지에 관심을 갖는다. 열역학의 핵심 개념인 엔트로피(Entropy)는 입자의 무작위 운동 때문에 유용하게 쓰이지 못하는 열에너지가 시스템이나 물체에서 차지하는 비율을 나타낸다. 예를 들어 증기기관은 열의 흐름으로부터 역학에너지를 얻는다. 하지만 개개의 증기 분자의 운동은 예측 불가능하기 때문에 증기기관은 완전히 효율적이라고 할 수는 없다. 그렇게 활발하게 움직이는 증기분자들의 에너지를 모두 거두어 사용할 수는 없기 때문이다. 엔트로피는 또한 시스템의 무질서한 정도를 나타내기도 한다.

법칙

무질서 속의 질서
열역학 제2법칙

자연 현상에 어떤 뚜렷한 방향성이 존재함을 보여주는 법칙이다. 에너지는 생성되거나 소멸되지 않는다. 다만 형태가 변할 뿐이다. 또한 실생활에서 벌어지는 모든 일들은 항상 작동할 수 있는 에너지가 줄어들면서 끝난다. 이 과정들은 잠재에너지를 소모하며 엔트로피를 증가시킨다.

엔진은 화학에너지(가솔린)를 운동과 열로 변환시킨다. 가솔린이 모두 떨어지면 엔진은 멈춘다. 폭죽은 팽창하는 기체의 힘으로 폭발하며, 사용 가능한 에너지는 폭발 후에 모두 흩어진다. 이 과정은 반대 순서로 진행될 수 없다. 이와 비슷하게 열에너지도 뜨거운 물체에서 차가운 물체로 한 방향으로만 이동한다. 그 반대 이동은 일어나지 않는다. 뜨거운 커피 잔은 열에너지를 주변의 온도가 낮은 공간으로 전달한다. 이 과정은 열역학적 평형(Thermodynamic Equilibrium)이라는 상태가 될 때까지 계속된다. 열역학적 평형 상태에서 커피 잔과 주변의 공기는 같은 온도인 실온이 된다. 시스템을 전체로 보면 같은 양의 에너지가 유지되지만 사용 가능한 에너지는 소비된 것이다.

줄-켈빈 효과 Joule-Kelvin Effect

19세기 중반 제임스 프레스콧 줄(James Prescott Joule)과 윌리엄 톰슨(William Thompson, 훗날 켈빈(Kelvin) 경)은 실린더에 기체를 주입한 후 구멍이 뚫린 마개를 통해 다른 실린더로 그 기체가 팽창해 나가게 하는 실험을 진행했다. 실린더는 단열처리를 해서 기체가 열에너지나 다른 에너지를 실린더 바깥과 주고받을 수 없게 했다.

결과는 다음과 같았다. 기체가 팽창할수록 온도는 대체로 내려간다. 다른 말로 하면 압력이 온도에 영향을 미친 것이다. 냉장고나 에어컨 같은 현대의 편리한 가전제품들은 기체의 압력을 조절해 온도에 영향을 미칠 수 있다는 이들의 통찰에 따라 만들어졌다.

기체 분자가 확산할수록 빠르게 움직이는 입자들은 속도가 떨어지고 운동에너지가 줄어든다. 하지만 에너지는 소멸하지 않으며 형태만 바뀐다. 그렇다면 에너지는 어디로 가는 것일까? 에너지는 멀어진 기체 입자 사이에서 서로를 끌어당기는 위치에너지로 전환된다.

열역학 제2법칙
에어컨 Air Conditioner

에어컨이 방을 시원하게 만든다기보다는 방의 열을 빼앗아 간다고 하는 게 더 정확할 것이다.

에어컨의 작동을 이해하려면 모든 물질의 상태는 온도와 연관돼 있다는 사실을 알아야 한다. 액체에 열을 가하면 끓고, 열을 더 가하면 증발한다. 기체에서 열을 빼앗으면 액체로 변하고, 열을 더 빼앗으면 언다. 에어컨은 프레온(Freon, 가장 흔히 사용되던 냉매이지만 현재는 오존층 파괴 문제로 사용이 완전히 금지됐다–옮긴이)이라는 화학물질이 액체와 기체로 주기를 이루면서 변화하도록 해 열을 이동시키는 기술을 사용한다.

프레온은 끓는점이 매우 낮다. 즉 분자들끼리 당기는 힘이 약하다는 뜻이다. 에어컨에서 프레온은 고압 튜브에 보관돼 있다가 밸브가 열리면 압력이 낮은 증발기(Evaporator)로 방출된다. 방출된 프레온 분자들은 계속해서 움직이면서 끓기 시작하고 이어서 기체로 변한다. 이렇게 상태가 바뀌려면 열이 필요하다. 프레온은 이 열을 방 안에 있는 공기로부터 빼앗는다.

기체 형태의 프레온은 압축기로 들어가고, 압축기는 프레온 분자들을 한데 모아 응축기 튜브로 들여보낸다. 여기서 프레온 분자들은 다시 액체 상태로 진입한다. 빠르게 움직이던 분자들은 이 과정에서 열을 잃고, 열은 실외로 배출된다. 프레온 액체는 다시 같은 과정을 반복하게 된다.

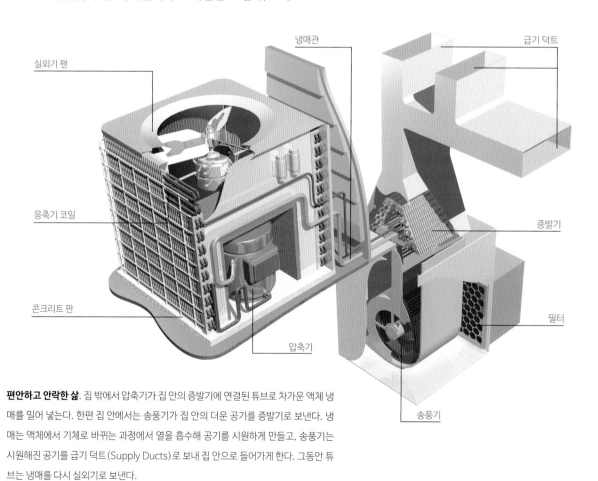

편안하고 안락한 삶. 집 밖에서 압축기가 집 안의 증발기에 연결된 튜브로 차가운 액체 냉매를 밀어 넣는다. 한편 집 안에서는 송풍기가 집 안의 더운 공기를 증발기로 보낸다. 냉매는 액체에서 기체로 바뀌는 과정에서 열을 흡수해 공기를 시원하게 만들고, 송풍기는 시원해진 공기를 급기 덕트(Supply Ducts)로 보내 집 안으로 들어가게 한다. 그동안 튜브는 냉매를 다시 실외기로 보낸다.

열역학 제2법칙

냉장고 Refrigerator

에어컨은 20세기 초 산업용품의 손상을 막고 숨이 막힐 듯한 집 안의 열기를 식히고자 개발됐다. 대략 비슷한 시기에 냉장고도 음식의 부패라는 더 시급한 문제를 해결하기 위해 나왔다.

물론 사람들은 냉장고가 발명되기 전에도 용기에 얼음 덩어리를 넣어 음식을 시원하게 유지시켜왔다. 대부분 미국 가정의 냉장고는 이런 간단한 아이스박스에 에어컨 기술을 적용시킨 것이다. 압력 차이 때문에 기체로 변한 액체 냉매는 냉장

고 안의 공기로부터 열을 빼앗고 다시 액체 상태로 변하면서 열을 밖으로 배출하는 식이다.

냉장고와 에어컨 모두 압력 차이를 이용해 기화와 압축을 촉진시킨다. 냉장고와 에어컨은 자연을 지배하는 법칙을 어겨가며 작동한다. 열은 시원한 곳에서 따뜻한 곳으로 이동하지 않는다는 법칙을 거스른 것이다.

차게 보관하기. 냉장고는 압축기의 냉매가 폐쇄된 튜브 시스템을 순환하는 것에 의존한다. 냉매는 증발하면서 냉장고 안의 음식으로부터 열을 빼앗는다. 따뜻해진 기체는 다시 압축기로 돌아가고, 압축기는 그 기체를 다시 냉각기로 보내 액체로 만든 다음 재순환을 시작한다.

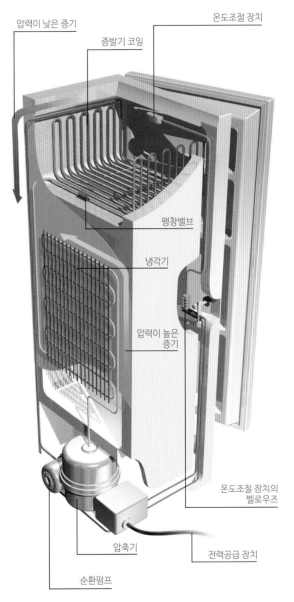

압력이 낮은 증기

증발기 코일

온도조절 장치

팽창밸브

냉각기

압력이 높은 증기

온도조절 장치의 벨로우즈

압축기

전력공급 장치

순환펌프

떠도는 열의 신비
대류

뜨거운 공기는 팽창하고 상승한다. 물도 뜨거워지면 밀도가 낮아져 차가운 물 위로 올라가고 차가운 물은 밑으로 가라앉는다. 유체는 이런 식으로 순환하면서 열에너지를 주변의 입자에 전달한다.

대류라고 불리는 이런 과정은 우리가 자연에서 흔히 관찰할 수 있는 현상의 하나다. 심해에 있는 물은 온도가 올라가면서 상승하고, 해수면 근처에서 다시 온도가 떨어지면서 밑으로 내려가게 된다. 대양의 바닷물은 이렇게 끊임없이 순환한다. 바다와 육지가 접한 지역의 온도가 태양열을 받아 올라가면 공기가 팽창하며 상승해 저기압 구간을 만들어낸다. 그러면 상대적으로 온도가 낮은 먼 바다 위의 공기가 육지 쪽으로 이동해 바람을 만들어 낸다.

라디에이터, 공기 덕트, 베이스보드 히터(Baseboard Heater) 중 어떤 것을 사용하든 집이 따뜻해지는 것은 대류 작용 때문이다. 따뜻한 공기는 천장 쪽으로 올라가서 주변에 열을 조금씩 방출하고 밀도가 높아지면 다시 하강한다.

대류
대류식 오븐 Convection Oven

보통 오븐에 음식을 넣으면 위와 아래의 열선에 가까운 쪽이 먼저 익는다. 쿠키를 제일 아래 칸에 넣으면 아래쪽이 타기 쉽다.

대류식 오븐은 이런 오븐의 결점을 보완한다. 뒤쪽에 열선을 하나 더 설치하고 팬을 추가해서 뜨거운 공기가 오븐 안에서 순환하도록 한다. 순환하는 공기는 다양한 각도로 음식물 표면 곳곳에 열을 전달한다. 닭을 대류식 오븐에 구우면 골고루 구워진다. 대류를 이용하면 이렇게 열을 효율적으로 전달해 더 낮은 온도에서 더 짧은 시간에 음식을 요리할 수 있다.

대류

가정용 난방기|Home Heater

보통 보일러는 가스나 기름의 에너지를 사용해 공기를 따뜻하게 한다. 하지만 따뜻한 공기를 어떻게 원하는 곳으로 보낼까? 어떻게 욕실 바닥을 따뜻하게 해서 편안한 느낌을 주는 것일까? 난방 시스템은 대부분 조금이라도 대류를 이용한다. 즉 공기의 온도와 압력 차이를 이용해 순환 운동을 발생시킨다.

오래된 중력식 보일러(Gravity Furnace)는 대류현상에 전적으로 의존한다. 열원에 연결된 급기 덕트가 공기를 팽창시킨다. 공기는 열려 있는 통풍 조절 장치를 타고 상승해서 계단 위로 올라간다. 차가운 공기는 급기 덕트를 타고 밑으로 내

려가서 지하에 있는 보일러에 다다른다. 이는 매우 느리고 비효율적인 순환방식이다.

현대의 강제 공기순환 방식은 팬을 이용해 따뜻한 공기를 방마다 불어넣는 방식이다. 하지만 여기서도 대류는 중요하다. 덕트는 주로 바깥벽 밑부분에 설치돼 있어서 따뜻한 공기는 벽을 타고 위로 올라가 방의 중심부로 진입하고, 차가운 공기는 아래로 떨어져 반환 덕트로 들어가기 때문이다. 반환 덕트는 보통 반대쪽 벽의 비슷한 위치에 설치된다.

라디에이터가 대류 작용을 이용해 열을 퍼뜨리고 있다.

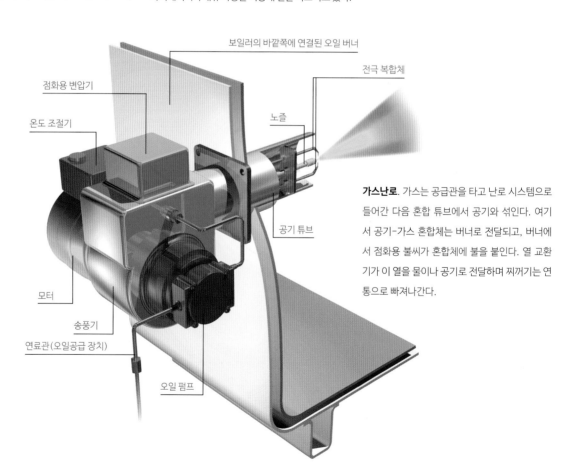

보일러의 바깥쪽에 연결된 오일 버너

전극 복합체

점화용 변압기

노즐

온도 조절기

공기 튜브

모터

송풍기

연료관(오일공급 장치)

오일 펌프

가스난로. 가스는 공급관을 타고 난로 시스템으로 들어간 다음 혼합 튜브에서 공기와 섞인다. 여기서 공기-가스 혼합체는 버너로 전달되고, 버너에서 점화용 불씨가 혼합체에 불을 붙인다. 열 교환기가 이 열을 물이나 공기로 전달하며 찌꺼기는 연통으로 빠져나간다.

대류
열기구 Hot Air Balloon

알록달록한 나일론으로 만든 열기구도 대류에 의해 상승한다. 먼저 열기구의 아래쪽에서 작은 프로판 불꽃이 풍선의 입구 부분의 공기를 데운다. 공기가 뜨거워지면 팽창하게 되고, 구성분자들이 확산해 퍼지기 시작한다. 풍선 안에 들어 있는 공기는 풍선 밖의 공기보다 밀도가 낮고 무게가 덜나가게 된다. 이렇게 되면 거품 방울이 물 위로 올라오는 것처럼 열기구는 차가운 공기 위로 상승하게 된다.

　　실제로 열기구를 위로 띄우는 힘은 부력이 물체를 액체 위에 띄우는 힘과

같은 방식으로 결정된다. 그 힘은 풍선이 밀어내는 찬 공기의 부피만큼의 무게에 해당하는 힘과 같다. 풍선이 클수록 상승력은 강해진다.

　　열기구도 내려오는 방법이 있어야 한다. 열기구 조종사는 줄을 당겨 열기구의 맨 위에 있는 밸브를 열어 뜨거운 공기가 풍선 밖으로 방출되도록 한다. 풍선 안에 있는 뜨거운 공기가 줄어들면 열기구는 밑으로 내려오게 된다.

뇌우 Thunderstorm

언제 먹구름이 끼기 시작해서 비가 내리고 번개가 치며 천둥소리가 나게 될지 알기란 어렵지 않다. 뇌우는 주로 봄이나 여름에 공기가 따뜻하고 축축할 때 발생하기 때문이다.

따뜻하고 축축한 공기는 찬 공기 위로 올라가고 해풍이나 한랭전선에 의해 더 위로 올라가기도 한다. 따뜻한 공기가 상승하면서 수증기는 압축돼 물방울로 변해 구름을 만든다. 압축되는 기체는 열을 방출하고 그 열은 주변의 공기를 따뜻하게 한다. 이 따뜻해진 공기는 다시 위로 올라간다. 대기가 더 불안정해질수록 이런 수직운동은 더 많이 발생한다.

구름은 계속 불어나 소나기구름(Thunderhead)이 된다. 버섯처럼 생긴 소나기구름은 지상에서 잘 보이지는 않지만 높이가 몇 킬로미터나 된다. 이 구름의 맨 위쪽 근처에서 물방울은 크기가 커지고 결국 하강하는 찬 공기를 타고 비나 우박으로 내리게 된다. 한편 상승하는 더운 공기의 흐름은 작은 물방울들을 더 높은 곳으로 상승시킨다.

이런 난기류의 한복판에서 물의 입자들은 상승하는 입자들로부터 나온 음전하를 띤 전자들과 충돌하면서 폭풍우 안에서 전기장을 형성시킨다. 밑쪽은 음전하가, 위쪽은 양전하가 포진하게 되는 것이다. 번쩍하고 번개가 치면 주변 공기의 온도는 열을 받아 몇 초 만에 섭씨 2만 7000도 이상이 된다. 이렇게 되면 번개가 치는 곳의 공기는 폭발적으로 팽창해 주변 공기를 급속하게 압축시킨다. 이런 교란 현상에 따라 충격파(Shock Wave)가 생겨나 천둥소리로 들리게 된다.

돌고, 돌고, 또 돌고
코리올리 효과

지구는 회전한다. 비행기, 미사일 같은 물체가 공중에서 움직이는 경로를 지도로 그리려면 지구의 회전이 코리올리 효과에 따라 그 물체의 목적지를 어떻게 바꾸어 놓는지를 반드시 계산에 넣어야 한다.

지구는 동쪽으로 회전한다. 적도 위의 점들은 시간당 거의 수천 킬로미터씩 동쪽으로 회전한다. 북극과 남극 근처에서는 훨씬 회전이 느리다. 24시간 돌아봐야 작은 원 정도 밖에 안 된다.

예를 들어 적도에서 정북으로 향하는 비행기는 동쪽 방향 회전을 고려하지 않으면 목적지의 오른쪽(비행기 탑승자의 방향에서 봤을 때 오른쪽을 말한다)에 착륙하게 된다. 비행기가 반대 방향, 즉 정남을 향해 적도 위의 지점을 목적지로 북극으로부터 직선방향으로 비행을 해도 다시 목적지의 오른쪽에 착륙하게 될 것이다. 이번에는 다른 이유 때문에 그렇다. 적도 위의 목적지가 비행기보다 더 빨리 움직이기 때문이다.

이처럼 기묘한 현상은 특히 남극과 북극을 잇는 선을 따라 길게 비행을 할 때 두드러진다. 북반구에서는 항상 오른쪽으로, 남반구에서는 항상 왼쪽으로 가게 되는 것이다.

소용돌이의 방향 Drain Spin

회오리바람이나 싱크대 또는 변기의 물이 소용돌이치며 내려가는 방향이 북반구에서는 시계 반대 방향이며, 남반구에서는 시계 방향이라는 것은 과학 퀴즈의 단골 소재다. 하지만 실제로는 사실이 아니다. 전형적인 허리케인은 직경이 480킬로미터 정도 되는 반면 싱크대와 변기 물의 소용돌이는 직경이 몇 센티미터밖에 되지 않는다. 이렇게 작은 거리를 움직이는 물체들에서 코리올리 효과는 매우 미미하다.

같은 욕실에서 세면대의 물이 회전하는 방향과 변기의 물이 회전하는 방향이 다른 경우는 얼마든지 있다. 그 방향은 세면대나 변기에서 물이 아래로 빠지기 전에 어떻게 움직였는지, 그리고 세면대와 변기의 모양이 어떻게 생겼는지, 또 배수관의 위치가 어디인지에 따라 달라진다.

코리올리 효과

허리케인 Hurricane

허리케인은 바람으로 시작되며, 그 바람은 압력이 높은 공기가 압력이 낮은 곳으로 몰아치면서 일어난다. 대규모 폭풍이 발생하면 바람은 상당한 긴 거리를 쓸면서 엄청난 가속도를 얻게 된다. 바람의 경로는 지구 자전과 코리올리 효과의 영향을 받게 된다.

적도 지역의 공기 덩어리가 북쪽으로 움직여 낮은 압력의 공간을 채운다고 가정하자. 이 바람 덩어리는 낮은 압력의 공간의 오른쪽, 즉 동쪽에 도착하게 될 것이다. 바람 덩어리가 목적지를 놓치는 이유는 목적지보다 더 빠르게 회전하는 지점에서 생성되기 때문이다. 낮은 압력 공간의 오른쪽을 지나면서 높은 압력의 바람은 낮은 압력 쪽으로 기울게 되고 시계 반대 방향으로 소용돌이를 만들게 된다.

북반구에서 열대성 폭풍(지역에 따라 허리케인, 태풍, 사이클론 등으로 불린다)은 압력이 낮은 폭풍의 눈을 중심으로 시계 반대방향으로 소용돌이친다.

폭풍. 폭풍의 눈을 중심으로 회전하는 허리케인을 찍은 위성사진.

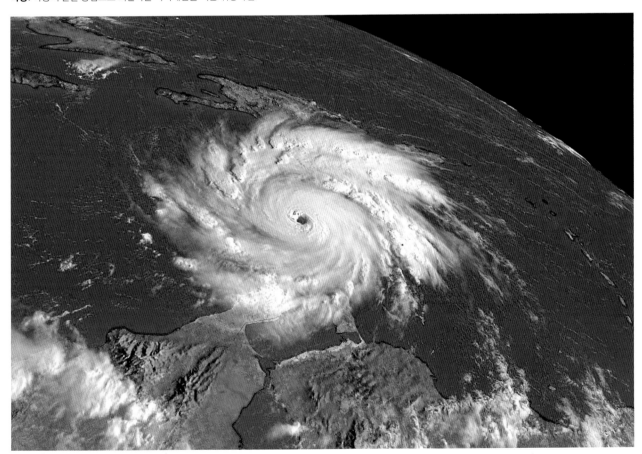

코리올리 효과
해풍 Sea Breeze

물의 비열(단위 질량의 물질 온도를 1도 높이는 데 드는 열에너지)은 아주 높다. 즉 물의 온도가 오르는 데는 시간이 많이 걸린다. 이와 대조적으로 흙, 특히 마른 흙의 비열은 매우 낮다. 다시 말해 흙은 날씨가 좋으면 빠르게 온도가 오르게 된다.

물과 흙의 이런 속성에 따라 해안선을 사이에 두고 온도 차이가 생겨 압력 차이를 일으키게 된다. 바닷물 위에는 차갑고 밀도가 높고 압력이 높은 공기가, 땅 위에는 따뜻하고 밀도가 높은 공기가 있게 되는 것이다.

압력의 차이는 공기를 움직이게 한다. 해풍이 육지로 불게 되는 이유다.

물의 비열이 높다는 것은 일단 뜨거워지면 식는 데 오래 걸린다는 뜻도 된다. 바람이 가끔 밤에 바다 쪽으로 부는 것은 낮에 받았던 땅의 열이 물보다 더 빨리 식기 때문이다. 바닷가가 실제로 시원한 것은 그런 까닭이다.

뜨거운 녀석들
비열

물질의 비열은 그 물질의 온도를 주어진 양만큼 올리는 데 필요한 에너지의 양이다. 비열은 물질의 분자 구조와 그 분자들이 얼마나 자유롭게 진동, 회전, 이동할 수 있느냐에 크게 좌우된다. 물의 온도를 섭씨 1도 올리는 데 필요한 에너지의 양은 알루미늄의 온도를 같은 만큼 올리는데 필요한 양의 거의 5배에 이른다. 불 위에 올려둔 물주전자가 안에 들어 있는 물보다 훨씬 먼저 뜨거워지는 이유가 바로 비열의 차이 때문이다.

사실 물의 비열은 흔한 물질들 중에서 가장 크다. 인체 조직에는 비열이 높은 물이 많이 포함돼 있다. 특히 뇌는 90% 정도가 물이다. 그래서 주변 온도가 갑자기 올라가도 인체 조직의 온도는 쉽게 올라가지 않는다. 물의 비열이 조직을 보호하는 것이다.

비열
스모그와 기온역전 Smog and Temperature Inversion

따뜻한 공기층이 로스앤젤레스 같은 도시를 덮고 있으면, 그 공기층은 지표면 근처의 밀도 높고 오염물질이 많은 공기를 가두게 된다. 스모그 현상이다.

태양은 지구를 덥히고 공기를 따뜻하게 한다. 이 따뜻한 공기는 팽창해서 상승하게 되고, 상승하면서 주변 온도가 내려가 300미터 상승할 때마다 섭씨 2도 정도 떨어지게 된다.

하지만 어떤 조건에서는 이런 일련의 과정이 뒤집어지기도 한다. 땅이 태양열을 받아 물보다 빠르게 온도가 올라가고 밀도도 떨어지게 되는 경우다. 예를 들어 로스앤젤레스 분지에서는 내륙으로 부는 시원한 해풍이 땅에서 생성돼 상승한 따뜻한 공기 밑으로 들어가게 된다. 동시에 로스앤젤레스 주변의 높은 사막지대에서 온도가 올라간 공기는 도시를 둘러싼 산들을 타고 상승해 로스앤젤레스 상공의 시원한 공기 위쪽으로 올라가게 된다.

이렇게 찬 공기와 따뜻한 공기가 뒤집어져 생긴 역전층은 뚜껑처럼 작용해 공기의 수직 순환을 방해한다. 이로 인해 자동차 매연을 비롯한 엄청난 양의 화석연료 오염물질들을 그 자리에 가두게 된다.

빨래건조기 Clothes Dryer

빨래건조기가 널리 보급되기 전에 사람들은 빨래를 말릴 때 옷가지를 널어서 해와 바람에 최대한 노출되도록 했다.

빨래건조기는 증발이라는 자연 현상을 가속화한 것일 뿐이다. 회전식 건조기는 빨래를 계속 회전시켜 빨래가 품고 있는 물 분자들이 되도록 빨리 기체 형태로 빠져나가도록 한다. 또한 열선과 팬으로 빨래에 열을 가하며 물 분자를 증발시켜 더 빨리 떨어져 나가게 한다. 건조기의 또 다른 주요 부위는 축축한 공기를 건조기에서 빼주는 통풍구다. 건조기 내의 공기가 수증기로 가득 차면 그 공기는 밀도가 높아지고 무거워져 서로의 결합을 끊고 탈출하려는 물 분자들의 움직임을 방해하게 된다. 물의 기화 속도가 떨어지는 것이다. 통풍구는 빨래가 완전히 마를 때까지 물이 계속 기화되게 한다.

법칙

열과 함께 사라지다
증발

물은 기체(수증기), 액체, 고체(얼음)의 상태로 인간의 생활환경에서 중요한 역할을 한다.

물 표면의 물 분자들이 액체에서 기체로 바뀔 때 그 과정을 증발이라고 한다. 바다, 호수, 강 등에서 일어나는 증발이 대기에서 일어나는 증발의 대부분을 차지한다.

증발에는 열이 필요하다. 물 분자들은 온도가 올라가면 요동하면서 격렬하게 운동한다. 분자들 중 일부는 다른 분자와의 결합을 끊고 탈출하는데, 이 탈출하는 분자들을 수증기라고 부른다. 호수, 바다, 땅 등에서 증발된 물 분자는 대기로 올라가서 구름이 된다.

증발
땀 Perspiration

더운 날 땀을 흘린다고 시원해지는 것은 아니다. 몸을 시원하게 하는 것은 땀 자체가 아니라 땀의 증발이다. 표면에 있는 액체의 분자들이 기체로 변해 공기로 들어가려면 이 분자들은 서로를 결합시키고 있는 힘을 이겨내야 한다. 이 과정에서 액체 분자들은 열에너지를 소비하는데, 이 열은 액체 표면에서 나온 것이다. 이에 따라 피부에 남아 있는 물, 즉 땀의 온도가 내려가게 된다.

그렇다면 습하고 무더운 오후에 땀을 흘려도 기분이 별로 나아지지 않는 이유는 무엇일

까? 밀도가 높고 물기를 머금은 공기는 탈출하는 액체 분자를 받아들일 공간이 거의 없다. 따라서 땀이 거의 증발하지 않고 그대로 피부에 남아있게 된다. 결국 땀이 나서 몸은 젖지만 시원해지지 않는 것이다.

매우 더운 열대 지방에서 찌는 듯 더운 날에 수프나 차처럼 뜨거운 액체를 마시는 경우를 흔히 볼 수 있다. 뜨거운 액체를 마시면 땀이 나오고, 땀이 증발하면서 시원한 느낌을 받을 수 있기 때문이다.

잃는 게 있으면 얻는 것도 있다
열역학 제3법칙

뜨거운 냄비를 조리대에 놓으면 조리대도 뜨거워진다. 조리대의 열은 냄비로부터 전달된 것이다. 반대로 조리대에서 냄비로 열이 전달되지는 않는다. 열은 항상 뜨거운 곳에서 찬 곳으로 흐른다.

황망한 우주 공간일지라도 열에너지와 분자의 운동이 전혀 없을 수는 없다. 우주의 어떤 곳이든 다른 어떤 곳으로부터 열을 빼앗게 되기 때문이다. 하지만 원자 구조가 완벽하게 규칙적인 순수한 물질이 이론상으로 존재하는 절대 영도에 이르면 엔트로피가 없는 상태가 될 것이다.

엔트로피는 하나의 물질에서 원자와 분자가 밀고 당기며 움직이는 배열의 숫자로 정의할 수 있다. 즉 무작위성이다. 물질 안에 존재하는 분자들의 운동은 무작위적이고 예측 불가능하다. 따라서 실제 세계에서 에너지가 완벽하게 효율적으로 전달될 수는 없다. 에너지의 일부는 항상 유용하게 쓰일 수 없는 상태로 남게 되는 것이다. 엔트로피의 또 다른 정의라고 할 수 있다.

하지만 절대 영도에서는 분자들이 무작위 운동을 멈출 것이다. 한 곳에서 다른 곳으로의 열의 이동이 없고, 이 과정에서 분자가 활성화되는 일도 없을 것이다. 열역학 제3법칙의 핵심은 순수하고 완벽하게 규칙적인 물질의 온도가 절대 영도로 떨어지면 그 물질의 엔트로피도 0이 된다는 것이다. 거의 고정되고 자력으로 운동할 수 없는 물질에서 무작위성은 줄어든다.

절대 영도 Absolute Zero

'차가운'이라는 말은 그 자체로 속성을 나타내는 것이라기보다는 어떤 것이 없는 상태를 나타낸다. 그 어떤 것은 열이다.

열은 에너지다. 에너지는 운동을 일으킨다. 우주 전체는 열에너지로 춤추는 분자들로 구성돼 있다. 춤은 있는 그대로의, 무작위적인 운동이다. 분자들이 더 빨리 움직일수록 그 분자들이 구성하는 물질의 온도가 더 올라간다.

얼음물을 담은 잔에서도 수없이 많은 분자들의 운동이 일어나고 있다. 이 잔에 잉크 한 방울을 살짝 떨어뜨려 보면 잉크는 고르게 퍼져나갈 것이다. 이론상으로 절대 영도에서는 모든 운동이 정지되며 따라서 열이 존재할 수 없다. 양자역학에 따르면 운동이 없어지는 것은 불가능하다. 절대 영도는 섭씨로 영하 273도다.

초전도성 Superconductivity

어떤 금속은 섭씨 영하 196도 이하로 온도를 떨어뜨리면 저항이 전혀 없이 전기를 통과시킨다. 전류가 줄어들지 않고 무한궤도를 따라 도는 셈이다. 엔트로피가 100%의 효율로 극복되는 현상으로 볼 수 있다.

전류는 매질을 통과해 양전하로 흐르는 전자들로 구성된다. 중간에 장애물도 존재한다. 전도성 매질(Conductive Medium)은 불규칙하고 열에너지로 진동하는 원자들의 격자 같은 것이다. 격자 안의 원자들은 느슨한 전자들을 흘려보내고 양전하를 띠고 있는 상태에서 지나가는 전자들을 끌어당긴다. 마찰이 미끄러지는 물체를 멈추게 하듯이 이런 장애물들은 전기에너지의 손실을 초래한다.

대체로 전도성 물질은 온도가 떨어지면서 저항도 점점 줄어든다. 하지만 초전도성은 다르다. 금속의 온도가 임계치까지 떨어질 경우 저항은 갑자기 사라진다.

최대의 효율로 목적지를 향해 흘러가는 전자들은 쌍을 이룬다. 전자 하나가 격자 내 양전하를 띤 원자들 근처를 지나갈 때, 그 원자들은 안으로 굽어 전자 쪽을 향하게 되고 일시적으로 이 전자 주위에 양전하가 증가하게 된다. 이렇게 되면 이 전자와 바로 뒤에 따라오는 전자 사이에 약한 인력이 형성돼 두 전자는 함께 뭉쳐 격자를 통과할 수 있게 된다. 짝을 이룸으로써 전자들은 에너지를 잃지 않으면서 격자를 빠르게 통과하게 되는 것이다. 전자쌍은 열에너지에 의해 쉽게 분리되기 때문에 이렇게 흔하지 않은 전자들의 쌍이루기는 온도가 임계치까지 떨어질 때만 발생한다. 그 온도는 초전도현상이 일어나는 티핑 포인트(Tipping Point)가 된다.

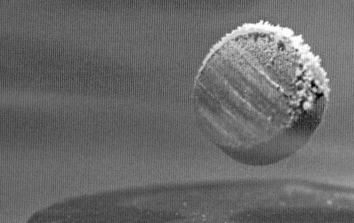

고온 초전도성 High-Temperature Superconductivity

1980년대 과학자들은 어떤 세라믹이 예상치 못한 고온에서 초전도성을 띤다는 사실을 발견했다. 효율성이 극도로 높은 초전도성 기술을 훨씬 더 실용적으로 사용할 수 있게 하는 계기였다.

일반적인 초전도체는 액체 헬륨으로 만들어진 초저온 상태에서만 작동한다. 문제는 이렇게 하려면 비용이 많이 든다는 사실이다. 초전도체는 의학 분야의 MRI(자기공명영상)처럼 정교한 고비용의 기술에나 사용하는 게 합당하다. 가정에 전기를 공급하거나 전자제품을 가동시키는 데는 무리가 있다.

새로운 초전도체는 섭씨 영하 135도에서 작동한다. 이 정도의 온도는 액체 질소로 만들 수 있다는 점에서 경쟁력이 있다. 액체 질소는 액체 공기에서 값싸게 추출할 수 있다.

과학자들은 궁극적으로 실온에서 저항이 없어지는 물질을 찾기를 바라고 있다. 하지만 아직까지는 꿈에 불과하다.

자연의 힘

Natural Forces

CONTENTS

제6장

중력

Gravity

중력이란 말이 나오면 우리는 아이작 뉴턴이 사과나무 아래 앉아 있는 모습을 떠올리곤 한다. 뉴턴이 나무에서 떨어지는 사과에 머리를 맞고 중력을 발상해냈다고 믿고 있기 때문이다. 아마 사실이 아닐 것이다. 하지만 뉴턴이 물체가 떨어지는 것을 보고 나서 거기에 어떤 신비스러운 힘이 작용한 것은 아닌지, 그리고 어떤 물체는 왜 다른 물체보다 빨리 떨어지는지 의문을 품었던 것은 분명해 보인다. 뉴턴이 1687년 발표한 만유인력의 법칙은 우주의 모든 물체가 서로를 끌어당기며 그 힘(인력)은 질량과 거리에 비례한다는 내용을 담고 있다.

피에르시몽 드 라플라스(Pierre-Simon de Laplace), 알베르트 아인슈타인(Albert Einstein) 같은 과학자들은 뉴턴의 연구를 이어받아 진전시켰다. 이에 따라 오늘날 중력은 현수교, 엘리베이터, 에스컬레이터, 내진건물 등을 세우는 데 도움을 주고 있다. 중력이 밀물과 썰물에 미치는 영향을 알게 되면서 바닷물을 이용해 전력도 얻고 있다. 중력의 효과를 이해하면 쉽게 과녁의 한가운데를 맞출 수도 있다. 또한 중력은 행성들이 타원 궤도를 도는 이유를 설명한다. 중력을 야구에 적용할 경우 홈런 거리를 계산할 수도 있다. 중력의 법칙은 보편적이라서 지구의 생물체뿐만 아니라 우주 너머에까지 적용된다.

법칙

거대한 힘
만유인력의 법칙

뉴턴 덕분에 우리는 중력이 주로 질량에 따라 결정된다는 것을 알게 됐다. 중력을 두 물체 사이를 끌어당기는 힘, 즉 인력이라고 생각하자. 물체의 질량이 클수록 인력, 즉 중력의 세기는 강해진다. 그리고 두 물체 사이의 거리가 가까울수록 중력의 세기는 더욱 강해진다. 이 당기는 힘은 물체의 질량 중심을 향해 작용하며 지구가 둥근 것은 바로 그 때문이다. 지구는 질량이 꽤 커서 지구상의 물체들을 중심으로 끌어당기는 힘 또한 엄청나다. 그 힘이 바로 중력이며 우리가 우주 공간으로 떨어져 나가지 않게 해준다. 만유인력의 법칙은 우리가 우주 어디에 있든 한결같이 적용된다. 힘의 세기가 우주 공간 어디에서든 일정하기 때문이다. 지구에 중력이 존재하듯 다른 행성과 천체들에도 중력이 똑같이 존재한다.

만유인력의 법칙

포물선 Parabolic Curve

포물선의 성격을 알고 싶으면 야구공을 던져봐라. 야구공이 날아가면서 중력의 영향을 받아 그리는 호(Arc)가 바로 포물선이다. 두 가지를 알면 야구공의 궤적을 산출할 수 있다. 초점(Focus, 포물선의 축 위에 있는 임의의 점)과 준선(Directrix, 포물선의 축과 수직이고 포물선을 지나지 않는 임의의 선분)이다. 포물선 위의 모든 점은 초점과 준선으로부터 같은 거리에 있다. 이런 사실이 왜 중요할까? 물론 포물선을 이해하면 공이 얼마나 멀리 나갈지 계

산할 수 있다. 하지만 포물선이 진짜 중요한 이유는 현수교에서 자동차 전조등, 위성 안테나까지 매우 광범위하게 사용되기 때문이다. 많은 아치형 구조물이 포물선을 닮았지만 진짜 포물선은 아니다. 수학적으로 포물선 위의 모든 점은 초점과 준선에서 같은 거리에 있어야 한다는 정의에 부합하지 않기 때문이다. 프랑스 파리에 있는 개선문의 아치는 포물선처럼 보이지만 실제로는 포물선이 아닌 대표적인 예다.

만유인력의 법칙

총알의 탄도 Bullet Trajectory

발사된 총알이 날아가는 경로를 탄도라고 한다. 하지만 총알은 위로 올라가지도, 호를 그리지도 않는다. 총알은 발사되고 나면 총열이 받쳐주지 않는 데다 중력의 영향을 받아 조금씩 밑으로 내려가기 시작한다. 또한 공기의 저항을 받아 속도도 점점 떨어지게 된다. 그렇다면 어떻게 목표물을 정확히 맞힐 수 있을까? 총알은 호의 형태를 그리면서 날아가지는 않지만 총을 쏘는 사람은 호의 모양을 염두에 둔다. 노련한 사수는 총열을 완전히 수평으로 잡은 상태에서 목표물보다 약간 위를 조준한다. 이에 비해 경험이 별로 없는 사수는 총열을 살짝 위로 기울이고 목표물의 약간 아래를 조준한다. 최신 기술로 제작된 대포는 이런 과정을 계산하는 기능을 갖추고 있지만, 막상 사격을 하게 되면 그럴 만한 시간이 없다. 따라서 이 기술은 연습과 시행착오를 통해 익힐 수밖에 없다.

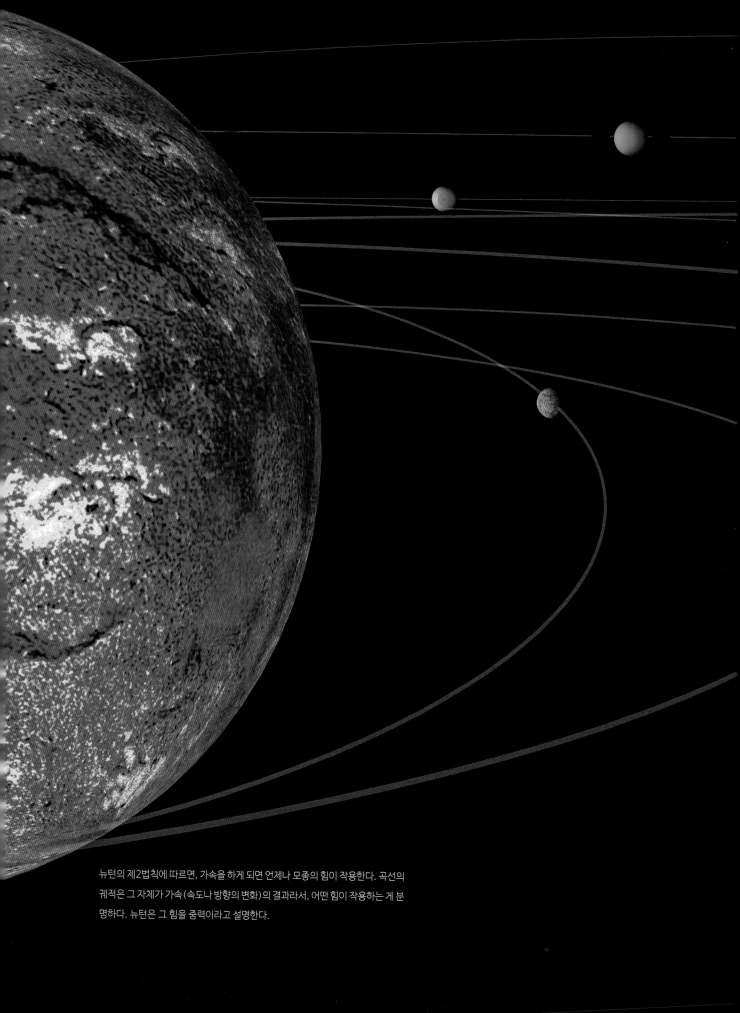

뉴턴의 제2법칙에 따르면, 가속을 하게 되면 언제나 모종의 힘이 작용한다. 곡선의
궤적은 그 자체가 가속(속도나 방향의 변화)의 결과라서, 어떤 힘이 작용하는 게 분
명하다. 뉴턴은 그 힘을 중력이라고 설명한다.

행성의 타원 궤도 Elliptical Orbits of Planets

행성은 왜 원 궤도가 아니라 타원 궤도를 도는 것일까? 한마디로 말해서 중력 때문이다. 행성의 궤도가 타원이라는 주장은 요하네스 케플러(Johannes Kepler)가 '행성의 운동에 관한 세 가지 법칙(Three Laws of Planetary Motion)'을 발표하면서 처음 제기했다. 하지만 그 원리는 뉴턴이 만유인력의 법칙을 발표하고 나서야 밝혀졌다. 타원 궤도는 태양과 행성처럼 서로 다른 천체들이 중력으로 벌이는 복잡한 줄다리기에서 나온 것이다. 천체가 클수록 주변에 존재하는 작은 물체들을 끌어당기는 힘이 증가한다. 거대한 천체가 하나밖에 없다면 주변의 작은 천체들은 원 궤도를 돌 수도 있다. 하지만 태양계처럼 거대한 천체가 여러 개 있으면 천체들은 타원 궤도를 돌게 된다. 또한 행성이 태양으로부터 멀어질수록 태양의 중력은 더 적게 작용한다.

몇몇 행성들은 다른 행성들보다 더 복잡한 궤도를 돈다. 이런 현상은 훗날 뉴턴의 법칙을 더욱 정교하게 정리한 아인슈타인이 시공간 곡률(Curvature of Space-Time)이란 개념으로 부분적으로 설명하게 된다. 아인슈타인에 따르면 태양 같은 천체가 가진 질량은 근본적으로 시공간을 변형시켜 휘어지게 한다. 케플러, 뉴턴, 아인슈타인의 연구로 우리는 행성의 궤도에 얽힌 복잡한 수학을 이해할 수 있게 됐다.

행성의 궤도는 바뀌기도 한다. 태양을 비롯한 모든 천체는 움직인다. 따라서 중력의 당기는 힘이 변하면 궤도 또한 속도와 질량의 변화에 따라 타원이나 원형으로 변한다.

만유인력의 법칙

에스컬레이터 Escalator

에스컬레이터는 간단히 말하면 컨베이어 벨트로 계단을 움직이는 장치다. 도르래가 움직이는 방식으로 체인들을 구동하는 바퀴가 양끝에 달려 있다. 각 계단에는 두 개의 바퀴가 달려 있어 내부의 트랙을 따라 움직이며, 항상 수평을 유지하도록 설계돼 있다. 움직이는 에스컬레이터에 승객이 타고 내릴 때에는 수평의 유지가 특히 중요하다. 중력은 분명히 승객에게 일정한 힘을 가한다. 그러나 에스컬레이터가 사람들을 계단 위에서 넘어지지 않게 하면서 위아래로 실어 나르는 힘으로 중력을 완벽하게 상쇄시킨다.

에스컬레이터는 석탄, 모래, 곡물 등을 실어 나르는 데 쓰이는 기술과 같은데, 사람들을 이동시키는 다른 종류의 장치에도 사용된다. 공항 등에서 볼 수 있는 무빙 워크(Moving Sidewalk)는 에스컬레이터 기술을 평면에 적용한 것이다.

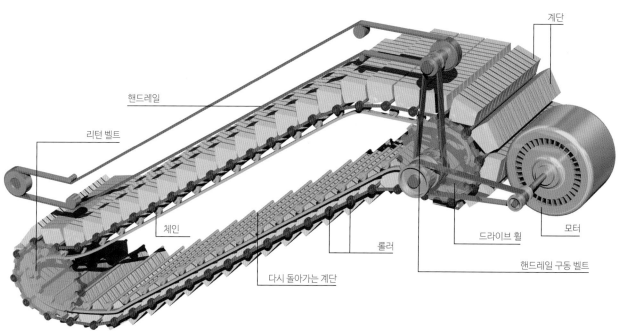

핸드레일

리턴 벨트

계단

체인

다시 돌아가는 계단

롤러

드라이브 휠

모터

핸드레일 구동 벨트

만유인력의 법칙
엘리베이터 Elevator

엘리베이터에서 가장 중요하고 흥미로운 부분은 엘리베이터 자체에 있지 않다. 그것은 바로 엘리베이터를 작동시키는 평형추(Counterweight)다. 평형추는 도르래 시스템의 반대편에 매달려 있으면서 승객들이 탄 엘리베이터의 무게 균형을 잡으며, 엘리베이터 무게에 40~45%를 더한 만큼의 힘을 가해준다. 전기모터는 제동 장치로 케이블과 도르래의 움직임을 조정한다. 구식의 이런 엘리베이터는 여러 면에서 비효율적이라서 요즘에는 유압 시스템으로 도르래를 대체하고 있다. 엘리베이터에 승객이 타지 않았을 때처럼 평형추가 차체보다 더 무거워질 때도 있다. 이런 경우에는 에너지를 낭비하게 되고 이 에너지는 열의 형태로 사라져 버린다. 최근에 설계되는 엘리베이터는 내려갈 때 중력의 힘을 이용하고 그 힘을 빌딩의 전력망으로 돌려 사용하게 하고 있다.

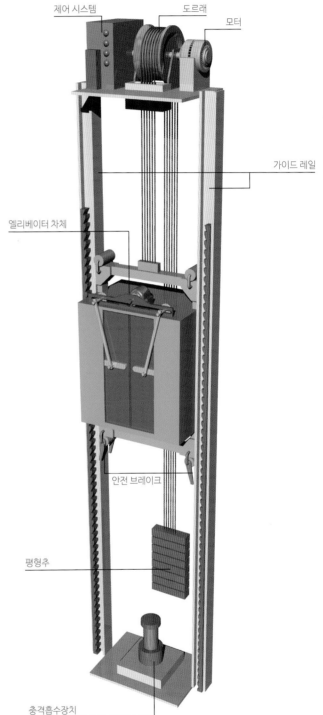

제어 시스템
도르래
모터
가이드 레일
엘리베이터 차체
안전 브레이크
평형추
충격흡수장치

현수교 Suspension Bridge

다리 하면 뉴욕 브루클린 다리나 샌프란시스코 금문교 같은 고풍스러운 현수교를 떠올릴 것이다. 날씬하고 우아한 구조를 지닌 이 다리들을 보면 엄청난 교통량을 어떻게 감당하는지보다 당장 다리 자체의 무게를 어떻게 지탱하는지가 더 궁금해진다.

현수교의 역사는 15세기까지 거슬러 올라간다. 현수교는 데크(Deck, 사람이나 차가 지나다니는 다리 바닥), 교대(橋臺, Abutment)라고 불리는 양쪽의 타워, 현수선 모양으로 늘어진 케이블 등으로 구성된다. (현수선은 실이나 사슬의 양끝을 고정하고 중간 부분을 늘어뜨렸을 때 나타나는 곡선으로, 포물선과 모습이 비슷하다.) 메인 케이블은 타워에서 타워로 수평으로 연결돼 있고, 수직 케이블은 메인 케이블에서 뻗어 나와 데크의 무게를 지탱하는 동시에 그 무게를 양쪽 타워에 분배한다. 메인 케이블은 교대 너머 땅에다 고정시켜 놓아 데크에서 가해지는 압력으로 다리 구조물이 허물어지는 사태를 막는다. 현수교에서 다리 자체의 무게(자중(自重), Dead Weight)는 타워를 안쪽으로 당기지만, 케이블이 같은 크기의 힘을 반대 방향으로 가한다. 바꿔 말하면 다리 데크가 아래 방향으로 짓누르는 힘과 케이블의 장력이 평형을 이루는 것이다.

현수교의 설계를 살펴보면 다른 종류의 다리들보다 이점이 많다. 무엇보다 다리의 길이를 크게 늘일 수 있다. 세계에서 가장 긴 현수교는 일본에 있는 아카시 해협 대교(明石海峽大橋)다. 길이가 3910미터이다. 하지만 현수교에는 엔지니어들이 주의해야 할 단점도 있다. 예를 들어 메인 케이블이 체인으로 연결된 구조이거나 한 줄로 돼 있을 경우 연결 부분이 한 군데라도 파손되거나 끊어지면 다리는 장력을 상실하고 무너진다. 또 다리의 데크가 너무 얇으면 강풍이 불 때 산산조각이 나는 수가 있다. 1940년 미국 타코마 내로우스(Tacoma Narrows) 다리에서 실제로 발생한 일이다.

만 유 인 력 의 법 칙

밀물과 썰물 Tides

우리는 밀물과 썰물을 당연한 현상으로 여긴다. 하지만 중
력이 없다면 밀물과 썰물은 존재하지 않을 것이다. 24시간
동안 각각 두 번의 만조와 간조가 번갈아 나타난다. 이는 밀
물과 썰물이 바뀔 때 조류가 순간 멈추는 게조(憩潮, Slack) 때
문에 생기는 것으로 매일 반복된다. 게조의 진행 시간은 달
의 중력에 따라 달라진다. 달이 지구상의 물체에 미치는 중
력은 지구가 같은 물체에 미치는 중력의 1000만분의 1에 불
과하다. 하지만 달의 중력은 지구의 원심력과 결합해 밀물
과 썰물을 만들어낸다. 태양도 밀물과 썰물의 발생에 영향
을 주지만 달만큼 크지는 않다. 밀물과 썰물에 미치는 달의
영향력은 보름달이나 초승달처럼 그 모양새에 따라 달라지
며, 각자의 궤도를 돌고 있는 지구, 태양, 달 사이의 거리에
따라서도 달라진다. 밀물과 썰물은 지구, 태양, 달이 일직

선으로 정렬해 있을 때 최고조에 이른다. 캐나다 노바 스코
시아(Nova Scotia) 지역의 펀디 만(Bay of Fundy)은 만조와 간조
의 차이가 13.5미터로 세계에서 가장 크다.

달의 인력. 달의 중력장은 달과 직접 마주하는 지구의 바닷물을 끌어 올릴 정도로 강하게 작용한다. 그 힘으로 인해 우리는 밀물과 썰물을 보게 된다.

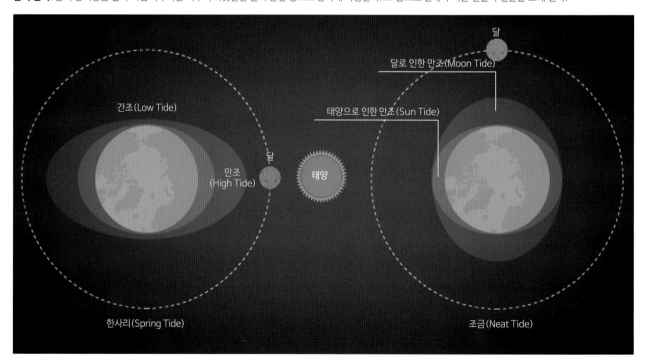

만유인력의 법칙

조력발전장치 Tidal Power Generator

조력. 밀물과 썰물의 차이로 발생하는 에너지가 해저 프로펠러에 잡혀 전기로 변환된다.

밀물과 썰물은 에너지를 만드는 데 쓰인다. 이는 고대 로마인들도 잘 알고 있었다. 조수가 들어오는 곳에 수력발전 댐과 비슷한 제방을 쌓는다. 만조가 되면 바닷물이 제방 안으로 밀려들어와 터빈을 돌리며 에너지를 만들어낸다. 토사가 쌓이고 조수가 줄어드는 등 환경문제가 유발되기도 하지만 청정에너지를 무려 80%의 고효율로 만들 수 있다는 점에서 매력적이다. 하지만 이 기술에는 비용이 많이 든다. 대규모로 조력발전을 하는 나라는 프랑스가 유일하다(프랑스의 조력발전 시설은 1기당 24만 가정에 전력을 공급할 수 있다). 조력발전에는 반드시 필요한 조건이 하나 있다. 조수 간만의 차이가 적어도 4.8미터는 돼야 한다.

만유인력의 법칙
내진건물 Earthquake-Resistant Buildings

지진으로 발생하는 사상자들의 상당수는 무너진 건물에 갇혀 있던 사람들이다. 따라서 지진을 견딜 수 있게 건물을 설계하는 게 매우 중요하다. 하지만 지진에도 끄떡 않는 건물을 과연 지을 수 있을까? 얼마든지 지을 수 있다. 6세기에 세워진 터키 이스탄불의 성 소피아 성당(Hagia Sophia)처럼, 지진이 자주 나타나는 지역의 이런 건물들이 아직도 그대로 있는 것을 보면 알 수 있다. 지진의 운동은 수직과 수평으로 이루어진다. 건물이 지진의 엄청난 힘을 견디려면 지진의 측면 운동을 이겨내야 한다. 지진의 수직 운동은 건물 자체가 원래 중력에 효과적으로 대응하게끔 설계되기 때문에 별 영향을 미치지 않는다.

이상적으로 만들어진 내진 건물은 좌우모양이 대칭이고 장식용 처마 돌림띠(Cornice)나 부벽(Buttress) 같은 장식물을 최소화한 건물이다. 이런 장식들은 진동에 무너져 내릴 수 있다. 칸막이 같은 격막(Diaphragm)을 부드러운 소재로 처리하면 측면의 유연성을 확보할 수 있어 지진이 나도 건물은 흔들리기만 할 뿐 부서지지는 않는다. 교차형 버팀대(Cross-Bracing)는 수직 안정성을, 대각선 모양의 가새 패널(Braced Panel)로 구성한 내진벽(Shear Wall)은 수평 안전성을 살릴 수 있어 지진을 견디는 데 도움을 준다. 어떤 건물들은 골조 자체의 조인트(이음 부분)로 안정성을 확보하기도 하는데, 이 조인트는 기둥과 들보가 지진의 충격에 따라 유연하게 구부러질 수 있게 한다. 일부 건물의 경우는 토대에 건물 자체를 단단하게 부착시켜 지진을 견뎌내며, 실린더나 스프링 위에 사실상 "떠 있는" 구조로 설계되어 지

더 안전한 건물. 일본 도쿄에 있는 스카이트리 타워(Skytree Tower)는 수많은 내진 기능을 발휘하게끔 설계되어 있다. 사진은 공사 막바지 당시의 모습이다.

진의 힘에 대응하는 건물도 있다. 건축가들은 납-고무 적층받침(Lead Rubber Bearing) 설계 방식을 선호한다. 이 방식으로는 수직방향의 중심부를 납으로 구성하고 각 층을 고무와 철판으로 번갈아 마무리해 수평 방향의 내구력을 확보할 수 있다. 젤 같은 패드를 이용해 지진의 충격을 흡수하는 감쇠(Damping) 시스템을 만들어 건물 꼭대기에 고정시키는 방법도 있다.

미국 샌프란시스코의 트랜스아메리카 피라미드(Transamerica Pyramid) 빌딩. 지진 피해로부터 건물을 보호하는 독특한 트러스 시스템(Truss System)을 갖추고 있다.

제7장

자기
Magnetism

끌어당기거나 밀어내는 자석의 힘은 모두 원자들의 운동에서 나온다. 원자를 구성하는 전자와 양성자는 항상 움직인다. 전하가 움직이면서 자기장을 만들어내기 때문에 전하를 생성시키는 전자와 양성자도 자기장을 갖게 된다. 보통 이런 장들은 무작위로 생겨나지만, 철과 같은 물질은 도메인(Domains)이라 불리는 특정 구역에서 일정한 간격으로 배열하는 성향이 있다. 철을 함유한 암석을 녹이면 모든 도메인이 지구 자기장을 따라 일렬을 이룬다. 천연 자석은 이런 과정을 거치며 만들어진다.

일상생활에서 자기를 이용하려면 자기 자체 말고도 전자기나 전자기 유도 현상을 알아야 한다. 신용카드의 칩, PIN 카드, 폭발물 탐지기, 나침반 등은 모두 자기를 이용한 것들이다. 이동하는 철새들이 일종의 "살아있는 나침반"이란 사실을 알고 있는가?

자석은 TV 스크린, 음극선관(CRT), LCD, LED, 플라스마 등에 쓰인다. 자기공명영상(MRI)으로는 이전에 상상하지 못했던 의학 진단을 할 수 있게 됐다. 전자기(Electronicmagnetism)가 자기부상 열차, 자기부상 선박, 전기차에 활용되면서 교통수단이 몰라보게 개선됐다. 전기모터는 전동드릴, 음식물 쓰레기 처리 장치, 전기면도기 등에 쓰여 일상생활을 더욱 편리하게 한다. 자기는 우리가 지구를 바라보는 시각뿐만 아니라 우주 전반을 이해하는 방식까지 바꾸어놓았다.

극과 극은 서로 통한다
자기장

자기장에는 N극과 S극이라는 두 개의 극이 있다. 이 두 개의 극은 서로 끌어당기며 같은 극은 밀쳐낸다. 극은 전하를 띤 입자(전자와 양성자)가 자석에서 어떤 모양으로 정렬해 있느냐에 따라 결정된다. 서로를 당기고 밀어내는 힘은 고대 그리스 시대부터 알려져 있었다. 물론 고대 그리스인들은 이 힘의 존재만 알았지 원리를 정확하게 이해한 것은 아니었다. 콜럼버스(Columbus)는 자기나침반을 이용해 의도한 바는 아니지만 신대륙으로 항해했다. 또 영국 엘리자베스 1세 여왕의 주치의였던 윌리엄 길버트(William Gilbert)는 1600년에 지구가 하나의 거대한 자석이라는 주장을 펼쳤다. 훗날 길버트의 주장은 옳은 것으로 판명됐다.

자기장
나침반 Compass

인류는 나침반의 도움을 받아 방향을 잃지 않고 항해술을 발전시켜 지구를 탐험할 수 있었다. 이 간단한 장치가 발명되기 전에는 하늘의 별들과 근처 지형지물에 의존해 항해할 수밖에 없었다. 나침반을 처음 사용한 사람들은 고대 중국인들이다. 이들은 그릇에 물을 담은 후 자성을 지닌 바늘을 물 위에 띄워 방향을 알아냈다. 바늘의 자성은 자연 상태에서 자성을 띠는 자철석(Loadstone)에 바늘을 문질러서 찾아냈다. 애초에 이 바늘은 점을 치는 데 쓰였다.

나침반은 철을 함유한 지구의 핵이 만들어내는 자기장을 감지하면서 작동한다. 하지만 생각해보아라. 자기장이 지표면 전체에 퍼져있기 때문에 감지할 수 있는 지구의 자기장은 약할 수밖에 없지 않겠는가. 자기장이 나침반에 어느 정도 영향을 미치려면 나침반 자체가 우선 가벼워야 하고, 나침반 안에서 회전운동이나 직선운동을 돕는 베어링이 마찰의 영향을 거의 받지 않게 해야 한다.

자기장

지구의 자기장 Magnet Earth

자석은 흔히 철 또는 세라믹으로 만든다. 하지만 희토류 합금을 다른 원소들과 섞으면 초강력 영구 자석을 만들 수 있다. 합금의 재료로는 사마륨 코발트(Samarium Cobalt)와 네오디뮴 철 붕소(Neodymium Iron Boron)가 가장 널리 쓰인다. 자석 안의 철은 녹이 슬 수 있어 보통 금, 니켈, 아연, 구리 등을 씌운다. 희토류 합금 자석

과 일반 자석이 다른 점은 무엇일까. 네오디뮴 철 붕소 자석은 기초 과학 수업에서 사용하는 말굽자석보다 자성이 약 10배는 강하다. 자석은 컴퓨터 하드 드라이브에서 손전등, 풍력발전기에 이르기까지 다양한 분야에 쓰인다.

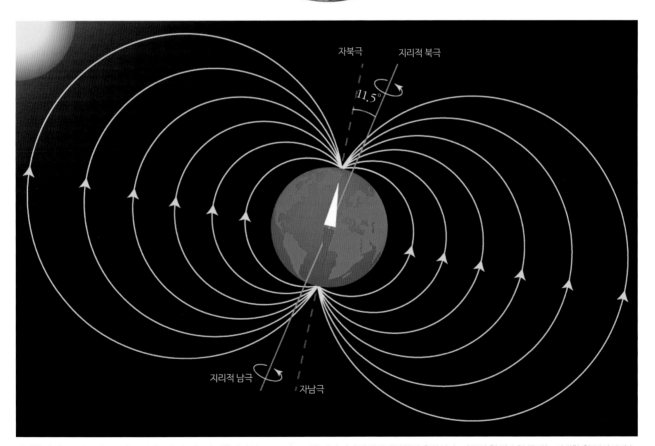

거대한 자석. 이렇게 단순하게 묘사해보면 지구는 자전축에서 약 11도 정도 기울어진 커다란 막대자석처럼 움직인다. 지구의 핵 깊숙한 곳에는 거대한 철 덩어리가 녹은 채로 순환하고 있다. 이렇게 액체 상태의 철 덩어리가 돌고 있는 것은 분자 운동으로 열이 유체를 통과해 전달되는 현상, 즉 대류 현상에 따라 일어난다. 순환하는 철은 전기발전기 역할을 하면서 유체의 흐름을 유발해 지구의 자기장을 만들어낸다.

자기장

살아있는 나침반 Living Compasses

들판에 몰려 있는 소들, 이동하는 철새 무리, 박테리아. 이들의 공통점은 무엇일까? 이들 모두 자북(Magnetic North, 실제 북극점이 있는 진북에서 11도 기울어진 자기장의 북쪽 극단)의 위치를 정확하게 알고 있다. 어떻게 이런 일이 가능한지는 아직도 미스터리다. 하지만 과학자들은 이 생물체들이 일종의 나침반을 장착하고 태어났을 것이라고 믿는다. 최근 연구에 따르면 한 종류의 박테리아는 진북을 찾을 수 있는 작은 자철석(산화철) 입자를 몸 안에 지닌 것으로 밝혀졌다. 이 입자는 지구의 자기장과 같은 방향으로 늘어서 있다. 과학자들은 이렇게 자성을 띤 입자들이 벌, 새, 송어의 뇌 근처에도 분포한다는 사실을 밝혀냈다.

바다거북은 몸 안에 장착된 나침반을 이용해 이동한다.

지뢰 탐지 Landmine Detection

금속탐지기와 탐지견은 지뢰를 찾아낼 수 있지만 둘 다
단점이 있다. 금속탐지기는 오류가 생길 수 있으며, 탐
지견은 험난한 곳에서 몸을 움직이는 데 물리적인 한
계가 있다. 해결책은 지뢰 안의 화학성분을 감지하는
시스템에서 찾을 수 있다.

이 시스템은 화학 처리를 한 필름을 땅에 덮은 다음 그
위를 자외선으로 비춰 화학반응 유무를 살펴보는 방식
을 취한다. 화학반응이 없으면 필름은 원래의 형광 상
태를 유지하지만 폭발물이 존재하면 그 지점 위의 필
름에는 어두운 원이 나타난다. 극초단파와 원격진동센
서를 이용하는 다른 탐지법도 있다.

자기장

금속탐지기 Metal Detector

금속탐지기는 소나(Sonar)와 비슷하게 작동한다. 지팡이처럼 생긴
이 장치의 밑부분에는 코일이 달려 있어 전자기장을 땅으로 방출
한다. 그러면 동전이나 반지 같은 땅 속의 금속물체들을 둘러싼 전
자기장이 금속탐지기의 전자기장에 반응하게 된다. 탐지기의 코
일은 금속 물체의 전자기장을 곧바로 위쪽 제어박스에 신호를 보
내 보통 삐, 삐 하는 신호음을 울린다. 물론 못이나 고철 조각처럼
원치 않는 물건이 우연히 걸려드는 경우도 있다.

자기장

신용카드 Credit Card

신용카드 뒷면에는 검은 줄(마그네틱 선)이 있는데 일종의 자석이다. 마그네틱 선은 플라스틱 필름 안에 수백 개의 미세한 자기 입자를 집어넣은 것으로, 그 안에는 3개의 트랙이 있어 은행 표준 규정에 따른 다양하고 방대한 정보를 담고 있다. 첫 번째 트랙은 발급 금융기관의 정보와 카드 사용자의 개인 정보를 저장하고 있다. 두 번째 트랙은 특히 금융기관들이 주로 사용하는 계좌 정보를 담고 있다. 세 번째 트랙의 용도는 별도로 정해진 게 없어 대부분의 신용카드는 첫 번째와 두 번째 트랙만 사용한다.

신용카드나 직불카드는 요즘 누구나 사용하고 인터넷 상거래에서는 필수적이지만, 신용카드의 역사는 의외로 짧다. 그 역사는 지난 1950년대 다이너스 클럽(Diners Club)이 몇 개의 가맹점을 대상으로 최초의 신용카드를 발급하면서 시작됐다.

IC카드와 PIN카드 Chip Card and PIN Card

최근 미국의 몇몇 은행들은 마그네틱 카드를 아예 없애버렸다. 대신 PIN(개인식별번호, Personal Identification Number)에 따라 반응하는 마이크로칩을 IC카드에 박아 발급한다. IC카드는 유럽에서 이미 널리 사용하고 있으며, 마그네틱 카드와 같은 종류의 정보를 담을 수 있다. IC카드를 리더기에 넣으면 2개의 전기 접점이 생겨 전류가 흐르고 이 전류가 POS(판매 정보관리, Point of Sale System) 시스템을 통해 전송돼 인증과 처리 과정을 거친다. IC카드 리더기는 가격이 비싸지만 보안기능이 뛰어나고 광범위하게 사용할 수 있는 이점 때문에 더욱 가치가 있다.

MRI 자기공명영상

<small>자기장</small>

우리는 수많은 일상생활에서 자기력을 이용하고 있다. 과거에는 상상조차 할 수 없던 식으로 인간의 몸을 들여다보며 분석하는 것까지 말이다. MRI를 찍으면 금속 코일로 둘러싸인 튜브에서 자기장이 생겨나고 전파가 인체에 부딪쳐 튀어나온다. 인체에는 수소 원자가 많이 있는데, 이 수소 원자들은 평소에 뚜렷한 방향 없이 아무렇게나 회전한다. 하지만 MRI가 자기장을 인체에 쏘면 수소 원자들은 자기장의 방향에 따라 같은 패턴으로, 즉 북에서 남으로 정렬하게 된다. 물론 모든 수소 원자가 이렇게 줄을 서지는 않는다. 그 수소 원자들은 MRI가 전파를 쏘면 반대 방향으로 회전하고, 전파를 제거하면 원래 상태로 돌아가면서 에너지를 방출한다. MRI는 이 방출된 에너지를 판독해 3D 이미지로 만들어낸다. MRI는 1977년 발명된 이래 의학의 수준을 어마어마하게 끌어올렸다. 덕분에 우리는 바늘이나 관 따위를 몸에 삽입시키지 않고도 단순한 상처를 비롯해 암, 다발성경화증 등 숱한 증상들을 진단할 수 있게 됐다. MRI는 CT(컴퓨터 단층 촬영)나 엑스선 촬영과는 달리 인체에 해로운 방사선을 전혀 방출하지 않는다.

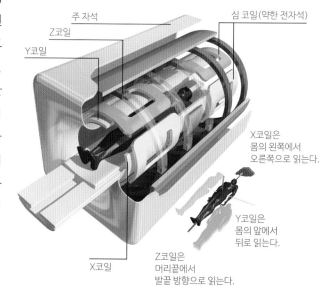

주 자석

심 코일(약한 전자석)

Z코일

Y코일

X코일은 몸의 왼쪽에서 오른쪽으로 읽는다.

Y코일은 몸의 앞에서 뒤로 읽는다.

X코일

Z코일은 머리끝에서 발끝 방향으로 읽는다.

fMRI 기능적 자기공명영상

특히 뇌만을 집중적으로 살펴보는 MRI이다. fMRI는 혈액 내의 산소량을 측정해 뇌의 활동이 활발한 부분과 그렇지 않은 부분을 정확하게 집어낸다. 헤모글로빈 수치는 혈액 내에서 산소를 운반하는 물질로 이 수치가 변하면 뇌의 자기장에 대한 반응도 변한다. 즉 뇌의 특정 부분이 자극을 받으면 이 부분으로 피가 몰리면서 산소 수치가 높아진다. fMRI는 혈액 흐름, 혈액량, 산소 사용량을 보여주는 혈중 산소 농도 의존도(BOLD, Blood-Oxygen-Level-Dependent)를 측정한다. 컴퓨터는 이를 토대로 뇌의 상태를 알 수 있는 3D 영상을 만들어낸다.

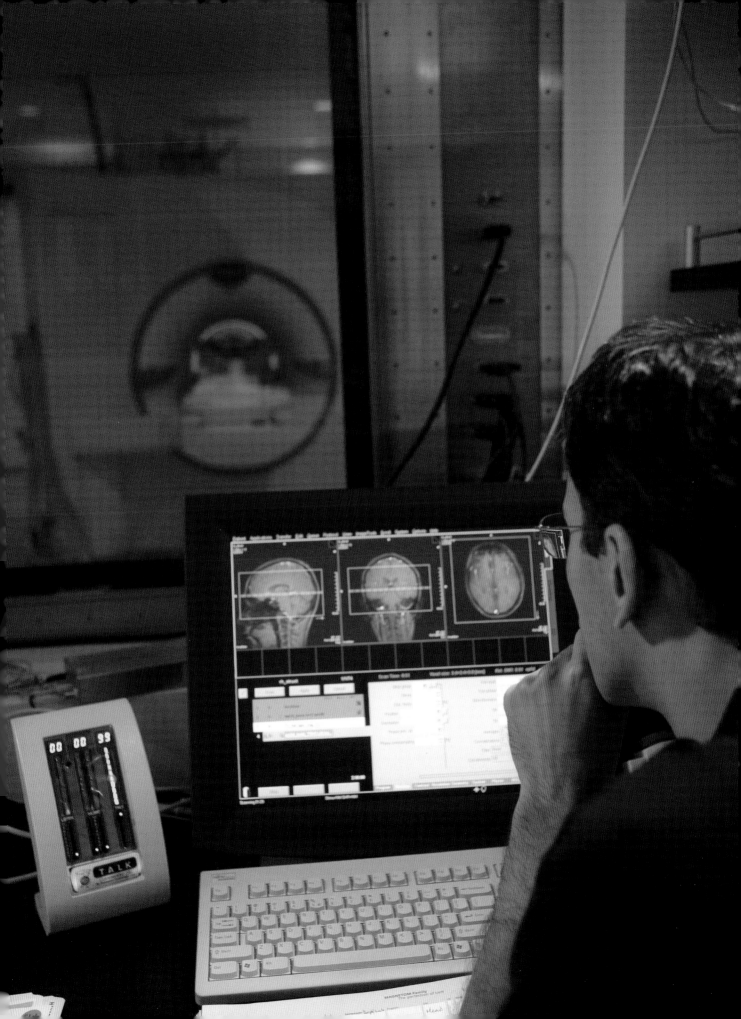

자기장

컬러TV Color Television

요즘은 플라스마 TV나 LCD TV 같은 평면 TV가 대세다. 하지만 지난 50년 동안 컬러 TV의 세상을 지배한 것은 CRT(음극선관, 브라운관) TV였다. CRT TV에서 음극 또는 음극단자(Negative Terminal)는 유리 진공관 안의 필라멘트로, 여기에 열이 가해지면 진공 방향으로 전자의 흐름이 발생한다. 바로 광선이다. 전자는 음전하를 띠기 때문에 양극(+) 방향으로 흐른다(다른 극끼리 서로를 당긴다는 사실을 기억하라). 중앙 전극(Focusing Anode)은 양극단자로 전자를 모아서 빛으로 바꿔놓고, 가속 전극(Accelerating Anode)이 그 빛을 빠르게 가속한다. 이 고속 전자빔이 진공관을 통과해 관의 끝쪽 스크린에 도달한다. 스크린은 전자의 흐름인 빔을 받으면 가시광선을 방출하는 인광물질(Phosphor)로 코팅돼 있다. 점이나 줄 형태로 정렬해 있는 인광물질이 빔을 받으면 빨간색, 초록색, 파란색의 가시광선을 방출하며 영상을 구현해 낸다. 브라운관을 둘러싼 구리 코일은 자기장을 만들어내 전자빔의 방향을 조절한다. 스크린에 나타나는 색깔은 전자빔이 어떻게 발사되는지, 그림자 마스크(Shadow Mask)라고 불리는 2차 스크린을 어떻게 통과하는지에 따라 결정된다.

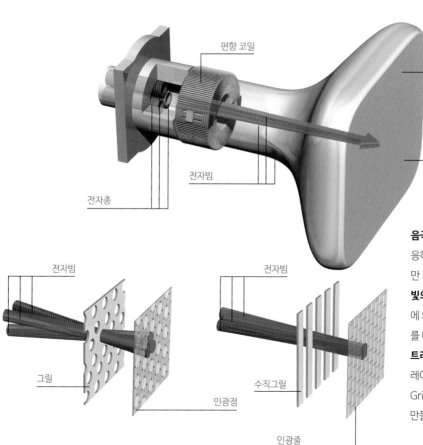

편향 코일

진공관

전자빔

인광물질이 코팅된 스크린

전자총

전자빔

그릴

인광점

전자빔

수직그릴

인광줄

음극선관(위). TV 이미지의 각 색깔에 대응하는 전자빔은 스크린 안쪽에 있는 수백만 개의 형광점을 때린다.

빛의 3원색(맨 왼쪽). 형광점들은 전자빔에 의해 빨간색, 초록색, 파란색 중의 하나를 나타낸다.

트리니트론 시스템. 트리니트론 디스플레이는 형광 물질과 수직 그릴(Vertical Grill)로 전자빔을 결합해 다양한 색깔을 만들어낸다.

플라스마, LCD, LED 스크린
Plasma, LCD, and LED Screens

CRT스크린이 사라진 주요인은 규모 때문이다. CRT 스크린을 대체한 플라스마, LCD, LED 스크린은 얇고 전기도 적게 소모한다. 이 세 유형의 스크린이 색깔을 만들어내는 방법은 CRT 스크린과 대체로 비슷하지만 약간 다른 게 있다. 전자가 활발하게 움직이면서 방출하는 에너지를 이용해 스크린에 빛을 쏘는 것은 같다. 주요 차이점은 전자를 모아놓는 방식에 있다. 플라스마 스크린은 제논과 네온 원자를 결합한 가스인 플라스마를 이용한다. LCD 스크린은 점 대신에 미세한 형광물질을 이용하며, LED 스크린은 편광 필름 두 장 사이에 저장된 전자를 활성화시키는 방법을 사용한다. LCD 스크린은 TV 외에도 컴퓨터 모니터, 신호등, 조명기구 등에도 널리 쓰인다. LED 스크린은 신호등, 표시등, 실내등에 흔히 사용된다. 비슷한 또 다른 유망한 기술로는 OLED(유기발광다이오드, Organic Light-Emitting Diode)가 있다. 선명도가 더 높으면서 얇고 가벼워 핸드폰 또는 태블릿 PC 같은 기기에서 인기리에 쓰이고 있다.

컴퓨터 하드 디스크 드라이브 내부

법칙

전하, 전류와 자기의 생성 고리
전자기

전자기는 전기와 자기로 구성된다. 전기와 자기는 아주 밀접해 동전의 양면이라고 할 수 있다. 전하가 움직이면서 자기장을 생성하고, 자기장의 변화는 전류를 만들어낸다. 전선에 전류가 흐르면 자기장이 생긴다. 그 전선을 금속 주변에 코일로 감으면 더 강력한 자기장을 얻을 수 있다. 전자기력은 스피커, 컴퓨터 하드 드라이브, 입자가속기 등 다양한 기기에서 이용된다.

전자기 스펙트럼 Electromagnetic Spectrum

가시광선은 전자기 스펙트럼 하나의 미세한 부분에 불과하다. 광선은 파장과 주파수에 따라 다양하게 분류된다. 파장은 파동의 골과 골 사이의 거리를 말하며 파동이 얼마나 멀리 갈 수 있는지를 나타낸다. 주파수는 1초 동안 진동하는 횟수를 말하며 파동의 강도를 나타낸다. 전파는 파장이 1미터 안팎부터 1.5킬로미터까지 다양하며 전자기 스펙트럼의 한쪽 끝에 위치한다. 감마선과 엑스선은 파장이 원자핵의 지름보다 작으며 전자기 스펙트럼의 다른 한쪽 끝에 위치한다. 주파수가 클수록 에너지도 크다. 휴대폰 통화에 쓰이는 전파는 존재가 느껴지지 않지만, 적외선(Infrared)은 피부를 뜨겁게 하고 자외선(Ultraviolet)은 화상을 일으킬 정도로 강하다. 감마선은 세포의 수분을 증발시키기도 한다. 전자기파의 쓰임새는 매우 많다. 예를 들어 극초단파는 전자레인지의 음식을 데우거나 인공위성에 신호를 보내는 데, 그리고 근적외선(Near Infrared)은 TV 리모컨을 작동하는 데 각각 쓰인다.

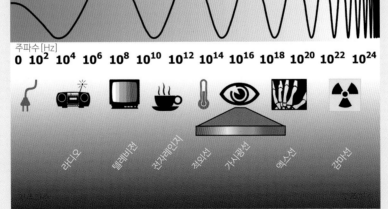

주파수에 따른
전자기파 분류.

전자기
스피커와 헤드폰
Loudspeakers and Headphones

스피커에서는 자성을 띤 코일이 진동할 때 소리가 나온다. 인간의 귀, 더 정확히 말해 고막은 음파를 접하면 진동한다. 이 진동을 뇌가 소리로 해석한다. 스피커(이어폰과 헤드폰도 작은 스피커라고 생각하면 된다) 내부도 귀와 비슷한 방식으로 소리를 전달한다.

스피커의 본체는 원뿔 모양이다. 가장 넓은 부분에 펼쳐진 얇은 막은 귀 안의 고막과 비슷하다. 원뿔의 뾰족한 부분은 철 코일과 자석에 연결돼 있으며, 이 부분은 다시 전선에 연결된다. 마지막으로 이 전선은 핸드폰이나 앰프에 연결된다. 앰프를 켜거나 핸드폰에서 음악 버튼을 누르면 전기 신호가 생성되고, 이 전기 신호는 전선을 따라 흘러 코일이 자성을 띠게 한다. 코일은 앞뒤로 진동하면서 막을 움직이고 이 움직임이 소리로 변하게 된다.

신나는 진동. 헤드폰이나 이어폰을 비롯한 스피커에 전류가 들어오면 막 또는 원뿔 부분에 연결된 전자석이 편향현상을 일으킨다. 전류의 세기가 클수록 더 큰 소리가 만들어지며 막이 빨리 진동할수록 높은 음이 난다.

전자기
컴퓨터 하드 드라이브Computer Hard Drive

하드 드라이브의 역할은 프로그램과 데이터를 저장했다가 필요할 때 불러오는 것이다. 하드 드라이브는 1950년대에 발명됐다. '딱딱하다'란 뜻의 '하드(Hard)'는 1960년대 '딱딱하지 않은, 헐렁한'이라는 뜻의 '플로피(Floppy)' 디스크와 구별하기 위해 붙인 이름이다. 하드 드라이브는 정교하게 다듬은 유리나 알루미늄 디스크를 자성체(Magnetic Medium)로 코팅하는 방식으로 만들어진다. 데이터는 이 자성체 표면의 도메인(Domain)이라고 부르는 작은 홈에 저장되며, 전자 제어기는 이 도메인들을 조합해 2진 코드로 변환시키는 판독-기록 메커니즘을 작동시킨다. 2진 코드는 두 상태 중 하나를 1로 다른 하나를 0으로 표시한다.

하드 드라이브. 컴퓨터의 하드 드라이브는 자성체로 코팅된 알루미늄 원판으로 이뤄져 있다. 원판 위에 떠 있는 판독-기록 헤드가 코드화된 전기 신호를 변환해 디지털 코드로 기록한다. 전자석인 헤드는 N극과 S극이 자성을 띤 입자를 원판 위에 정렬시켜 디지털 1과 0을 나타나게 한다.

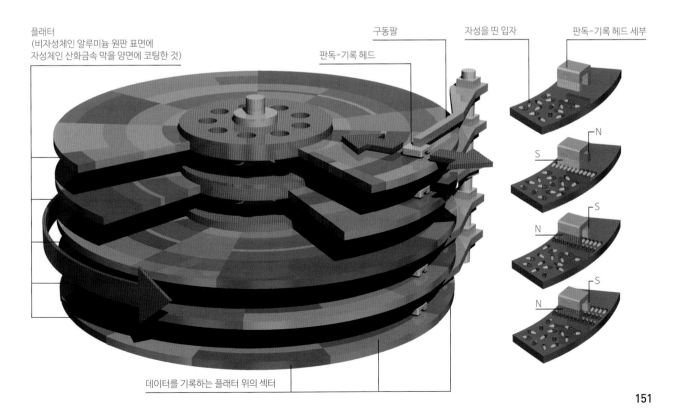

플래터
(비자성체인 알루미늄 원판 표면에
자성체인 산화금속 막을 양면에 코팅한 것)

구동팔

자성을 띤 입자

판독-기록 헤드 세부

판독-기록 헤드

데이터를 기록하는 플래터 위의 섹터

입자가속기 Particle Accelerator

입자가속기 내부의 자기장은 원자보다 작은 입자들을 고속으로 가속시키고 이 입자들을 빔 안에 가두어놓는다. 이 빔은 다시 모아져 엑스레이기 같은 저준위 장치용으로 사용된다.

이론물리학과 실험물리학에서 연구 목적으로 사용하는 고준위 입자가속기는 양쪽에서 광속에 가까운 속도로 빔을 쏘아 서로 부딪히게 한다. 빔이 교차할 때 그 빔 안에 있는 입자들은 서로 충돌해 부서진다. 이때 특수 장비를 이용해 부서진 입자들을 잡아내, 즉 원자를 구성하는 요소들을 알아내는 것이다. 이로 인해 입자가속기를 "원자 파괴 장치(Atom Smasher)" 또는 "입자 충돌기(Particle Collider)"라고 부르기도 한다. 이렇게 원자보다 작은 입자를 연구하면서 물질의 구

반물질 소멸 현상

성, 우주의 생성, 에너지의 성질, 암흑물질(Dark Matter) 등을 더 깊이 이해할 수 있게 됐다.

입자가속기에는 5가지 종류가 있다. 선형가속기(LINAC), 사이클로트론(Cyclotron), 베타트론(Betatron), 싱크로트론(Synchrotron), 저장링 충돌기(Storage Ring Collider)이다. 각각 모양과 입자들이 가속되는 경로가 서로 다르며, 자기장의 세기와 용도에도 차이가 있다.

최초의 가속기가 1930년대 만들어져 그 역사는 100년이 채 안 된다. 하지만 연구실에서 이용할 수 있는 가속기 에너지는 거의 100만 배나 증가했다. 덕분에 물리학자들은 원자보다 작은 입자들을 수없이 찾아낼 수 있었다.

대형 강입자 충돌기 Large Hadron Collider

2008년에 가동이 시작된 세계 최대의 입자가속기다. 프랑스와 스위스의 국경을 통과하며 27킬로미터의 지하터널에 걸쳐 있다. 9300개의 자석이 들어 있으며 1초에 최대 6억 번의 양성자 충돌을 일으켜 그 결과를 기록할 수 있다. LHC는 입자물리학의 "잃어버린 고리(Missing Link)"로 불리는 힉스 보손 입자(Higgs Boson Particle)의 존재를 증명하는 데도 보탬이 됐다.

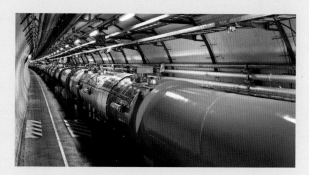

블랙홀 Black Hole

LHC가 등장하기 전 인터넷에는 이 입자가속기가 지구(또는 우주 전체)를 파괴시킬 만한 블랙홀을 만들어 낼 수 있으리란 이야기가 돌았다. 과학자들은 대형 강입자 충돌기 같은 수준의 에너지를 가진 우주 광선(Cosmic Ray)이 지구가 생긴 이래 줄곧 대기와 충돌해왔지만 인류는 지금까지 무사하다고 설명한다. 블랙홀이 실제로 만들어질지라도 소위 호킹 복사(Hawking Radiation) 속으로 흩어지거나, 커지는 속도가 매우 느린 블랙홀이 될 것이다. 두 경우 모두 우리에게 위협이 되지 않는다.

전자현미경 Electron Microscope

"보이지 않는 것을 보고자 하는 것." 모든 현미경을 만드는 목적이다. 광학현미경은 물체를 확대해서 인간의 눈으로 보게 하기 위해 렌즈와 빛을 이용한다. 이에 비해 전자현미경은 단순한 빛 대신 마그네틱 렌즈를 이용해 모은 전자빔을 진공상태의 특수 처리한 표본으로 쏘아 보낸다. 물체의 세세한 부분이 놀라울 정도의 수준으로 확대가 돼 자세하게 보인다. 인간의 시력보다 1억 배 정도 더 우수하다고 생각하면 된다. 전자현미경은 두 종류가 있다. 투과형(Transmission)과 주사형(Scanning)이다. 주사형 전자현미경은 금속으로 코팅한 표본에 전자들이 튕겨나가면서 이미지를 만든다. 투과형 전자현미경은 전자들이 표본을 통과해 반사판에 부딪히도록 한다. 두 방식 모두 표본의 이미지를 모니터로 보여준다. 주사형 전자현미경은 표본의 표면을 자세하게 관찰해야 할 때, 투과형 전자현미경은 표본의 내부 구조를 자세하게 관찰해야 할 때 각각 사용한다. 현미경 관찰법은 주사형 터널링현미경(Scanning Tunneling Microscope)으로 최고조에 이르렀다. 이 현미경은 전자의 파동 같은 성질을 이용해 물체 표면 안쪽까지 들여다볼 수 있다. 1981년에 개발됐다.

과학자들은 이제 박테리아, 바이러스, 분자, 그리고 원자까지 들여다볼 수 있게 됐다. 전자현미경이 발명된 1926년 이전에는 미지의 영역이었던 것들이다. 전자현미경은 1938년 토론토 대학에서 처음 실용화했다.

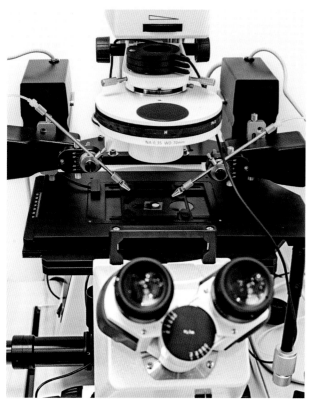

전자현미경

주사형 전자현미경으로 찍은 수선화, 자작나무, 돼지풀, 봉선화, 아욱, 눈동이나물, 개나리, 갯버들, 해바라기 꽃가루 입자.

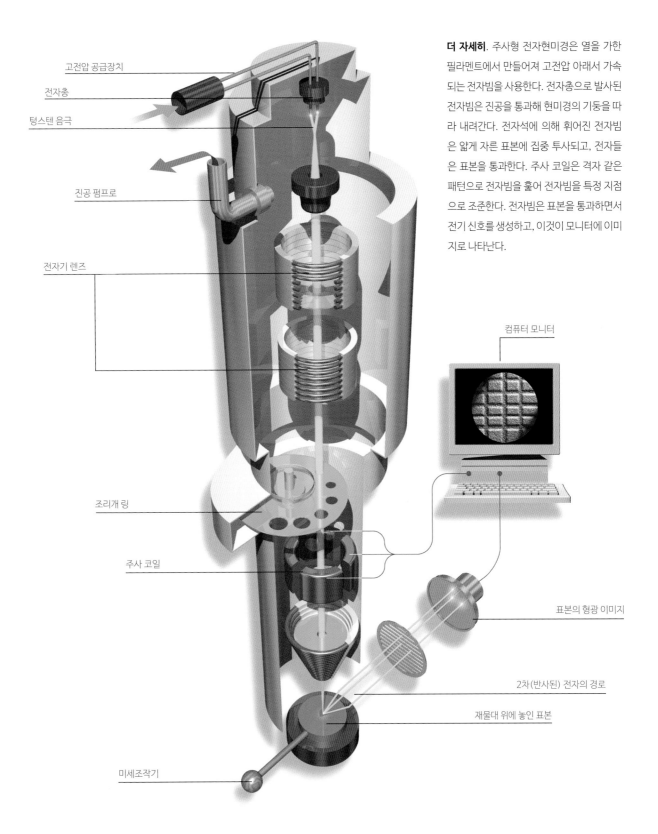

고전압 공급장치

전자총

텅스텐 음극

진공 펌프로

전자기 렌즈

조리개 링

주사 코일

미세조작기

컴퓨터 모니터

표본의 형광 이미지

2차 (반사된) 전자의 경로

재물대 위에 놓인 표본

더 자세히. 주사형 전자현미경은 열을 가한 필라멘트에서 만들어져 고전압 아래서 가속되는 전자빔을 사용한다. 전자총으로 발사된 전자빔은 진공을 통과해 현미경의 기둥을 따라 내려간다. 전자석에 의해 휘어진 전자빔은 얇게 자른 표본에 집중 투사되고, 전자들은 표본을 통과한다. 주사 코일은 격자 같은 패턴으로 전자빔을 훑어 전자빔을 특정 지점으로 조준한다. 전자빔은 표본을 통과하면서 전기 신호를 생성하고, 이것이 모니터에 이미지로 나타난다.

전 자 기
자기부상 선박 Maglev Ship

마글레브(Maglev)는 자기부상(Magnetic Levitation)을 줄인 말이다. 자기부상은 자기장이 운송수단을 공중에 띄워 생기는 양력과 추력을 이용해 앞으로 나아가게 하는 기술이다. 여기에서 다루는 운송수단은 배다. 자기부상은 기차에 성공적으로 적용했지만 배는 아직 이론 단계에 머물고 있다. 원리는 단순하고 기발하다. 기존의 모터에 살짝 변형을 가해 전기를 전달하는 전선 대신에 바닷물을 도체로 활용한다. 전기는 배의 바닥에 달려 있는 두 개의 전극 사이에서 생성된다. 강력한 자석이 이때 물 안으로 자기장을 방출한다. 그 결과로 만들어지는 힘은 바

닷물을 뒤로 밀고 배를 앞으로 나아가게 한다. 미국의 공학자 스튜어트 웨이(Stewart Way)가 1960년대에 이 아이디어를 처음 생각해냈다. 웨이는 3미터 길이의 잠수함처럼 생긴 배를 만들었는데, 이 배는 12분 동안 2노트(시속 3.7킬로미터)의 속도로 항해했다.

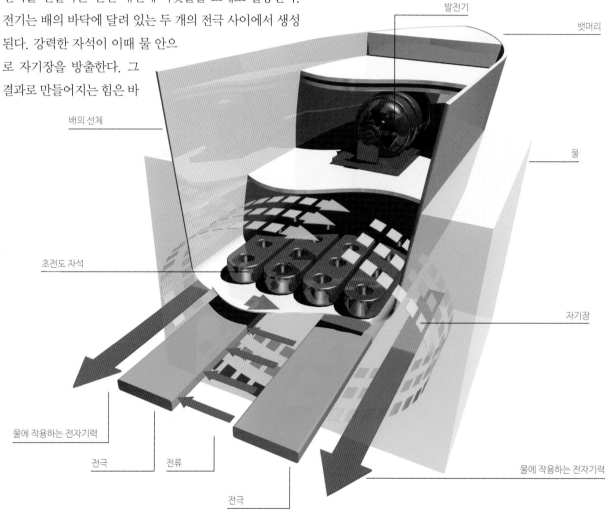

발전기 / 뱃머리 / 배의 선체 / 물 / 초전도 자석 / 자기장 / 물에 작용하는 전자기력 / 전극 / 전류 / 전극 / 물에 작용하는 전자기력

전자기

자기부상 열차 Maglev Train

자기부상 열차가 움직이면 신기하게 보인다. 하지만 원리는 매우 이해하기 쉽다. 선로 위에서 기차가 움직이면 자기장이 형성되고, 지나가면 자기장은 사라진다. 이렇게 해서 생겨나는 자석은 기차 밑에 설치된 자석을 밀어낸다. 기차는 선로에서 몇 센티미터 정도 뜨게 되고 궤도에서 만들어지는 자기장은 기차를 앞으로 나아가게 한다. 자기부상 열차는 보통 열차보다 2배 정도 빠르며 에너지를 적게 소비하고 유지비용도 적게 든다. 열차가 움직이는 과정에서 마찰의 여지가 거의 없기 때문이다. 자기부상 열차는 또한 어떤 오염물질도 배출하지 않으며 보통 기차보다 안전하다.

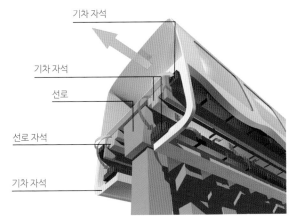

기차 자석

기차 자석

선로

선로 자석

기차 자석

자동차 엔진의 세부 모습

법칙

전기의 음양 조화
패러데이의 유도법칙

전자를 하나 또는 그 이상의 방향으로 흐르게 하는 물질을 도체(Conductor)라고 부른다. 이 도체는 전자기유도(Electromagnetic Induction)의 핵심 요소이다. 도체는 전압을 일으키고 전류를 발생시키는 두 가지 다른 양태를 나타낸다. 즉 요동치는 자기장 안에 놓여 있거나 꼼짝 않는 자기장을 통과해 움직일 수 있다. 자동차나 전동드릴, 쓰레기 처리기, 전기면도기 등은 전기모터에 의해 움직인다. 전기모터가 작동하는 것은 자기장을 내는 전류가 강도와 방향이 주기적으로 변하는 교번자기장(Alternating Magnetic Field)을 지닌 또 다른 전류에 둘러싸이기 때문이다. 교번 자기장은 또한 그 안에 있는 도체의 전류를 변화시킨다. 도체 역시 자신의 자기장을 갖고 있고, 이런 순환은 계속된다. 영국의 과학자 마이클 패러데이(Michael Faraday)는 1831년 이 원리를 발견하고 유도 자기장(Induced Magnetic)이 자기장의 세기를 나타내는 자속(Magnetic Flux)의 변화에 어떻게 반응하는지 기술하는 방정식을 산출해 냈다.

패러데이의 유도법칙
발전기 | Generator

교류(AC) 발전기는 역학적 운동 또는 에너지를 전류로 바꾸어주는 장치다. 교류발전기는 자석, 전선으로 싸인 회전 코일, 연결 링, 탄소 도체 브러시로 구성된다. 모터가 코일을 회전시키면서 전선 내부의 전자들이 자석에 반응해 전류가 발생한다. 교류 발전기는 전선이 회전하면서 발생하는 전자의 흐름이 한 방향에서 정반대 방향으로, 또다시 원래 방향으로 계속해서 바뀌기 때문에 붙인 이름이다. 전자의 교차 운동을 통해 전류를 원하는 만큼 강하거나 약하게 조절할 수 있다. 전류가 한 방향으로만 흐르는 직류(DC)와 달리 교류의 경우 먼 거리에 전송할 수 있는 것은 바로 이 특성 때문이다.

패러데이의 유도법칙
전기모터 Electric Motor

교류발전기의 작동 과정을 거꾸로 뒤집으면 전기모터가 된다. 교류발전기는 역학적인 운동을 전기로 바꿔주는 반면, 모터는 전기를 역학적인 운동으로 바꿔준다. 전기모터는 코일을 전선으로 감아서 만드는데, 이 코일로 하나의 회로와 두 개의 자석을 만들어낸다. 자석 하나는 보통 고정돼 있고 다른 하나는 회전한다. 두 자석은 서로를 밀어내는 힘을 만들어 에너지를 생성하고 모터의 축을 회전시켜 음식물 쓰레기 처리기나 전기면도기의 날을 돌린다. 모터가 처음 상용화된 것은 1873년이다. 오늘날 가정에는 모터를 쓰는 장치들이 헤아릴 수 없이 많다.

정류자 / 로터 / 브러시 / 스테이터 코일 / 구동축 / 브러시

패러데이의 유도법칙
전동드릴 Power Drill

전동드릴은 사진을 벽에 거는 것부터 배의 갑판을 까는 것까지 다양한 작업에 사용된다. 어떤 전동드릴은 비트(Bit, 천공기 끝에 부착하는 날)가 12개나 되는 게 있지만, 드릴 본체는 단 5개의 부품으로 구성된다. 안전래치(Safety Latch), 전극 스위치(Reversing Switch), 토크 조절기(Torque Adjustment), 척(Chuck, 물림쇠, 드릴의 비트가 움직이지 않게 해주는 부분), 그리고 손잡이다. 손잡이를 꽉 잡으면 전기모터가 작동하고 비트가 회전하기 시작한다. 전동드릴이 표면에 가하는 압력이 드릴 구멍을 만들어낸다. 전동드릴은 속도 조절이 가능하고 팬으로 냉각되는 유니버설 모터(Universal Motor, 직류와 교류 모두에서 사용이 가능한 모터)에서 동력을 공급받는다. 이 모터는 기어와, 드릴 비트를 잡고 있는 척을 회전시킨다. 모터 안에서 회전하는 정류자(Commutator)는 탄소 브러시를 문질러 전류를 전달받는다.

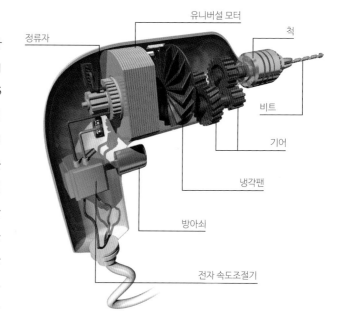

유니버설 모터 / 척 / 정류자 / 비트 / 기어 / 냉각팬 / 방아쇠 / 전자 속도조절기

패러데이의 유도법칙

음식물 쓰레기 처리기 Garbage Disposal

음식물 쓰레기 처리기가 없다면 우리는 어떻게 살고 있을까? 부엌 싱크대 밑 배수관에 붙어 있는 이 장치는 실린더 안에 여러 개의 날을 달고 있다. 쓰레기 처리기 스위치를 누르면 모터가 돌아가 날을 회전시킨다. 이 날들이 음식물 쓰레기를 분쇄하고, 가루로 분쇄된 음식물 쓰레기는 하수구로 흘려 보내진다. 이 장치는 1927년 발명됐으며 미국에서는 1930년대에 상용화됐다. 처음에는 쓰레기 처리기가 하수도를 망가뜨릴 수 있다는 이유로 지방자치단체들이 쓰지 못하도록 했지만 결국 제조업자들의 강력한 로비가 먹혀 판매가 허용됐다.

처리기 안으로 쓰레기와 물 투입

고정 커터
이동 커터
하수관
이동 커터
고정 커터
회전판
모터

패러데이의 유도법칙

전기면도기 Electric Razor

구식면도기를 고집하는 사람들이 있지만 전기면도기를 선호하는 사람들도 있다. 전기면도기에는 포일(Foil)식과 로터리(Rotary)식의 두 종류가 있다. 둘 다 작동방식이 같다. 둥근 원형 속의 날들이 스프링이 달린 구동축을 중심으로 돌고, 구동축은 모터에서 회전력을 받는다. 구동축은 위아래로 유연하게 움직일 수 있어 피부의 곡면을 따라 면도가 잘되도록 돕는다. 포일식 면도기는 포일이 피부를 따라 미끄러지면서 털의 모낭을 잡아내고, 면도기의 날이 포일에 맞닿아 움직이면서 털을 잘라낸다. 로터리식 면도기는 서너 개의 원형 헤드 안에서 면도날이 회전하면서 털을 잘라낸다.

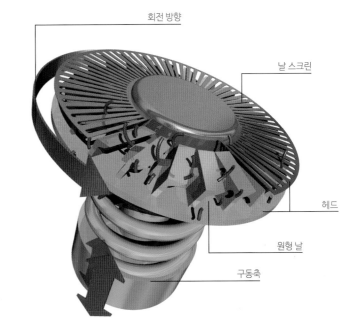

회전 방향
날 스크린
헤드
원형날
구동축

패러데이의 유도법칙

전기차 Electric Car

전기차는 전기 형태의 에너지를 배터리에 저장했다가 필요할 때 역학 에너지로 바꿔 쓴다. 작동 원리는 다음과 같다. 전기차 안의 전기 모터는 컨트롤러에서 동력을 받는다. 이 컨트롤러는 재충전이 가능한 배터리에서 동력을 얻는다. 전기차에서 가속페달을 밟으면 가변 저항기(Variable Resistor, 전문 용어로는 전위차계)가 컨트롤러에 신호를 보내 배터리로부터 얼마만큼의 전기를 빼서 쓸 것인지 알린다. 전기차가 재충전이 필요하면 규격이 맞는 콘센트에 차량용 충전기를 꽂으면 된다. 전기차는 직류와 교류 모터 중 하나를 사용할 수 있으며, 교류 모터의 경우 구조가 약간 더 복잡하다.

전기차는 일반 가솔린차보다 상대적으로 주행거리가 짧고 충전하는 데도 시간이 오래 걸린다. 하지만 전기차는 대기오염을 일으키지 않으며 주유소에서 돈을 주고 기름을 넣을 필요도 없다. 전기차 자체는 배출가스가 전혀 없다. 물론 전기발전은 어느 정도 오염물질을 배출하지만 그 양은 가솔린차들이 배출하는 양에 비해 훨씬 적다.

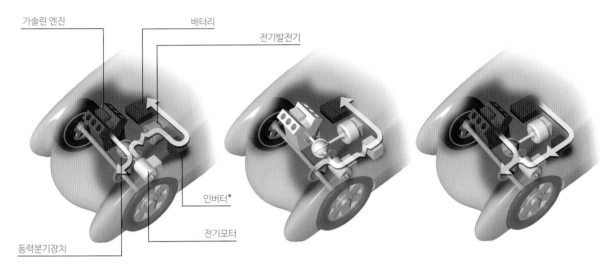

가솔린 엔진 배터리 전기발전기

인버터*

전기모터

동력분기장치

*고전압 배터리의 직류 전력을 전기모터 구동에 필요한 교류 전류로 변환하여 모터 토크를 제어하는 장치

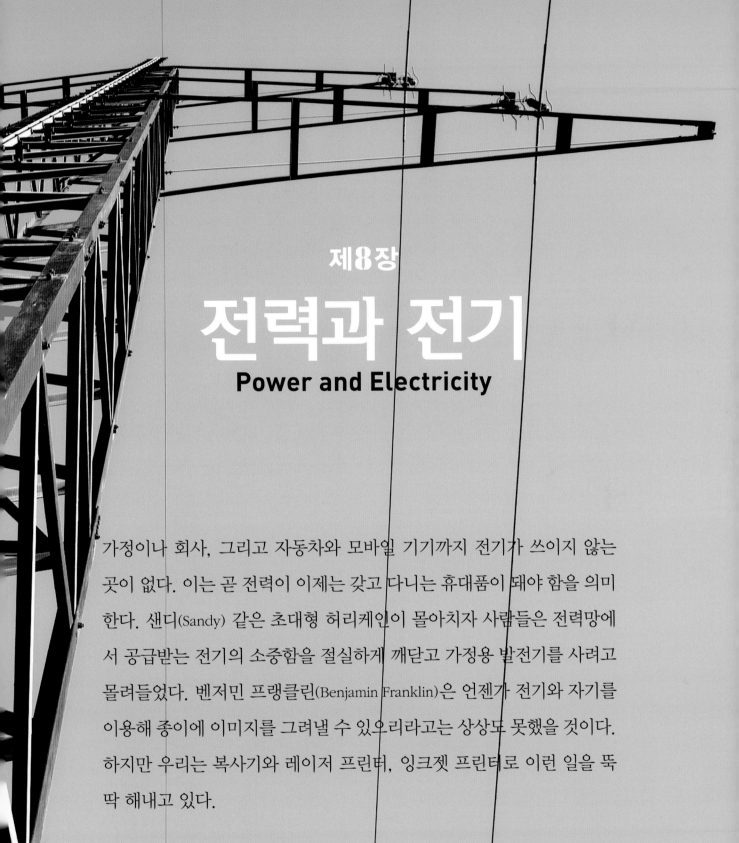

제**8**장

전력과 전기
Power and Electricity

가정이나 회사, 그리고 자동차와 모바일 기기까지 전기가 쓰이지 않는 곳이 없다. 이는 곧 전력이 이제는 갖고 다니는 휴대품이 돼야 함을 의미한다. 샌디(Sandy) 같은 초대형 허리케인이 몰아치자 사람들은 전력망에서 공급받는 전기의 소중함을 절실하게 깨닫고 가정용 발전기를 사려고 몰려들었다. 벤저민 프랭클린(Benjamin Franklin)은 언젠가 전기와 자기를 이용해 종이에 이미지를 그려낼 수 있으리라고는 상상도 못했을 것이다. 하지만 우리는 복사기와 레이저 프린터, 잉크젯 프린터로 이런 일을 뚝딱 해내고 있다.

우리는 끊임없이 새로운 에너지원을 찾고 있다. 예를 들어 강이나 저수지, 폭포의 물에서 힘을 찾아 이용하는 수력발전이 하나의 방책이다. 바람, 태양, 원자핵을 이용한 발전도 유망해 보인다.

165

같으면서 다른 세 가지
볼트, 암페어 그리고 옴의 법칙

옴의 법칙은 전압과 전류, 저항 사이의 관계를 설명한다. 독일 바이에른의 수학자이자 물리학자인 게오르크 옴(Georg Ohm)의 이름을 딴 것이다. 전압은 볼트(V)로, 전류는 암페어(A)로, 저항은 옴(Ω) 단위로 측정한다. 세 요소는 모두 서로에게 직접 영향을 미친다. 셋 중에 둘의 값을 알고 있다면 나머지 하나의 값을 계산해 낼 수 있다. 그렇다면 옴의 법칙은 왜 중요할까? 이 간단한 방정식으로 우리는 회로의 작용을 분석해서 전기의 물리적 현상을 이해할 수 있게 된다. 또한 방정식을 인간의 순환계에 적용하면 인체의 혈액 순환을 보다 쉽게 이해할 수 있다.

옴의 법칙
2구 플러그, 3구 플러그 Two-and Three-Prong Plugs

세갈래의 봉을 지닌 접지용 플러그는 땅과 직접 연결돼 있다. 이 플러그는 과다하게 흐르는 전기를 땅으로 방전시켜 전기 충격을 막아준다. 3구 플러그에는 두 개의 금속 탭이 있다. 왼쪽 탭이 오른쪽 탭보다 더 크다. 둥근 모양의 탭이 또 하나 있다. 왼쪽은 "중립 탭", 오른쪽은 "핫 탭", 나머지 하나는 "접지용"이다. (2구 플러그에는 접지용 탭이 없다.) 플러그를 꽂았을 때 전력은 핫 탭에서 중립 탭으로 흐른다. 2구 플러그와 3구 플러그는 같은 식으로 작동한다. 그런

데 왜 3구 플러그에는 접지용 탭이 있을까? 누전사고가 일어날 경우 접지선은 전류를 땅으로 안전하게 흘려보내 전기충격이 생기는 것을 방지한다. 퓨즈가 터지거나 자동차 단기가 작동해 접지선의 기능을 대신하는 경우도 있다. 3구 플러그는 특히 금속 용기의 전기제품에서 중요하다. 3구 플러그가 있는 전기제품에서 전선이 느슨해져서 용기와 닿게 되면 접지용 탭이 전기가 용기로 흐르는 것을 막아 전기충격을 차단한다.

옴의 법칙

교류/직류: 에디슨 vs 테슬라

AC/DC: Edison versus Tesla

교류와 직류의 싸움은 니콜라 테슬라(Nikola Tesla)와 토머스 에디슨(Thomas Edison) 사이에서 처음 시작됐다. 전기가 처음 가정에 보급되던 당시에는 에디슨의 직류 시스템만 있었다. 에디슨은 틀림없이 직류 시스템이 자리를 잡아 안정적인 수익을 얻기를 원했을 것이다. 하지만 교류 전기의 효능을 맹신했던 테슬라는 직류가 비효율적이라고 주장했다. 테슬라는 교류 시스템으로 더 많은 전기를 더 멀리 전송할 수 있으며, 강하거나 약하게 전류의 세기를 조절해 얼마든지 새로운 수요에 부응할 수 있다고도 했다. 반면 에디슨은 교류가 원천적으로 위험하다고 주장했다. 에디슨은 교류의 위험성을 증명하기 위해 코끼리를 교류에 감전시키는 실험을 하기도 했다.

직류와 교류의 주요 차이점은 전류가 흐르는 방식에 있다. 직류에서는 전류가 항상 양에서 음으로 일정한 방향을 따라 흐르며 이를 변화시킬 수 없다. 반면 교류는 지역에 따라 방향을 1초에 50~60번씩 뒤집을 수 있다. (헤르츠(Hertz)는 이렇게 바꿀 수 있는 주파수의 단위로, 전파를 인위적으로 발생시켜 주기성을 알아낸 독일 물리학자의 이름을 딴 것이다.) 테슬라는 60헤르츠가 전력 전송에 가장 적당하다는 결론을 내렸지만, 독일에서 처음 세워진 발전소에서 50헤르츠로 전력을 전송했다. 이후 다른 나라들도 독일의 선례를 따랐다.

교류가 대세를 이루게 됐지만 20세기 내내 직류만 사용한 몇몇 도시들도 있었다. 미국 뉴욕의 그리니치 빌리지(Greenich Village)가 대표적으로, 전력회사인 콘에디슨(Consolidated Edison)은 2007년이 돼서야 직류 공급을 중단했다.

니콜라 테슬라

무선 전기
테슬라의 많은 발명품 중 하나인 확대송신기(Magnifying Transmitter). 워든클리프 타워(Wardenclyffe Tower)라고도 불린다. 이 무선 에너지 송신장치는 비용과 수익 문제로 쓰이지 않고 있다.

옴 의 법 칙
전기배선과 전력망 Electrical Wiring and Power Grid

스위치를 올리면 불이 켜진다. 불이 들어오지 않으면 그러지 않 겠지만, 사람들은 대부분 이를 당연하게 생각한다. 하지만 이렇게 불이 들어오려면 복잡한 전력망이 가동돼야 한다. 우선 발전소에 서 터빈이 회전해야 한다. 발전소는 교류 전력을 생산하고, 교류 전력은 전송 변전소(Transmission Substation)로 보내져 삼선식 시스템 (Three-Wire System)을 거쳐 장거리 송전에 필요한 매우 높은 전압으 로 변환된다. 전압은 다시 발전 변전소의 배포망에서 낮춰진다. 발전 변전소에서는 자동차단기와 스위치가 전력을 분할해 적당한 전압으로 바꿔서 필요한 곳으로 보낸다. 일부 전력망은 스위치, 조절 뱅크(Bank, 전압이 너무 높거나 낮지 않도록 조절해주는 장치)로 구성 된 배선버스(Distribution Buses)를 이용해 전력을 보내기도 한다. 주 택가에서 흔히 볼 수 있는 전력선에는 7200볼트의 전류가 흐르며, 전신주의 변압기는 전압을 240볼트로 낮춰 각 가정으로 보낸다.

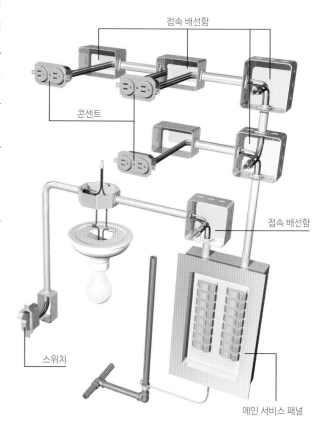

접속 배선함

콘센트

접속 배선함

스위치

메인 서비스 패널

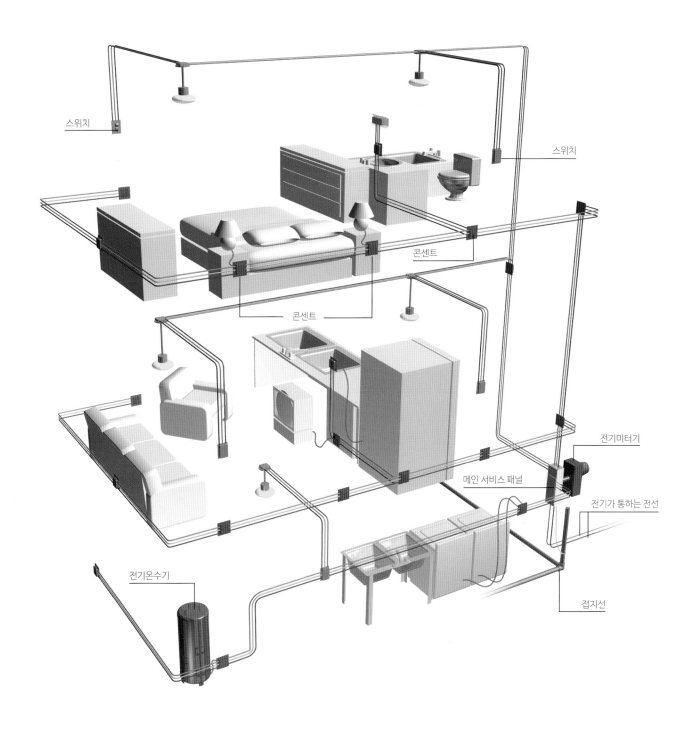

스위치

스위치

콘센트

콘센트

전기미터기

메인 서비스 패널

전기가 통하는 전선

전기온수기

접지선

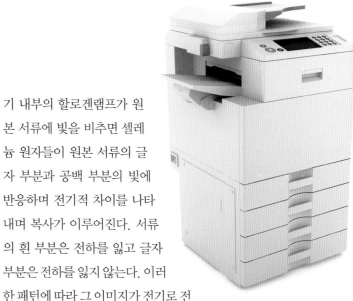

옴의 법칙

복사기 Photocopier

최초의 현대식 복사기는 1959년에 출시된 체스터 칼슨(Chester Carlson)의 핼로이드 제록스 914(Haloid Xerox 914)이다. 이 복사기는 특수처리가 되지 않은 보통 종이에 복사를 할 수 있었다. 복사용 먹지와 등사판(Mimeograph), 젤라틴판(Hectograph) 등을 이용한 이전의 복사 방법에 비해 큰 진전을 이룬 것이었다. 이전의 방법은 사용하기에 너무 복잡하고 시간이 많이 걸렸다. 핼로이드 제록스 914는 제록스라는 회사와 제로그라피(Xerography)라는 새로운 용어를 탄생시켰다. 제로그라피는 그리스어 "건조한(Xero-)"과 "쓰기(-graphy)"를 합친 말이다.

오늘날 사용되는 복사기는 두 가지 기본 원리에 따라 작동한다. 반대되는 전하를 띤 물질들이 서로를 당긴다는 것과 빛에 노출될 때 생겨나는 전기량이 물질에 따라 다르다는 것이다. 이런 원리를 풀어나가는 열쇠는 셀레늄(Selenium)이라는 물질에 있다. 셀레늄은 전기를 거의 전달하지 못하는 도체이다. 하지만 빛에 노출되면 이야기가 달라진다. 복사기 내부의 할로겐램프가 원본 서류에 빛을 비추면 셀레늄 원자들이 원본 서류의 글자 부분과 공백 부분의 빛에 반응하며 전기적 차이를 나타내며 복사가 이루어진다. 서류의 흰 부분은 전하를 잃고 글자 부분은 전하를 잃지 않는다. 이러한 패턴에 따라 그 이미지가 전기로 전환된다. 그리고 토너(Toner)라고 부르는 전하를 띤 잉크 가루가 복사기의 드럼에 칠해진다. 잉크 가루는 전하를 띤(어두운) 부분으로 끌려가고 열을 받으면서 종이에 찍히게 된다. 결국 원래 서류와 거의 완벽하게 같은 복사본이 나타난다. 복사의 질은 쓰이는 종이의 질에 영향을 많이 받는다.

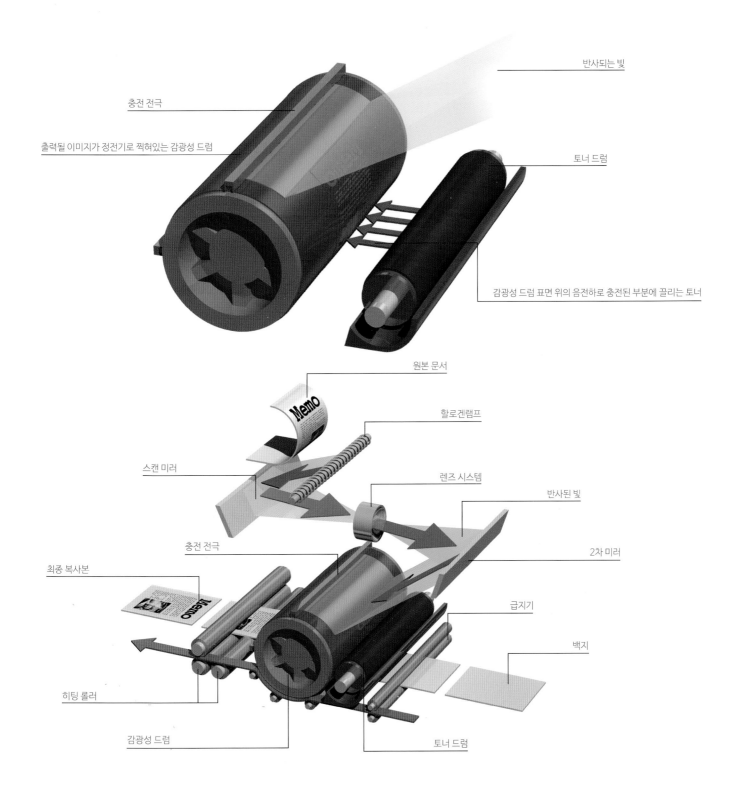

반사되는 빛

충전 전극

출력될 이미지가 정전기로 찍혀있는 감광성 드럼

토너 드럼

감광성 드럼 표면 위의 음전하로 충전된 부분에 끌리는 토너

원본 문서

할로겐램프

스캔 미러

렌즈 시스템

반사된 빛

충전 전극

2차 미러

최종 복사본

급지기

백지

히팅 롤러

감광성 드럼

토너 드럼

레이저 프린터 Laser Printer

레이저 프린터는 복사기와 매우 비슷
하게 작동한다. 우선 컴퓨터가 데
이터의 형태로 정보를 프린터로
보낸다. 인쇄해야 할 내용이 무
엇인지 알려주는 것이다. 다음
으로 프린터의 레이저 빔이 이 데
이터의 이미지를 감광성 드럼에
"그려 놓는다." 드럼의 표면은
전하를 띠지만, 레이저 빔을 쏜
부분은 전하를 잃게 된다. 롤러
는 반대 전하를 띤 토너를 모아 드럼

에 바른다. 토너의 입자들은 전하
를 띤 부분에 붙고 정착기(Fuser)
를 통해 전달된 종이로 옮겨가게
된다. 이미지를 담고 있는 토너는
정착기의 열과 압력을 받아 종이 표
면에 달라붙고, 마지막으로 특수 회
전 브러시가 드럼에 남아있는 토너
를 완전히 쓸어낸다. 이렇게 하면
잔상(殘像)같은 "고스트" 이미
지를 방지하며 깨끗한 인쇄물
을 내놓게 된다.

충전 전극

레이저 다이오드

토너가 종이에 전달할
전기 이미지를 만드는 빔 스캐닝 드럼

회전 드럼

광선

회전 미러

급지기

잉크젯 프린터 Inkjet Printer

잉크젯 프린터는 레이저 프린터와 같은 전기화학 과정을 이용해 이미지를 처리하고 그 이미지를 종이에 옮긴다. 두 기기의 주요 차이점은 복사되는 데이터를 종이로 전달하는 방법이다. 잉크젯 프린터는 작은 노즐을 이용해 종이에 점을 뿌린다. 인상파 화가들의 그림처럼 이 점들이 합쳐져 단어, 숫자, 이미지가 된다. 잉크젯 프린터의 질은 인치당 도트수(DPI)로 측정된다. DPI가 높을수록 좋은 프린터다. 또 프린터에 얼마나 많은 노즐이 있느냐에 따라 DPI가 결정된다. 노즐의 수가 많을수록 프린터는 종이 위를 더 빠르게 움직이며 복사본을 만들어낸다. 노즐의 모양과 크기도 잉크 방울의 크기와 질에 영향을 미친다. 초기의 잉크젯 프린터는 이미지가 흐리거나 번지곤 했지만, 잉크 카트리지가 개선되면서 이 문제도 해결됐다.

옴의 법칙
수력 전력 Hydroelectricity

물을 에너지원으로 사용하는 것은 새로운 일이 아니다. 고대 중국인들은 AD 31년에 이미 물레방아를 사용했다. 수력발전소도 사실 거대한 물레방아일 뿐이다. 물을 터빈까지 오게 하는 데는 중력이 핵심적인 역할을 하기 때문에, 수력발전소는 산 속이나 폭포 근처, 또는 물을 막아두었다가 필요할 때 내보낼 수 있는 댐 뒤에 자리를 잡는다. 저수지에서 방출된 물은 흡입 밸브(Intake Valve)와 수압관(Penstock)을 통과해 터빈으로 향한다. 물은 터빈의 거대한 날개를 돌리고, 이 운동이 발전기의 축을 돌려 전력을 만들어낸다.

수력 전력 엔지니어들은 댐의 물, 폭포의 물에만 관심을 갖지는 않는다. 어떤 엔지니어들은 파도의 힘을 이용하는 데 흥미를 갖는다. 파도는 실제로 엄청난 에너지를 지니고 있다. 물 자체에도 힘이 있지만, 파도는 바람이 물을 때려서 생긴 것이라서 바람의 힘까지 품고 있다. 일본과 노르웨이의 엔지니어들은 OWC(Oscillating Water Column)라는 파력발전장치를 개발해 파도의 에너지를 추출하는 데 성공한 바 있다.

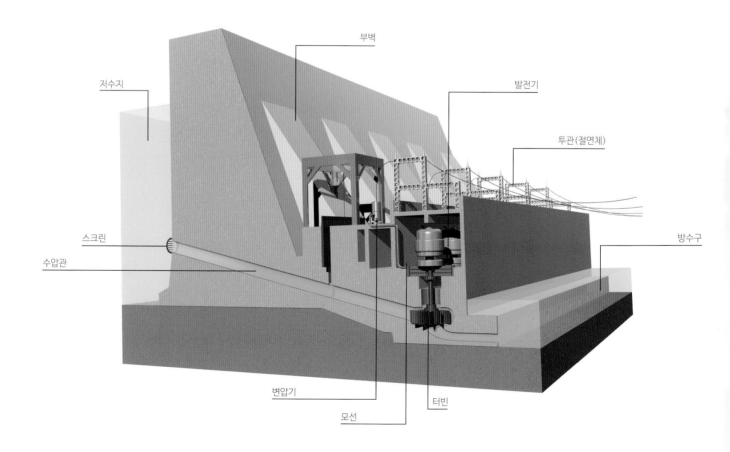

법칙

에너지의 산실, 지구
지구 열학 에너지

에너지원은 어느 곳에나 있다. 심지어는 우리 발밑에도 있다. 지표면 밑의 뜨거운 물과 수증기도 에너지를 만드는 데 사용할 수 있다. 사실 이 뜨거운 물과 수증기는 방사성 원소들이 붕괴하면서 생기는 부산물이다. 지열 에너지는 아이슬란드에서 난방용으로 흔히 쓰이고 있다. 열 교환기의 파이프를 땅 밑으로 집어넣어 뜨거운 물의 열기를 잡아 난방용으로 사용하는 것이다. 한 번 쓴 물은 다시 저수지로 보내져 데워지고 재활용된다. 여름에는 지열 에너지 열펌프가 역(逆)과정을 거쳐 냉방을 해준다. 집 안의 열을 집 밖의 땅바닥이나 물로 옮겨 흡수되도록 하는 방식이다.

지구 열학 에너지
바람Wind

공기 분자는 어디에나 존재하며 끊임없이 움직인다. 그 과정에서 서로 부딪히고 공기 중의 다른 물체들과도 부딪힌다. 이런 충돌 현상이 힘을 만들어내는데, 그 힘이 우리가 알고 있는 압력이다. 공기의 압력, 즉 기압은 공기 중에 있는 분자 수에 따라 변한다. 공기 분자가 많을수록 기압은 올라간다. 하지만 어디에서나 같지는 않다. 지역에 따라 온도와 밀도의 차이가 상대적인 고기압과 저기압을 만들어낸다. 기압 차가 생기면 공기 분자는 고기압 지역에서 저기압 지역으로 재빠르게 이동한다. 바람이 부는 이유다. 보통 우리는 바람을 부드러운 미풍으로 생각한다. 하지만 공기 분자가 좁은 공간을 지나며 고기압에서 저기압으로 매우 빠르게 움직이면 바람은 훨씬 더 강해진다.

지구 열학 에너지

풍력발전용 터빈
Wind Turbines

오래전부터 인류는 풍차를 돌려 바람의 힘을 에너지로 썼다. 현대판 풍차라고 할 수 있는 풍력발전용 터빈은 물레방아와 비슷하다. 다른 점은 에너지원이 물이 아니라 바람이라는 것뿐이다. 풍력발전용 터빈은 어떻게 작동할까? 프로펠러와 비슷한 로터 블레이드(Rotor Blade)에서 출발한다. 바람이 로터 블레이드에 불면 로터 블레이드는 회전하기 시작한다. 로터의 중심에 있는 축도 로터와 함께 돈다. 로터가 잡아낸 풍력 에너지가 축으로 전달되는 것이다. 이 축은 에너지를 발전기에 전달하고, 발전기 안의 자석과 도체들은 풍력을 전류로 변환한다. 전류는 전선을 타고 각 가정으로 전달된다.

　풍력발전은 엄밀히 말해 새로운 기술이 아니다. 실제로 1930년대 미국에서만 60만 대의 풍차가 가동되고 있었으며, 이렇게 만들어진 전기가 농가에 공급됐다. 요즘 풍력발전기는 더욱 세련돼서 컴퓨터를 이용해 미세하게 위치를 조정하고 블레이드의 각도도 바꿔가면서 바람의 상태에 상관없이 전기를 만들어낸다. 하지만 이 기술에도 치명적인 한계가 있다. 풍력발전용 터빈은 바람이 꾸준히 부는 곳에만 설치가 가능하다.

풍력발전용 터빈 내부의 발전기.

공중 풍력 터빈
Airborne Wind Turbine

바람은 대기권 위로 올라갈수록 거세진다. 공중의 거센 바람을 잡아내는 것은 멋진 일이지만 터빈을 그 높이까지 올리기란 거의 불가능하다. 어쩌면 가능할지도 모르겠다. 과학자들과 엔지니어들은 공중 풍력 터빈을 저 높은 대기권에 띄워서 그곳의 풍력을 이용하는 방법을 연구하고 있다. 이들은 비행기의 날개나, 땅에서 줄로 연결한 거대한 도넛 모양의 기구로 바람을 빨아들이는 아이디어를 강구하고 있다. 이렇게 해서 에너지를 얻으면 줄을 통해 발전기로 전달한다. 이론상으로 공중 풍력 터빈은 기존 풍력 터빈보다 3배나 많은 에너지를 만들어낼 수 있다.

지금까지 관측된 최대 규모의 태양 플레어

법칙

줄줄이 묶인 원자들
핵분열

우라늄-235 원자는 핵분열을 하면 두 개로 쪼개진다. 쪼개진 조각들은 각각 2~3개의 중성자를 방출하고, 중성자들은 다른 우라늄-235 원자들과 충돌해 이 원자들을 쪼갠다. 이 조각들은 다시 다른 원자들과 충돌하는 중성자들을 방출한다. 끊임없이 계속되는 연쇄반응이다. 이러한 충돌의 결과로 원자의 질량은 변화한다. 에너지는 바로 여기에서 나온다. 세계는 지금 핵분열로 소모 전력의 6분의 1을 충당하고 있다. 모두 30개국에서 400기 이상의 원자력발전소를 가동하고 있다.

지속 핵융합의 꿈 Promise of Sustained Fusion

원자로는 핵분열을 이용해 전력을 생산한다. 무거운 금속(주로 우라늄)의 원자를 쪼개서 에너지를 얻는 방식이다. 원자들을 쪼개는 대신 합쳐서(융합해서) 에너지를 얻을 수 있다면 거의 무한한 에너지를 얻을 수 있는 원자로를 확보할 수 있다. 이 원자로는 에너지의 낭비가 없이 좀 더 흔한 원소로 전력을 생산하게 된다. 중수소(Deuterium)이나 삼중수소(Tritium) 같은 가벼운 물질로 무거운 물질을 대신할 수 있으며(무겁고 가벼운 것의 기준은 원자량이다), 융합을 이용하는 원자로는 방사능 폐기물을 더 적게 배출하게 될 것이다. 아쉽게도 지속가능한 융합 원자로의 건설은 아직 실험 단계에 있으며 2050년 전까지는 등장하지 못할 것 같다.

핵분열

원자로 Nuclear Reactor

원자로는 지속적인 연쇄반응을 정교하게 일으키고 통제한다. 원자로의 중심부에는 방사능 우라늄 봉들이 들어 있고, 여기에서 핵분열이 일어난다. 원자로에서 방출된 에너지는 물을 수증기로 변환하고, 수증기는 터빈을 회전시켜 발전기가 작동하게 한다. 발전기 안의 자석과 코일은 전자기 법칙에 따라 전류를 만들어낸다.

원자로 중심부의 물은 두 가지 역할을 한다. 먼저 중성자를 감속시켜 핵분열 과정을 조절하는 감속제로 작용한다. 다음으로 원자로 안의 물질이 너무 뜨거워지지 않게 하는 냉각재 역할도 한다. 유감스럽게도 원자로는 완전무결하지 않다. 1986년 체르노빌 원전 사고와 2011년 후쿠시마 원전 사고를 떠올려 보라. 원자력발전소는 온실가스를 배출하지 않는 "청정한" 에너지원이기는 하지만 폐기물이 없는 게 아니다. 원자력발전소는 남은 열을 방출하는데, 이 열은 냉각탑에서 흩어지며 사용된 연료를 막대 형태로 남긴다. 사용된 연료를 재처리해 남아 있는 우라늄을 제거하고 재활용할 경우 고준위 방사성 폐기물(HLW, High-Level Radioactive Waste)이라고 불리는 액체 찌꺼기가 발생한다. 이 찌꺼기를 안전하게 보관하는 것 역시 또 하나의 과제다.

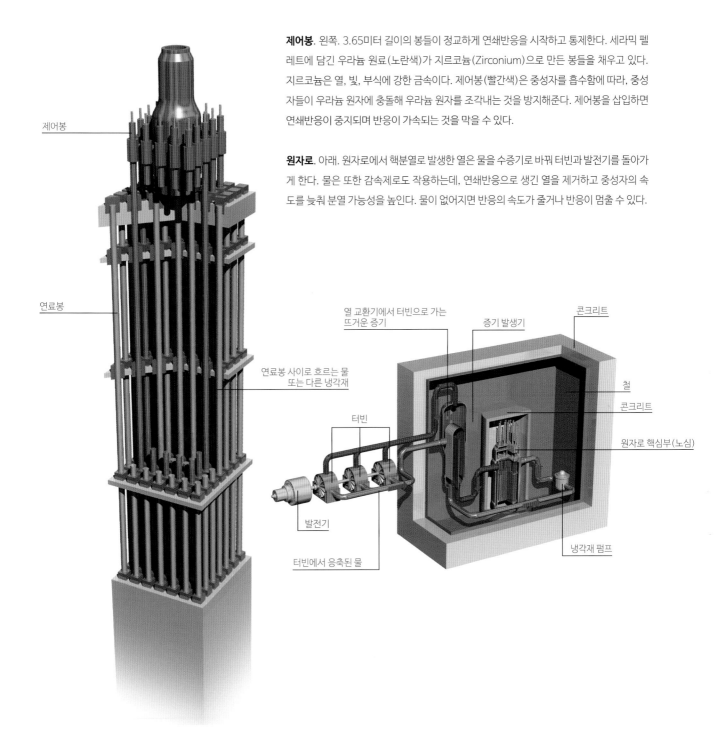

제어봉

연료봉

제어봉. 왼쪽. 3.65미터 길이의 봉들이 정교하게 연쇄반응을 시작하고 통제한다. 세라믹 펠레트에 담긴 우라늄 원료(노란색)가 지르코늄(Zirconium)으로 만든 봉들을 채우고 있다. 지르코늄은 열, 빛, 부식에 강한 금속이다. 제어봉(빨간색)은 중성자를 흡수함에 따라, 중성자들이 우라늄 원자에 충돌해 우라늄 원자를 조각내는 것을 방지해준다. 제어봉을 삽입하면 연쇄반응이 중지되며 반응이 가속되는 것을 막을 수 있다.

원자로. 아래. 원자로에서 핵분열로 발생한 열은 물을 수증기로 바꿔 터빈과 발전기를 돌아가게 한다. 물은 또한 감속제로도 작용하는데, 연쇄반응으로 생긴 열을 제거하고 중성자의 속도를 늦춰 분열 가능성을 높인다. 물이 없어지면 반응의 속도가 줄거나 반응이 멈출 수 있다.

연료봉 사이로 흐르는 물
또는 다른 냉각재

열 교환기에서 터빈으로 가는
뜨거운 증기

증기 발생기

콘크리트

철

콘크리트

원자로 핵심부(노심)

터빈

발전기

터빈에서 응축된 물

냉각재 펌프

법칙

빛과 에너지
광기전 효과

태양을 쳐다보면서 태양력을 이용하면 얼마나 좋을까 하는 생각을 어찌 하지 않겠는가? 태양에너지의 원리들을 염두에 두고 누구나 갖게 되는 발상이다. 이 원리들 중 하나가 광기전 효과로, 1939년 프랑스 물리학자 에드몽 베크렐(Edmond Becquerel)이 처음 제시했다. 광기전 효과는 태양광이 전기로 전환되는 과정, 다시 말해 태양력을 말한다. 전환 과정은 원자 수준에서 일어난다. 특정 종류의 물질이 빛에 노출되면 그 물질은 미세한 빛의 입자인 광자(Photon)를 흡수해 전자를 방출한다. 이 전자들을 모아 역학적인 에너지를 만드는 데 쓴다.

1960년대까지 이 기술은 미 항공우주국(NASA)의 우주 프로그램에 주로 사용됐다. 요즘은 미국의 25만 가구가 이런 방식에 따라 전력을 얻고 있는 것으로 추산된다.

광 기 전 효 과
광전지 Photovoltaic Cell

태양전지(Solar Cell)라고도 부른다. 광전지는 태양에너지를 전기에너지로 변환하는 장치다. 크리스털 형태의 실리콘으로 만든 것이 가장 흔하다. 광전지는 붙박이 전기장(Built-in Electric Field)이라는 점에서 독특하다. 이 전기장은 전압을 공급해서 전류를 전선으로 흐르게 하고 전구에 불이 들어오게 한다. 대부분의 광전지는 가시광선을 변환하지만, 적외선이나 자외선을 변환해 전기에너지로 만드는 것도 있다. 광전지의 장점은 엄청나게 많다. 한번 설치하면 거의 무한정 사용할 수 있으며 오염물질도 배출하지 않는다. 정비할 필요도 거의 없다.

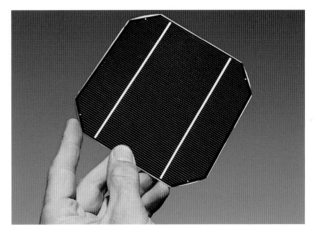

광전지

태양 전지판 Solar Arrays

광전지는 태양 전지판과 광기전 전지판으로 나뉜다. 이 전지판들은 모양과 크기에 구애받지 않으며 배선을 조절하면 출력도 조절할 수 있다. 집 한 채 정도에 에너지를 공급하는 작은 전지판이 있는가 하면, 수백 가구에 전력 공급이 가능한 수천 평 규모의 초대형 전지판도 있다. 실제로 비용이 많이 드는 기술이기는 하지만 전기 공급이 쉽지 않은 시골에서 특히 유용하게 쓰이고 있다. 태양 전지판은 보통 광전지, 모듈(광전지가 들어가 있는 틀), 장착 하드웨어, 전압을 조절하는 충전 컨트롤러, 에너지 저장 장치, 필요할 때 직류를 교류로 바꿔주는 인버터(Inverter)로 구성된다.

대부분의 태양 전지판은 일정한 위치에 고정된다. 보통은 남쪽을 향해 방향이 고정되지만, 작은 모터가 달려서 태양의 움직임에 따라 방향을 바꿀 수 있는 태양 전지판도 있다. 태양 전지가 가정과 기업에 에너지원으로 널리 보급되기 전에 미 항공우주국(NASA)은 우주선 동력을 공급하는 데 태양 전지를 사용하기도 했다. 태양전지는 지금도 인공위성과 국제우주정거장의 동력 공급원으로 쓰이고 있다.

태양열 변환: 햇빛으로 전기를 만들 수 있는 또 다른 방법이 있다. 거울들을 배치해서 태양빛을 모아 액체가 담긴 저장고에 보내는 것이다. 가열된 액체는 발전기를 돌려서 전력을 만든다.

법칙

화학에너지에서 전기에너지로
전기화학

전기화학은 화학물질들의 반응을 통해 저장된 화학에너지를 전기에너지로 바꾸는 과정을 뜻한다. 전기화학의 요체는 이온, 즉 음전하 또는 양전하를 띤 입자의 교환에 있다. 이온을 더 잘 끌어당기거나 밀어내는 성질은 물질에 따라 다르다. 따라서 물질의 선택이 전기화학에서 핵심 요소다. 밀거나 당기는 과정이 작동하려면 회로의 한쪽 끝이 다른 쪽 끝보다 전자가 많아야 한다. 그렇지 않으면 전기가 흐르지 않는다. 일상생활에서 가장 흔히 볼 수 있는 전기화학의 예는 배터리이다. 수소나 바이오연료도 대체제로 연구되고 있다.

전기화학
리튬 이온 배터리 Lithium-Ion Battery

요즘 장난감부터 휴대폰, 노트북 컴퓨터까지 숱한 장비들에 쓰이면서 최고의 인기를 끌고 있다. 다른 충전형 배터리보다 장점이 많다. 우선 가볍고 에너지 밀도가 높다. 반응성이 매우 높은 리튬의 성질 덕분이다. 즉 이온들은 리튬 배터리 안의 높은 전압 상태에서 매우 빠르게 움직인다. 또한 충전-방전을 수백 번 해도 끄떡없다. 하지만 단점도 있다. 전반적인 수명이 2~3년 정도로 짧은 편이며, 고온에 민감하고 가격대가 높다. 드문 경우지만 배터리가 불꽃을 내며 터지기도 한다. 보잉787 드림라이너(Dreamliner) 엔지니어들은 보스턴 공항 내 탑승 게이트에 대기하던 같은 기종의 한 일본 국적 비행기 안에서 리튬 이온 배터리에 불이 붙은 현장을 목격한 바 있다. 이 사고로 미국 연방항공국(FAA)과 다른 국제 규제기관들은 해당 항공기의 비행을 금지하는 조치를 취했다. 드림라이너는 리튬 이온 전지들 사이에 보호장치를 삽입하고 나서야 몇 달 만에 다시 비행을 할 수 있었다.

수소연료전지 Hydrogen Fuel Cell

수소는 가장 간단한 원소인 동시에 우주에 가장 많이 존재하는 원소이다. 따라서 잠재적인 연료원으로서 수소를 연구하는 것은 언젠가는 반드시 해야 할 일이었다. 수소연료전지의 원리는 배터리와 비슷하다. 단지 재충전이 필요하지 않을 뿐이다. 수소연료전지는 작동하면서 스스로

재충전을 한다. 그 안에서 변환 과정에 필요한 화학물질이 흘러가는 동안, 전지는 계속 기능하며 전기를 생산한다. 수소연료전지 안의 수소는 공기에서 유입된 산소와 결합해 물이 되면서 전기를 만들어낸다. 이 전지의 유일한 부산물은 열과 물이다. 수소는 화석 연료에서 추출할 필요가 없기 때문에(물과 햇빛만 있으면 얻을 수 있다) 자동차에서 연료전지로 쓰기에는 그만이다. 수소 연료 전지와 가솔린을 둘 다 사용하는 하이브리드 자동차는 이미 상용화돼 시중에서 볼 수 있다.

전 기 화 학
생물연료 Biofuel

바이오매스(Biomass)는 유기물질을 통틀어 이르는 말이다. 이 유기물질을 에너지원으로 만들면 생물연료라고 부른다. 오늘날 가장 흔히 쓰이는 생물연료는 에탄올(Ethanol)과 바이오디젤(Biodiesel)이다. 둘 다 첨가제 형태로 가솔린에 뒤섞여 배출가스를 줄이는 데 도움을 준다. 곡물 알코올 또는 순수 알코올이라고 불리는 에탄올은 발효된 당과 녹말에서 추출한다. 바이오디젤은 알코올을 동물 지방, 식물 기름, 재활용 요리 기름 등과 섞어 만든다. 생물연료는 화석연료와 달리 재생이 가능하고, 생산 과정에서 식물을 사용하기 때문에 자동차들이 배출하는 이산화탄소를 줄여준다. 하지만 생물연료를 얻기 위해 식물을 재배할 때 노동력과 자원이 많이 들어가 장점이 그리 크지 않다는 주장도 있다.

다양한 에너지원. 과학자들은 옥수수, 사탕수수 등 다양한 식물로부터 생물연료를 만들어내고 있다(왼쪽). 최첨단 발효 연구실에서 옥수수 생물연료를 연구하고 있는 과학자(오른쪽).

0과 1의 세계
2진 코드

2진법의 코드는 정보의 처리와 저장에 혁명을 일으켰다. 10진수를 사용하는 전통적인 10진법과는 달리 2진법 코드는 2진수를 사용한다. 이 체계를 사용하면 모든 값은 0 또는 1 중 하나로 나타낼 수 있다. 0과 1은 전압의 상태에 대응하며, 1은 "예스" 즉 "켜진 상태", 0은 "노" 즉 "꺼진 상태"에 해당한다. 2진 코드의 기원은 1670년대까지 거슬러 올라간다. 독일의 철학자이자 수학자인 고트프리트 빌헬름 폰 라이프니츠(Gottfried Wilhelm von Leibniz)가 블레즈 파스칼(Blaise Pascal)의 "산술 기계(Arithmetic Machine)"를 덧셈에서 곱셈까지 가능하게 획기적으로 개선하는 방법을 찾다가 처음으로 이 개념에 착안했다.

아날로그에서 디지털로 Analog to Digital

빛이나 소리처럼 인간의 감각이 처리하는 거의 모든 정보의 속성은 아날로그다. 즉 연속적인 신호로 표현되는 것이다. 전화로 음성을 전송하거나 오래된 사진을 스캔해 컴퓨터에 저장하는 등 디지털 방식으로 이런 정보들을 처리하려면 1과 0의 형태로 변환시켜야 한다. 이렇게 2진 코드를 사용하려면 특별한 회로가 필요하다. 아날로그 정보는 신호가 변하면 소음이 발생하며, 소음은 관련 데이터와 함께 전송되는 경우가 많다. 하지만 정보가 2진 코드로 변하고 일단 변환 작업이 이뤄지면 소음은 억제된다.

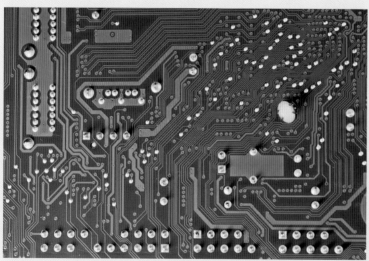

컴퓨터 회로판

2진 코드
집적회로 Intergrated Circuit

휴대폰, 식기세척기, TV 등 요즘 사용되는 거의 모든 전자 제품에는 집적회로가 있다. 집적회로는 다이오드(일방형 전기 밸브)를 포함한 전자회로, 트랜지스터(전기 신호를 증폭하거나 변환하는 장치) 1개 이상, 저항기(전기 흐름을 방해하는 장치)로 구성된다. 어떤 것에는 축전기(전하를 저장하는 장치)도 들어 있다. 이런 요소들은 함께 작동하며 제품 내부를 통과하는 전기의 흐름을 조절한다. 요소들이 같은 물질로 만들어져 있으면 작동을 더 잘한다. 하지만 집적회로도 단점이 있다. 예를 들어 모든 연결 부분이 처음 상태 그대로를 유지해야 한다. 그렇지 않으면 장치가 작동하지 않는다. 속도도 단점으로 작용한다. 제품의 구성 요소들이 너무 크거나 이 요소들

을 연결하는 선이 너무 길면 속도가 느려지고 효율이 떨어진다. 이런 단점들은 집적회로와 집적회로가 설치된 칩을 같은 반도체 물질로 만들면서 해결됐다. 덕분에 선과 구성 요소들을 손으로 조립할 필요가 없어졌으며, 회로를 더 작게 만들 수 있고, 제조 과정을 자동화할 수 있게 됐다. 무어의 법칙(Moore's Law)에 따르면 회로 위의 트랜지스터 수는 18개월마다 약 2배로 늘어난다. 회로의 크기가 계속해서 줄어든다는 뜻이다. 법칙은 지난 몇십 년 동안 들어맞았으며, 요즘 엔지니어들은 몇 나노미터밖에 안 되는 집적회로를 만들어내고 있다. 1나노미터는 10억분의 1미터다.

2진 코드
디지털 카메라 Digital Still Camera

디지털 카메라에는 필름 대신에 빛을 전기로 변환하는 실리콘 센서가 있다. 이 센서는 빛에 민감한 작은 픽셀(Pixel, 화소 [Picture Element]의 줄임말)들의 격자로 이루어진다. DSLR(Digital Single Lens Reflex) 카메라의 센서에는 이런 픽셀이 수백만 개나 들어 있다.

디지털 카메라의 센서에는 CCD(전하결합소자, Charge-Coupled Device) 또는 CMOS(상보성 금속산화막 반도체, Complementary Metal Oxide Semiconductor)가 있다. 두 종류 모두 태양전지와 비슷한 방식으로 빛을 전자로 변환시킨다. CMOS 센서는 각각의 픽셀에서 트랜지스터를 사용하며 전선을 이용해 전하를 이동시킨다.

센서의 표면에는 수백만 개의 미세한 다이오드가 있어 셔터가 열고 닫힐 때 렌즈를 통과한 피사체의 픽셀을 하나씩 잡아낸다. 다이오드가 많을수록 사진의 질이 좋아지며, 그 단위는 메가픽셀(MP)이다.

CCD센서에서는 아날로그-디지털 컨버터가 각 픽셀의 전하량을 측정해 2진법 형태로 변환시킨 다음 각각의 픽셀 값을 디지털 값으로 바꿔놓는다. 디지털 이미지란 이렇게 이미지를 구성하는 작은 점들, 즉 픽셀을 나타내는 1과 0의 구성물이다.

특수한 전자 필터는 색이나 선명도, 그리고 여타의 요소들을 조정하고 사진의 용량을 줄여준다. 마지막으로 이미지는 임시저장 공간을 거쳐 메모리 카드로 보내진다. 이미지가 디지털로 일단 저장되면, 언제든지 수정이나 보정, 공유를 할 수 있다.

2진 코드
디지털 캠코더 Digital Video Camera

빛이 수조 개의 미세한 입자, 즉 광자로 이뤄져 있다고 생각하면, 디지털 캠코더의 작동 원리를 쉽게 이해할 수 있다. 디지털 캠코더 안에는 실리콘 '필름'이 들어있는 CCD 센서가 있다. 이 필름은 빛에 민감하며, 우리가 찍고자 하는 장면에 캠코더 렌즈의 초점을 맞추면 CCD 안 수백만 개의 미세한 센서들이 그 장면의 명암 패턴을 읽어낸다. 실리콘 필름 위 각각의 미세한 픽셀들을 때리는 광자들은 전자를 방출하고 명암 패턴은 마그네틱테이프 또는 메모리칩에 저장된다.

2진 코드
디지털 음악 Digital Music

아날로그 신호를 디지털로 변환시킬 수 있게 됨에 따라 음악을 재생하고, 저장하며, 듣는 방식이 확 달라졌다. 아날로그 사운드는 디지털 2진법 포맷으로 변환된 후 다시 아날로그로 변환돼 스피커에서 흘러나온다. 이런 음악은 보통 CD나 CD롬에 저장된다. 디스크는 겉으로 보면 부드러워 보이지만 사실 표면에 미세하게 파인 자국이 수없이 많다. 이렇게 파인 부분과 평평한 부분에는 2진 코드가 담겨 있다. CD 플레이어는 레이저 빔을 CD 표면에 쏘아 정보를 읽는다. 오래된 턴테이블이 바늘로 레코드판을 읽는 방식과 비슷하다. 레이저 빔은 2진 코드를 읽고 그 코드를 다시 소리로 변환해준다.

CD는 한때 음악의 세상을 크게 진보시켰지만, 지금은 인터넷, mp3 기술이 그 역할을 대신하고 있다. mp3는 바이트(Byte) 수를 줄여 디지털 파일의 크기를 줄이는 오디오 압축 포맷의 일종이다. 파일의 크기는 줄어도 소리의 질은 떨어지지 않는다. mp3 오디오 파일은 인터넷에서 다운받은 뒤에 소프트웨어를 이용해 재생할 수 있다. CD 오디오 파일로 변환하거나 데이터로 CD에 저장해 휴대용 재생기에서 들을 수도 있다.

우리는 음악을 디지털 방식으로 듣고 저장할 수 있을 뿐만 아니라 디지털 방식으로 만들 수도 있다. MIDI(미디)는 Musical Instrumental Digital Interface의 약자로, 오케스트라 수준의 음악을 전자 키보드, 특수 하드웨어, 소프트웨어, 컨트롤러, 시퀀서(Sequencer), 파워 앰프, 스피커 등을 이용해 만들 수 있게 해준다. 음악가는 캔버스에 그림을 그리는 화가처럼 소리를 디자인하거나 소리를 덧씌우고, 더빙이나 오버더빙, 편집도 할 수 있다.

공개 키 암호 방식 Public Key Cryptography

모든 개인정보가 인터넷을 통해 전송되는 요즘, 어떻게 보안을 유지할 수 있을까? 공개 키 암호 방식으로 그 의문을 해결할 수 있다. 1976년 미국 스탠퍼드 대학 교수 마틴 헬먼(Martin Hellman)과 대학원생 위트필드 디피(Whitfield Diffie)가 개발한 공개 키 암호 방식은 보안이 허술한 네트워크에서도 안전하게 개인 데이터를 전송할 수 있게 한다.

이 암호화 방식은 키(Key)라고 불리는 상당히 긴 숫자를 기반으로 한다. 키에는 두 가지가 있다. 본인만이 접근할 수 있는 개인 키(Private Key)와 누구나 접근할 수 있는 공개 키(Public Key)다. 두 개의 키는 함께 움직인다. 개인 키를 이용해 변환된 메시지는 공개 키 없이는 해독을 할 수 없다. 그 반대도 마찬가지다. 키의 숫자가 많을수록 전송은 더 안전해진다.

튜링 기계 Turing Machine

컴퓨터에 충분한 시간과 저장 공간이 주어진다면 어떤 계산이라도 해낼 수 있다. 이런 전제가 튜링 기계의 핵심 개념이다. 앨런 튜링(Alan Turing)의 이름을 딴 이 장치는 처치-튜링 명제(Church-Turing Thesis)로 알려진 알고리즘을 기초로 만들어졌다. 처치-튜링 명제는 컴퓨터 연산의 속성에 관한 것이다. 튜링 기계는 무한하게 긴 테이프와 테이프를 따라 움직이는 헤드로 구성돼 있으며, 입력된 기호를 읽어 규칙에 근거해 값을 변경시킨다. 튜링 기계는 컴퓨터 안의 CPU(중앙처리장치)가 어떻게 기능하는지, CPU의 한계는 무엇인지를 이해하는 데 도움을 준다. 하지만 튜링 기계도 풀지 못하는 문제들이 있다. 예를 들어 해결에 창의력이 필요한 문제들이다. 이런 장치들이라고 해서 반드시 모든 문제들을 가장 빠르게 해결하리라고 기대할 수는 없을 것이다.

2진 코드
PC 개인용 컴퓨터

PC는 우리의 삶을 놀라울 정도로 많이 바꾸어 놓았다. PC의 도입으로 대기업과 정부 기관에만 가능했던 기술을 보통 사람들도 사용할 수 있게 됐다. 게다가 운영체제의 발달로 누구나 전문 지식이 없어도 PC를 상당히 높은 수준까지 활용하고 있다.

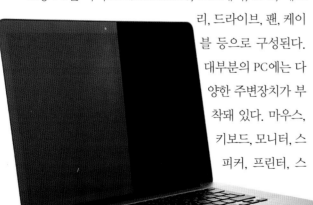

보통 PC는 마더보드(MotherBoard), 프로세서, CPU, 메모리, 드라이브, 팬, 케이블 등으로 구성된다. 대부분의 PC에는 다양한 주변장치가 부착돼 있다. 마우스, 키보드, 모니터, 스피커, 프린터, 스캐너 등이다. 이런 하드웨어 구성 요소들이 합쳐져 소프트웨어를 운영한다. 소프트웨어는 운영체제와 워드프로세서 같은 프로그램을 뜻한다.

요즘 컴퓨터는 우리 삶 거의 모든 부분에 영향을 미치고 있다. 컴퓨터의 이런 다양한 능력은 PC의 메모리가 지니고 있는 엄청난 용량 덕분이다. 메모리의 대표적인 예는 컴퓨터를 운용하는 프로그램과 시스템을 포함하는 RAM(Random Access Memory)이다. RAM은 메모리에서 데이터가 어디에 저장되든 상관없이 데이터에 빨리 접근할 수 있게 해준다. RAM이 클수록 컴퓨터는 효율이 높아지고 빨라진다. 컴퓨터의 '뇌'라고 할 수 있는 CPU를 개선해도 컴퓨터의 성능이 좋아진다. CPU의 가장 중요한 구성 요소는 연산과 논리를 담당하는 산술논리장치(Arithmetic Logic Unit)와 지시를 읽고 수행하는 제어장치(Control Unit)다. 최근 컴퓨터 프로세서는 수천 MIPS(초당 백만 연산) 정도의 연산 속도를 감당할 수 있다.

2진 코드
ATM현금 자동 입출금기

디지털 세상이 펼쳐지면서 돈을 관리하고, 구매하고, 대출을 신청하는 방법에도 혁명이 일어났다. 더 이상 은행 창구에서 줄을 서 기다릴 필요가 없어진 것이다. ATM을 보자. 은행 카드의 뒷면에 있는 마그네틱 선은 문자와 숫자 형태의 정보를 2진 코드로 담고 있다. 카드를 ATM에 밀어 넣으면 데이터와 거래 요청이 ATM을 운영하는 금융기관의 컴퓨터로 전송돼 계좌 정보, 잔액, PIN(개인식별번호) 등이 확인된다. 확인이 모두 끝나면 사용자가 요청

한 대로 계좌에서 입금 또는 출금이 이뤄진다. ATM은 은행 간 전산망에 연결돼 있으며, 이 전산망은 데이터 암호화 알고리즘(DES)을 3번 적용한 트리플 DES에 크게 의존한다. 이 트리플 DES는 키를 사용해 암호화된 상태로 정보를 전송해 해킹을 막는 기술이다. 처리 속도는 느리지만 보안 기능이 뛰어나 속도의 단점을 상쇄하고도 남는다.

일부 금융기관에서는 ATM 카드를 이른바 스마트카드로 대체하려는 움직임을 보이고 있다. 스마트카드에는 일반 은행 카드의 마그네틱 선보다 훨씬 많은, 수천 바이트의 정보를 저장할 수 있는 실리콘 칩이 들어있는 미니 프로세서가 장착된다.

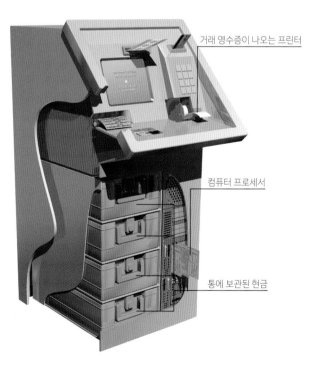

거래 영수증이 나오는 프린터

컴퓨터 프로세서

통에 보관된 현금

자동화된 은행 창구. 전자뱅킹의 상징이라고 할 수 있는 ATM을 이용하면 빠르게 현금을 찾을 수 있을 뿐만 아니라, 본인 계좌 입금, 계좌이체도 쉽게 할 수 있다. ATM을 활성화하려면 카드를 삽입하고 키패드에서 PIN(개인식별번호)을 누르면 된다. 컴퓨터는 식별번호와 계좌 잔액을 확인하고 거래 요청을 받아들인다. 사용자가 현금을 찾고자 한다면, 내장된 금고 또는 상자에서 돈을 센 뒤 내보낸다.

2진 코드
인터넷 Internet

인터넷이 이전에 상상도 할 수 없을 만큼 우리의 삶을 바꾸어놓았다고 말하는 것은 결코 과장이 아니다. 인터넷은 1960년대 후반 대학, 정부, 기업 간의 협력 형태로 시작된 네트워크가 방대한 정보를 담은 구조로 진화한 것이다. 요즘은 인터넷으로 자택근무와 업무 회의를 하고 미래의 배우자를 만나며 장을 보기도 한다. 인터넷은 몇 가지 핵심 개념을 기반으로 만들어졌다. 첫 번째는 패킷 교환(Packet Switching)이다. 네트워크 스위치와 라우터를 이용해, 특별하게 포맷된 장치의 데이터를 출발지에서 목적지로 보내는

과정을 말한다. 다음은 개방 구조 네트워킹(Open Architecture Networking)이다. 각각 다른 사람들이 자신이 원하는 개별 네트워크 기술을 써도 모든 네트워크들이 계속 함께 작동하게 하는 것이다. 이런 개념의 실현이 가능한 이유는 TCP/IP(Transmission Control Protocol/Internet Protocol) 때문이다. TCP는 메시지나 파일을 인터넷으로 보낼 수 있는 작은 패킷으로 묶는 기능을 하며, IP는 각 패킷의 주소 부분을 읽어 목적지를 제대로 찾아갈 수 있게 한다.

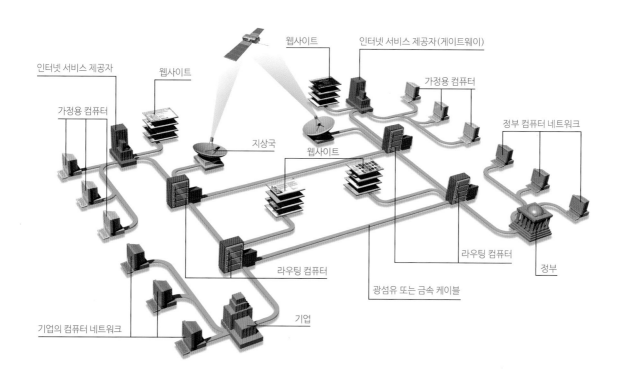

2 진 코 드

월드와이드웹 World Wide Web

월드와이드웹과 인터넷은 다르다. 월드와이드웹이 없어도 인터넷은 존재할 수 있다. 하지만 인터넷이 없으면 월드와이드웹도 없다. 월드와이드웹은 1990년 팀 버너스 리(Tim Berners-Lee)가 웹브라우저와 웹페이지를 처음 만들면서 같이 발명했고, 사람들은 이를 이용해 인터넷에 접속할 수 있다. 웹페이지에는 하이퍼텍스트(다른 웹문서와 연결시켜주는 하이퍼링크가 들어있는 텍스트)가 있으며, 특정 "도메인(Domain)" 이름과 그 뒤에 .com, .org, .edu, .net 등의 "닷 파트(Dot Part)"가 있어야 한다.

인터넷은 수백만 개의 서로 다른 네트워크를 아우르는 거대한 네트워크다. 웹은 인터넷에서 운영되는 일종의 서비스다. 이메일, 전화 앱, 채팅 프로그램 등도 모두 인터넷 상에서 운영되는 서비스다. 인터

넷상의 데이터는 "패킷"으로 나뉘고, 패킷들은 동시에 다양한 경로를 타고 서버에서 서버로, 익스체인지 포인트(Exchange Point)나 액세스 포인트(Access Point)를 거쳐 전송된다. 하지만 정보 요청을 수용하기 위해서는 서버가 전자 정보를 올바른 "컴퓨터 클라이언트"에 보내야 한다. 패킷이 컴퓨터 클라이언트에 도착하면 그 안의 모든 정보가 모아져서 재조합된다. 이 모든 과정은 통신 "프로토콜(Protocol)"이 담당한다. 프로토콜은 서버들을 위해 만들어진 규칙과 규정의 조합이다. 프로토콜 중에서 가장 중요한 것이 TCP와 IP다. TCP는 데이터 조각들을 모아서 재조합하고, IP는 라우팅을 적절하게 조절한다.

2 진 코 드
이메일 E-Mail

이메일은 1971년 레이 톰린슨(Ray Tomlinson)이 발명했다. 컴퓨터 엔지니어인 톰린슨은 당시 보스턴의 한 회사에서 초기 컴퓨터 네트워크였던 아파넷(ARPANET)의 운영을 맡고 있었다. 이메일은 처음에는 대학과 연구 기관들만 사용했지만 곧 널리 퍼졌다. 이메일의 핵심에는 SMTP(표준 메일 전송 프로토콜)가 있다. 이 라우팅 프로그램은 메시지가 발신자에서 수신자에게 확실하게 전달되도록 한다. SMTP는 정교한 문자-숫자 코드를 사용해서, 메시지가 목적지에 도착하려면 무엇을 해야 하는지 각 컴퓨터 스테이션

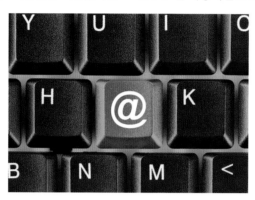

에 알려준다. 다른 한쪽 끝에는 POP3(Post Office Protocol) 서버 또는 IMAP(Internet Mail Access Protocol) 서버가 수신되는 이메일을 처리한다. 이메일을 보내면, 메일 클라이언트는 먼저 지정된 포트를 사용하는 SMTP 서버에 접속해 2진 코드를 통해 발신 주소와 수신 주소 그리고 메시지를 전달한다. SMTP 서버는 수신자와 도메인 이름을 분석하고, 도메인 네임 서버(DNS)는 SMTP 서버에 목적지 도메인의 IP 주소를 제공한다. 이때 SMTP 서버는 목적지 도메인과 연결되고 메시지는 송신을 완료하게 된다.

증강현실 Augmented Reality

가상현실(Virtual Reality)은 컴퓨터가 만들어내는 환경이다. 반면 증강현실은 인간의 감각을 확장시켜서 실제 세계가 증강되도록 한 것이다. 최초의 증강현실 사례 중 하나는 TV로 중계되는 축구 경기 화면에 노란 화살표를 그려서 아나운서가 해설을 쉽게 할 수 있도록 돕는 것이다. 요즘에는 휴대폰에서 PDA까지 모든 종류의 전자제품에서 이 기술을 사용한다. 예를 들어 스마트폰에서 사용하는 증강현실 앱은 카메라가 잡아내는 화면 위에 중요한 정보를 나타낼 수 있다. 어떤 앱은 스마트폰 비디오 앱으로 보이는 외국어 표지판을 그 자리에서 모국어로 바꿔준다. 또 보행자가 서 있는 땅 밑으로 지나가는 지하철 노선을 알려주기도 한다.

증강현실 호텔. 홀리데이 인 런던 켄싱턴 포럼(Holiday Inn London Kensington Forum)은 런던 올림픽이 열린 2012년 세계 최초의 증강현실 호텔이 되었다. 투숙객들은 스마트폰이나 태블릿으로 스타 운동선수와 직접 교류하며 증강현실 경험을 할 수 있었다.

2진 코드
클라우드 컴퓨팅 Cloud Computing

최근 컴퓨터 기술이 진보함에 따라 인터넷 공간에 데이터, 리소스, 서비스, 앱 등을 저장할 수 있게 됐다. 요즘 클라우드 컴퓨팅이라는 말이 흔히 쓰이고 있는데, 기본적으로 멀리 있는 데이터 센터를 통해 컴퓨팅에 필요한 리소스에 접근한다는 뜻이다.

"클라우드"라는 말을 이해하기 위해서는 층(Layer)을 생각하면 된다. 프론트 엔드(Front-End) 층은 사용자가 눈으로 보고 상호작용하는 곳이다. 예를 들어 G메일 계정이나 사용자를 클라우드에 연결시켜주는 컴퓨터 소프트웨어를 말한다. 백 엔드(Back-End) 층은 서버와 데이터 저장 시스템과 함께 프론트 엔드 층을 운용하는 하드웨어와 소프트웨어를 말한다. 중앙 서버는 전체 시스템을 통제하면서 필요할 때마다 리소스, 움직이는 트래픽, 고객의 요구 등을 할당한다. 중앙 서버는 프로토콜이라는 규칙의 집합과 미들웨어(Middleware)라는 특수한 소프트웨어를 통해 이 작업을 수행한다. 미들웨어는 네트워크에 연결된 컴퓨터들이 서로 소통하도록 해주며, 서버 가상화(Server Virtualization)라고 불리는 과정은 서버가 하드웨어를 공유해 결과를 극대화하는 것을 돕는다. 하드웨어를 공유하면 더 적은 수의 컴퓨터로 더 많은 일을 할 수 있다.

제9장

빛
Light

알베르트 아인슈타인은 빛이 하나의 연속적인 파동이 아니라 작은 에너지 입자, 즉 광자로 이루어졌다는 연구 결과로 1921년 노벨 물리학상을 받았다. 이런 발상은 과학자들이 빛, 에너지, 방사선, 그리고 이것들의 상호작용을 생각하는 방식에 혁명을 일으켰다.

빛에는 가시광선처럼 눈으로 볼 수 있는 영역이 있고 자외선, 적외선처럼 그렇지 않은 영역이 있다. 빛은 또한 특유의 방식으로 움직이며, 우리는 그 방식을 조절해서 유용하게 쓸 수 있다.

예를 들어 우리는 빛을 통해 색깔을 감지하는 기능을 조작해 눈속임으로 옷이 더 밝거나 더 하얗게 보이도록 할 수 있다. 빛을 반사시키면 우주의 물체를 볼 수도 있다. 빛을 훨씬 더 정교하게 반사시키면 레이저 광선이 나오며, 레이저 광선은 수술은 물론 예술과 컴퓨터 기술까지 다양한 분야에 사용된다.

빛의 쓰임새는 여기에서 끝나지 않는다. 빛은 디지털 스캐너, 바코드 스캐너, 망막과 홍채 스캐너 등에 쓰인다. 감광 다이오드는 가정에서 보안 및 탐지 시스템으로 쓰이고 있다. 열화상기술(Thermography)로 폭풍의 강도를 예측해 대비할 수 있으며, 야간 투시경으로 어둠 속에서도 선명하게 물체를 볼 수 있다.

빛과 시력은 밀접하다. 우리가 물체를 보고 있다면, 그것은 뇌가 눈을 속이는 것이다. 아마 그 반대일 수도 있다. 나이가 들면 시력이 감퇴한다. 하지만 빛은 안경, 콘택트렌즈, 레이저 수술로 시력을 되살려 놓을 수 있다.

'팔색팔조' 빛의 변신
빛의 흡수

우리는 어떻게 푸른 하늘, 붉은 노을, 초록색 잔디, 그리고 여타의 모든 색깔들을 보게 되는 것일까? 빛이 물체에 부딪히면 전자기 방사선의 일부는 흡수되고 일부는 반사된다. 물체의 원자들은 자신이 감당할 수 있는 정도의 에너지 함량(Energy Content)과 일치하는 파동만을 흡수하며 나머지는 반사한다. 물체가 스스로 빛을 방출하지 않는 한, 그 물체의 색깔은 자신이 버리는(반사하는) 광선들의 작용으로 나타난다. 예를 들어 파란색 재킷이 파랗게 보이는 것은 재킷의 화학 염료 원자가 파란색 파장을 제외하고 다른 모든 파장을 흡수하기 때문이다. 딸기가 빨갛게 보이는 것은 파란색과 초록색 파장을 흡수하기 때문이다. 나뭇잎이 초록색으로 보이는 것은 광합성에 관여하는 색소가 우연히 빨간색과 파란색을 가장 잘 흡수하기 때문이다.

하늘이 왜 파란지 궁금하게 생각한 적이 있을 것이다. 햇빛의 모든 파장은 공기 중의 분자와 먼지에 의해 산란된다. 하지만 산란되는 정도는 다 같지 않다. 파장이 짧은 파란색은 파장이 상대적으로 긴 빨간색이나 오렌지색보다 산란이 더 잘 된다. 하늘을 쳐다보면서 해를 쳐다보지 않으면 산란된 빛을 간접적으로 볼 수 있다. 하늘이 더 푸르러 보일 것이다.

우리는 색을 어떻게 감지하는가?
How We Perceive Color

인간의 눈에는 색을 감지하는 약 300만 개의 원뿔세포가 있다. 원뿔세포는 세 가지로 나뉘는데, 각각 빨강, 파랑, 초록의 파장을 담당한다. 우리가 색깔을 감지하는 것은 파장이 흡수되고 반사되는 과정을 통해서다. 각각의 원뿔세포는 흡수할 수 있는 파장들이 서로 조금씩 다르다. 인간의 눈이 감지할 수 있는 수백만 개의 색깔은 빨강, 파랑, 초록이 다양하게 조합돼 만들어지는 것이다. 공기나 물처럼 우리 눈에 거의 투명하게 보이는 것은 가시광선을 흡수할 만한 적당한 에너지 수준을 갖추고 있지 않다.

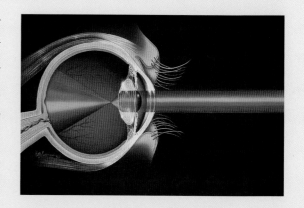

가시 스펙트럼 Visible Spectrum

우리가 보는 빛은 실제로는 함께 전자기파를 구성하는 전기장과 자기장의 상호작용으로 생겨난다. 하지만 가시광선은 전자기 스펙트럼의 아주 작은 일부에 불과하다. 전자기 스펙트럼은 무한하며, 저주파수의 전파부터 고주파수의 엑스선과 감마선까지 모두 그 안에 자리 잡고 있다. 주파수가 높을수록(파장이 짧을수록) 파동의 에너지는 커진다. 과학의 놀라운 발전으로 우리는 400나노미터(아주 파란색)에서 750나노미터(짙은 빨간색)에 이르는 가시광선 외에도 다른 파장을 가진 광선을 "볼수 있게" 됐다. 천문학이나 의학, 군사기술 등 거의 모든 종류의 과학연구에서 전자기 스펙트럼의 수많은 부분을 이용해 지식을 얻고 있다.

컬러 향상 세제 Color-Boosting Detergent

실제로 세제를 쓰면 옷 색깔을 더 밝게 할 수 있을까? 단지 광고만 그런 것일까? 사실 어느 정도는 맞는 말이다. 세제에는 광학강화제(Optical Enhancer)라고도 하는 광학증백제(Optical Brightener)가 들어 있다. 세제를 세탁기에 넣으면 세제 분자들이 빨래에서 때를 제거하기 시작한다. 이 세제 분자들은 옷의 색깔에는 아무런 영향을 미치지 않는다. (어떤 옷들은 빨래를 반복하면 색깔이 빠지기도 하지만, 이런 현상은 세제보다는 염색제와 옷이 오래된 것이라서 생길 수 있다) 컬러를 향상시키는 세제는 옷에 특별한 화학 작용을 하는 분자들을 품고 있다. 이 분자들은 옷의 표면에 형광 입자로 된 미세한 막을 씌운다. 이 형광 입자들이 빛을 받으면 우리의 눈은 옷 색깔을 실제보다 더 선명하게 느끼게 된다. 컬러 향상 세제를 쓴 옷과 그렇지 않은 옷은 손으로 만져보면 구별할 수 있다. 이 세제를 쓴 옷이 더 뻣뻣한 느낌을 준다. 세탁이 되는 정도는 차이가 없다.

더 희고 밝은 옷을 입는 것이 인체에 해롭다고 주장하는 사람들도 있다. 컬러 향상 세제는 동물과 식물에 해가 될 수 있다. 생분해(Biodegradable)가 잘 되지 않아 환경에 미치는 영향이 꽤 오래 가는 것도 사실이다.

세제 분자 Detergent Molecule

세제 분자의 끝 부분은 극성(Polar)과 비극성(Nonpolar)으로 나뉜다. 이중 비극성 부분이 기름때에 붙고, 극성 부분이 주위의 물과 반응해 이온화되면서 양전하를 띠게 된다. 이 양전하들은 비누로 싸인 때의 입자 표면의 다른 양전하들을 밀어내 위에 뜨게 만들고 결국 씻겨나가게 한다

3D 영화와 TV 3-D Movies and TV

요즘 3D로 제작된 할리우드 영화를 보면 마치 새로운 기술로 보인다. 하지만 사실 3D 영화가 처음 나온 것은 1922년이다. 3D 영화는 1950년대가 될 때까지 인기를 끌지 못했다. 3D 영화와 3D TV는 어떻게 작동할까? 우리가 물체를 집중해서 보면 뇌는 빛이 얼마나 멀리서 그 물체에 반사돼 우리의 눈으로 돌아오는지를 따지게 된다. 물체가 아주 멀리 있으면 빛은 양쪽 눈에 거의 평행하게 들어온다. 하지만 물체가 가까이 있다면 빛은 평행하게 들어오지 않고 한 점으로 몰린다. 즉 가까이 있는 물체에 초점을 맞추려면 눈을 모아야 한다. 어떤 의미에서 양쪽 눈은 물체를 놓고 살짝 서로 다른 "그림"을 보고 있는 것이다.

3차원 기술은 뇌를 속여 스크린 상의 물체가 실제보다 더 가까이 있다고 착각하게 하는 기술이다. 입체 안경을 쓰면 두 눈이 모아져 이런 효과를 내게 된다. 입체 안경은 두 종류가 있다. 한쪽에는 빨간색 렌즈, 다른 한쪽에는 파란색 렌즈를 끼운 안경이 있고, 더 최근에 나온 안경은 편광렌즈를 사용한다. 두 종류 모두 작동 원리는 같다. 3D 영화를 입체 안경 없이 보면 서로 살짝 비껴나 있는 두 개의 이미지가 나타난다. 안경을 쓰면 빛이 걸러져서 색깔들은 뇌가 하나의 이미지만을 인식하며 입체감 같은 깊은 환상에 빠지게 하는 식으로 상쇄된다.

두 이미지를 하나로. 카메라맨이 3D TV 카메라로 축구 경기를 촬영하고 있다. 카메라에 달린 렌즈 두 개가 서로 살짝 비껴가는 이미지를 담는다. 시청자가 특수 안경을 끼고 프로그램을 보면 입체감 같은 환상의 깊은 이미지를 느끼게 된다.

빛의 흡수
반사망원경 Reflecting Telescopes

3D로 망원경은 크기에 상관없이 멀리 있는 물체에서 나오는 광선의 일부를 선택한 다음 곡면 거울로 반사하고 확대시켜 커다란 이미지를 만들어낸다.(굴절 망원경(Refracting Telescope)은 반대로 볼록 렌즈를 사용한다) 광선이 곡면에서 더 많이 굽을수록 이미지는 더 확대된다. 예를 들어 육안으로 100야드 떨어져 있는 작은 나무를 보면 눈은 단 2도(시각) 규모의 이미지만 만들어낸다. 나무의 양쪽 끝에서 나오는 광선들이 서로 너무 가깝게 있기 때문이다. 하지만 40배 망원경으로 보면 나무는 시야를 가득 채우고 눈 뒤로 70도나 80도에 이르는 호로 보일 것이다. 망원경의 배율은 망원경으로 보이는 시야의 각도와 육안 각도의 비율로 결정된다.

이론상으로는 렌즈가 클수록 이미지도 커진다. 하지만 한계가 있다. 아주 멀리 있는 별에서 오는 얼마 안 되는 광선을 잡아낼 수 있을 만큼 커다란 렌즈가 있다면, 그 망원경은 무게 때문에 쓰러질 것이다. 해결책은 거울에 있다. 렌즈처럼 특정 곡률에 맞춰 제작된 거울도 이미지를 확대할 수 있다. 거울은 렌즈에 비해 구조적인 이점도 있다. 거울은 광선을 전송하지 않고 반사하기만 하면 되기 때문에 강철이나 다른 지지물을 이용할 수 있다. 세계에서 가장 큰 광학 망원경들은 모두 반사 망원경이다. 예를 들어 멕시코의 라지 밀리미터 망원경(Large Millimeter Telescope)은 반사판의 직경이 50미터에 이른다.

카세그레인 망원경
(Cassegrain Reflector)

허셜 망원경
(Herschel Reflector)

뉴턴 망원경
(Newtonian Reflector)

쿠데 망원경
(Coude Reflector)

빛   빛   빛   빛

구멍이 있는 주 거울

접안렌즈

기울어진 주 거울

포물면 거울

접안렌즈

접안렌즈

주 거울

반사망원경. 이 망원경들은 곡면 거울을 사용해 멀리 있는 물체들을 확대한다. 17세기에 만들어진 카세그레인 망원경에서 빛은 주 거울의 구멍을 통과하며 2차 거울에서 모아진다. 이미지를 보려면 접안렌즈를 통해야한다. 1773년 만들어진 허셜 망원경은 기울어진 주 거울을 접안렌즈를 통해 들여다볼 수 있도록 설계돼 있다. 아이작 뉴턴의 모델은 길이가 15센티미터밖에 안 되며 2개의 거울을 사용했다. 쿠데 망원경은 거울 3개를 이용해 이미지를 측면으로 모아놓는다.

빛의 흡수

빛의 흡수
우주 망원경 Space Telescope

지상의 망원경은 밤하늘을 관찰하는 데 별로 쓸모가 없다. 지구의 대기가 지구로 들어오는 빛, 즉 전자기파를 흡수하고 왜곡하는 데다 지상에는 인공조명이 많아 밤에도 그리 어둡지 않기 때문이다. 천문관측위성(Orbiting Observatory)은 이런 한계를 극복했다. 망원경을 우주로 쏘아 올려 지상망원경으로는 관찰하기 힘들었던 파장의 광선들을 관찰할 수 있게 됐다. 또 멀리 떨어진 은하에서 일어나는 고에너지 응축 과정도 들여다볼 수 있게 됐다. 우주망원경 중에서 가장 유명한 것은 허블 망원경(Hubble Telescope)이다. 제2대 나사(NASA) 국장의 이름을 딴 제임스 웹 우주 망원경(James Webb Space Telescope)이 지금은 노후화된 허블 망원경을 대체하기 위해 대기 중이다. 이 망원경은 2018년 10월 이후 아리안 5호 로켓에 실려 발사되며, 하늘로 올라가면 3개월의 여행을 거쳐 궤도로 진입한다. 제임스 웹 망원경은 빛을 모으는 힘을 더욱 키우기 위해 더 큰 거울을 설치했으며, 지구에서 수백만 마일 떨어진

궤도를 돌면서 우주를 훨씬 더 깊게 관찰하게 될 것으로 보인다. 발사 후 5년 6개월에서 10년 정도 활동할 것으로 예상된다. 나사의 과학자들은 이 망원경이 우주에 관한 지식을 넓혀주고 새로운 데이터를 제공할 수 있을 것으로 기대하고 있다.

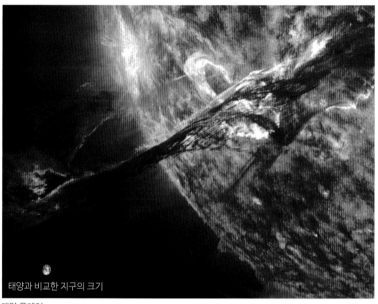

태양과 비교한 지구의 크기

태양 플레어

허블 망원경 Hubble Telescope

허블 망원경은 끝부분에 위치한 거대한 오목 거울인 주거울에 빛을 모은 다음 또 다른 거울에 반사시켜 센서 판으로 보낸다.(주거울은 애초 설계와는 다르게 설치돼 "콘택트렌즈"를 끼워 조정해야 했다. 작은 거울 몇 개를 배열시킨 이 렌즈로 왜곡현상을 바로 잡고 이미지의 결함을 해소했다. 허블 망원경에 콘택트렌즈를 배달해준 우주왕복선에 감사한다) 허블 망원경의 정교한 기기들로

엑스선, 적외선, 자외선을 탐지해 멀리 떨어진 천체의 구조를 밝힐 수 있게 됐다. 허블 망원경은 "은하계의 공장"이라고 불리는 별들의 광대한 탄생지도 발견해냈다. 천문학자들이 범접할 수 없었던 120억 년 전 과거에 생성된 곳이다.

허블 망원경

자외선을 통해서 본 유리잔의 지문

보이지 않는 빛
자외선

빛의 주파수는 아주 광범위한 스펙트럼을 지니고 있으며, 우리는 그중 일부분의 빛만 볼 수 있다. 바로 가시광선이다. 볼 수 없는 빛도 있다. 자외선(UV)이 그렇다. 1801년 발견된 자외선은 스펙트럼에서 보라색 옆에 위치하고 있으며 가시광선보다 파장이 짧다. 인간의 눈은 자외선을 감지하지 못하지만 호박벌 같은 곤충은 자외선을 감지할 수 있다. 자외선은 태양으로부터 오며 세기에 따라 분류된다. A가 그래도 덜 해롭고 C가 가장 해롭다.

자외선
자외선과 눈 UV Light and Eyes

인간의 눈에 보이지 않는다고 해서 자외선이 위험하지 않은 것은 아니다. 특히 UV-A와 UV-B는 지구를 보호하는 오존층을 뚫고 들어오기 때문에 커다란 위협이 된다. 자외선은 DNA를 구성하는 염기의 하나인 티민(Thymine)의 분자들 사이에서 반응을 일으켜 세포의 DNA를 손상시킨다. 눈이 오랫동안 자외선에 노출되면 시력 감퇴에서 백내장까지 다양한 문제를 일으킨다. 그렇다면 낮에는 밖으로 나가지 않고 밤에만 돌아다녀야 할까? 아니다. 자외선으로부터 눈을 보호하려면 외출할 때 선글라스와 챙이 넓은 모자를 쓰면 된다. 자외선으로 인한 문제를 조기에 발견할 수 있게 정기적으로 안과 진료를 받을 필요가 있다.

자외선
자외선 리소그래피 UV Lithography

엔지니어들은 컴퓨터 프로세서의 마이크로칩을 더 작고 강력하게 하기 위해 자외선 리소그래피라는 기술을 연구하고 있다. 미국 에너지부, 모토롤라, AMD, 인텔이 함께 벤처 기업을 꾸려 기술 개발에 몰두하고 있는데, 성공한다면 현재의 마이크로칩보다 100배 강력하고 1000배의 정보를 저장할 수 있는 마이크로칩이 탄생하게 된다. 마이크로프로세서에 회로를 새기는 용도로 쓰는 현재의 기술은 광학 리소그래피(Optical Lithography)라고 부른다. 정교하게 배열한 렌즈로 빔을 실리콘 원판의 표면에 정밀하게 굴절시키는 기술이다. 하지만 자외선은 가시광선과는 다른 성질을 가지고 있다. 일단 파장이 다

르다. 이는 필요한 수준의 정밀도를 얻으려면 렌즈보다는 거울을 써야 극도로 강렬한 자외선 빔을 실리콘 원판에 반사시킬 수 있다는 뜻이다.

현재 자외선 리소그래피는 모델 정도만 나와 있다. 아직도 해결해야 할 문제가 많다. 예를 들어 개발자들은 거울을 사용할 때 어떻게 원하는 수준의 정밀도를 얻을 수 있을지를, 또 자외선 광자가 기체와 반응해 탄소 같은 물질을 만들어 낼 경우 자외선 리소그래피에서 피할 수 없는 화학 오염을 어떻게 줄일 수 있는지를 고민하고 있다.

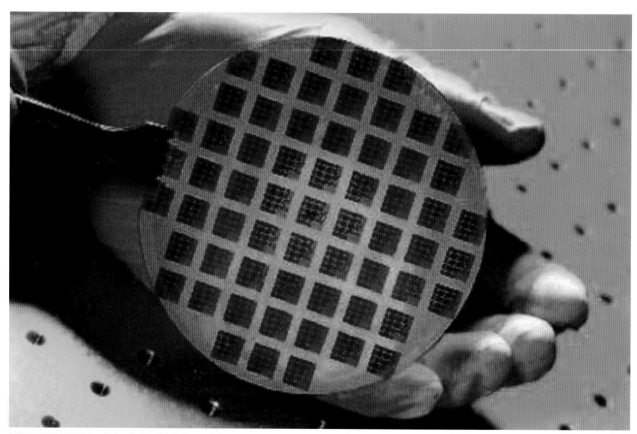

시험단계의 자외선 리소그래피로 실리콘 원판에 회로를 새긴 모습.

화상과 자외선 차단제 Sunburn and Sunblock

자외선 차단제는 화학물질로 피부에 얇은 보호막을 만들어 자외선을 흡수한다. 지구는 오존층이라는 자체 자외선 차단막을 가지고 있다. 15~30킬로미터 상공 성층권에 존재하는 오존층은 지표로 들어오는 자외선을 흡수하는 역할을 한다. 자외선은 생물체에게 좋지 않다. 자외선의 고에너지 파장이 세포 재생에 필수적인 유전 물질 DNA를 파괴하거나 심각하게 망가뜨릴 수 있기 때문이다. 사실 햇빛으로 인한 화상은 자외선의 위해를 알려주는 증거다. 유아와 어린이들은 특히 자외선에 의한 유전적 손상을 조심해야 한다. 나중에 피부암을 일으킬 수도 있다.

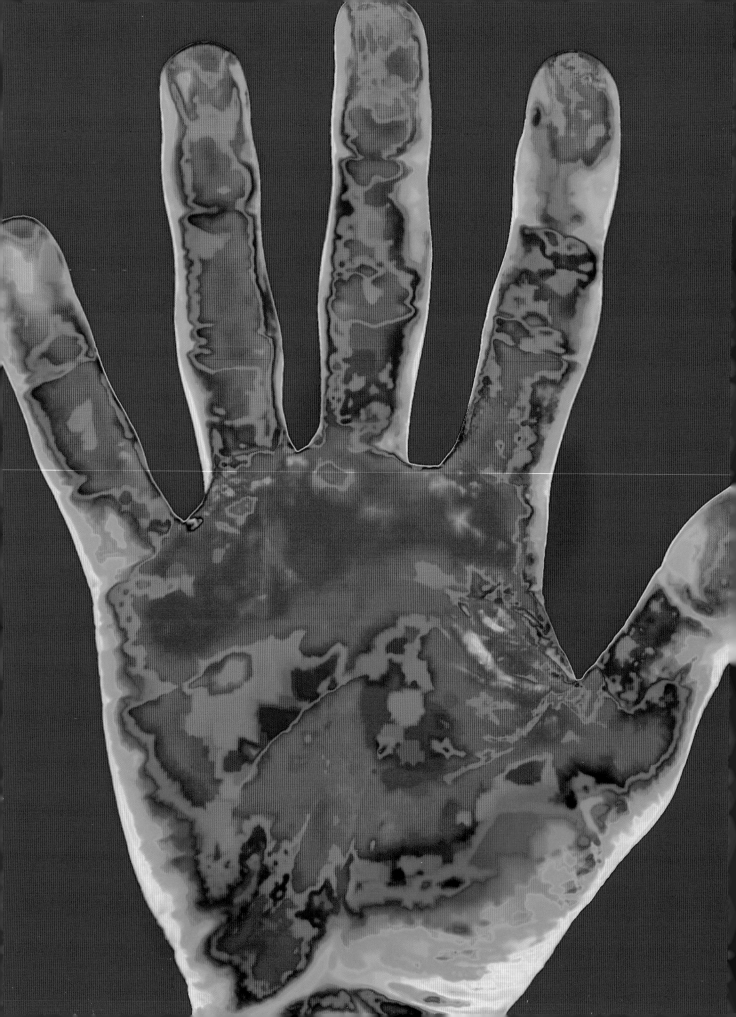

법칙

열로 세상을 보다
열 이미지 처리법

열 이미지 처리법을 이용하면 적외선을 비롯한 전자기파를 볼 수 있다. 특수 열화상 카메라는 특정 파장 범위(0.0~14 마이크로미터) 안에 있는 전자기파를 잡아낼 수 있다. 화면을 더 선명하게 볼 수 있도록 열화상 카메라의 스크린은 색깔을 써서 전자기파의 세기를 보여준다. 보통 가장 뜨거운 곳이 흰색, 가장 차가운 곳이 검정색으로 표시된다. 열 이미지 처리법은 매우 다양한 분야에서 사용돼 왔다. 군인들은 야간에 물체나 사람을 보기 위해, 천문학자들은 별에 관한 정보를 얻기 위해, 생물학자들은 어떤 생물이 열을 내는지를 알아내기 위해 유용하게 쓰고 있다.

열 이미지 처리법
기상도와 열화상 기법 Weather Maps and Thermography

물체에서 방출되는 적외선 에너지는 물체의 온도에 비례한다. 즉 물체는 특정 파장을 가진 비가시광선(Invisible Light)을 방출하는데, 그 파장은 온도에 의존한다는 뜻이다. 열화상 처리 장치는 렌즈에 들어온 특정한 광선을 탐지장치를 이용해 스캔해 물체의 온도 정보를 제공한다. 물체가 뜨거울수록 더 많은 적외선을 방출한다는 점을 이용한 것이다. 이 온도 정보는 신호 처리기로 보내져 일기예보에 쓰인다. 적외선 중 파장이 가장 긴 것은 800분의 1인치 정도다. 우리가 보통 일상생활에서 활용하는 일기도는 훨씬 더 파장이 긴 전자기파를 이용한다. 기상 레이더국은 파장이 몇 인치 정도 되는 전자기파를 내보낸다. 전자레인지에서 나오는 전자기파 정도의 파장이다. 파장은 부딪혀서 돌아오거나 휘어진다. 반사되거나 굴절한다는 뜻이다. 이 반사나 굴절의 정도는 예측할 수 있다.

반사된 신호는 수신기에 잡혀 폭풍의 모양, 구름의 유형 등을 보여주게 된다.

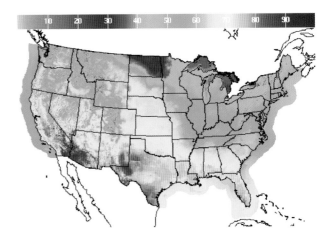

열 이 미 지 처 리 법

야간투시경 Night Vision Goggle

인간을 비롯해 포유동물은 눈의 망막에 막대기처럼 생긴 물질(막대세포, Rod)이 들어 있다. 흐린 빛을 감지해낼 수 있는 로돕신(Rhodopsin)이다. 보라색 색소를 포함한 원통형의 작은 물질인데 수백만 개가 망막에 들어 있다. 망막추상체(Retinal Cone)라는 물질도 수백만 개가 망막에 들어 있다. 망막추상체는 빛에 민감한 세포로 미세한 글자를 읽을 수 있게 해준다. 하지만 고양이나 여우원숭이, 부엉이 같은 야행성 동물들은 막대세포만 갖고 있어, 어두운 곳에서 인간보다 더 멀리 더 잘 볼 수 있다.

인간은 야행성 동물 같은 시력을 갖고 있지 않아 기술의 도움을 받아야 한다. 야간투시 쌍안경과 야간투시 망원경은 가시광선에서 적외선까지 광범위한 빛에 민감하게 반응하는 전기광학 장치다. 야간투시경의 렌즈로 들어온 빛(별빛이거나 주변의 미세한 빛일 수 있다.)은 광증폭기(Image Intensifier)에 반사돼 광전음극(Photocathode)으로 가고, 여기서 전자 이미지로 변환된다. 밤에 야간투시경의 스크린으로 물체를 보면 보통 망원경보다 훨씬 더 많은 것을 볼 수 있다. 카메라처럼 야간투시경도 배율이 다양하다. 야간투시경은 특히 군대가 야간작전을 벌일 때 유용하다.

전기광학의 야간투시. 이 과정은 빛을 되도록 증폭하고 늘려 사용함으로써 이루어진다. 희미한 빛이 광전음극에 들어오면, 그 빛의 광자는 진공을 통과하면서 가속된다. 다음으로 마이크로채널판(Microchannel Plate)이 광자의 수를 수천 배로 늘린다. 야간투시경은 이 늘어난 광자들을 전자 이미지로 변환해 인광 스크린에 띄워준다. 증폭된 초록색 광선이 이미지를 더 잘 보이게 하는 역할을 한다.

약한 밤의 빛(광자) · 전자로 변환된 광자(빛 에너지) · 인광 스크린 · 증폭된 초록색 광선 · 광전음극 · 마이크로채널판 · 눈에 보이는 이미지

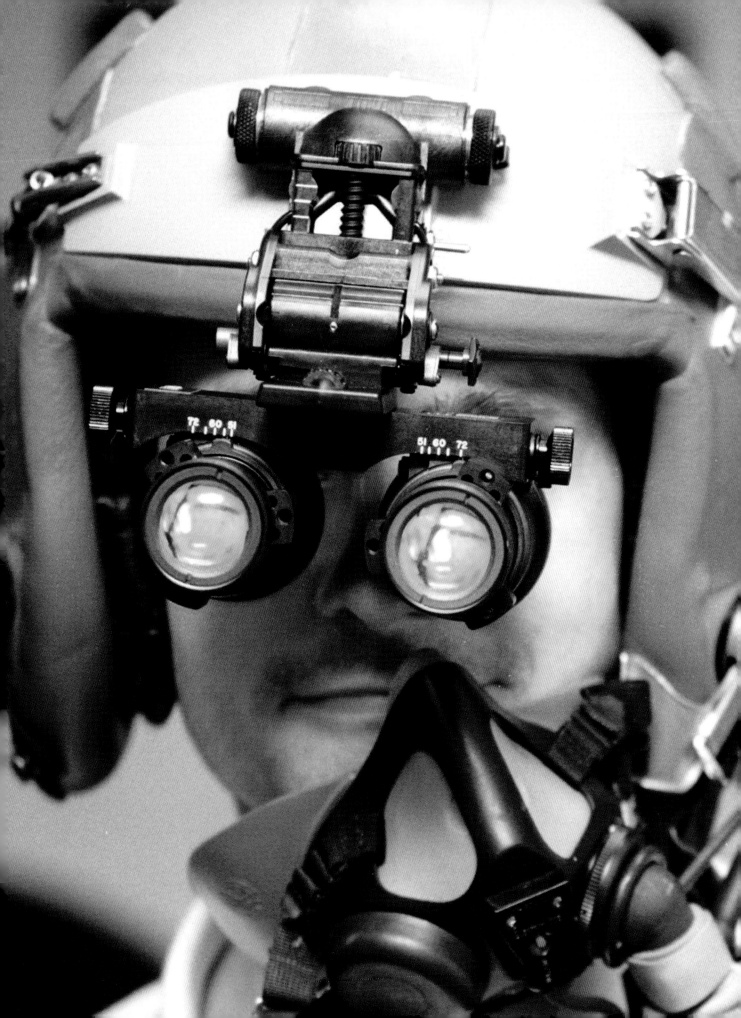

빛이 있어 움직인다
광전효과

어떤 금속들은 특정 주파수보다 큰 주파수를 가진 전자기파(가시광선, 자외선 등)에 노출되면 빛을 흡수하고 전자를 방출해 전류를 만들어낸다. 이른바 광전효과다. 이 전류를 스위치에 연결하면 자동문이나 경보기 같은 장치에 사용할 수 있다. 송신용 빔이 어느 정도 떨어져 있는 수신기에 조준돼 닿으면 전자가 방출돼 전류가 형성된다. 이 과정에서 아무 일도 일어나지 않는다. 하지만 중간에 불투명한 물체가 빔의 진행을 방해하면 전류가 사라져 스위치가 작동하게 된다.

광전효과
감광 다이오드 Light-Sensitive Diode

화재경보기(연기감지기)는 감광 다이오드에서 일어나는 광전효과를 이용한 것이다. 보통 방범용 광전지(Electric Eye)라고 부르는 이 특수 전지는 빛이 어떻게 광전지에 떨어지는지에 따라 변화하는 속성이 있다. 평상시 화재경보기 내부 공간에는 일정한 빛이 비춰진다. 하지만 연기가 방 안에서 발생하거나 외부로부터 들어오면 그 연기는 화재경보기 내 빛의 입자들을 산란시켜 광전지에 닿게 하고 그 결과로 경보가 작동한다. 다른 보안시스템들도 비슷한 광전지를 이용해 빛의 양을 측정한다. 빛의 양에 따라 불이 켜지고 꺼지며 깜빡거린다.

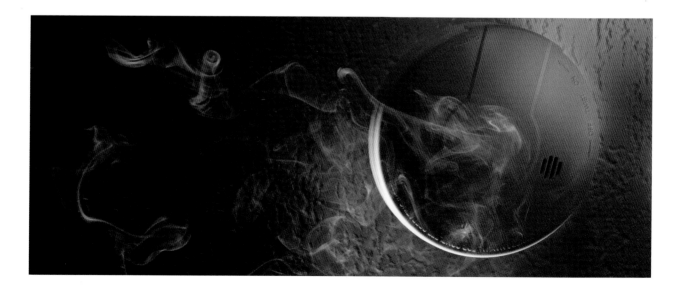

광전효과
디지털 스캐너 Digital Scanner

평판 모델의 탁상용 디지털 스캐너는 이미지와 텍스트를 잡아내 컴퓨터에 저장한다. 일단 컴퓨터에 파일로 저장이 되면 내용을 수정하거나 프린트할 수 있고, 인터넷을 통해 다른 곳으로 보낼 수도 있다. 문서나 사진을 복사기에 올리듯 스캐너의 유리판 위에 얹고 커버를 덮으면, 램프에서 빛이 나와 문서나 사진을 비추게 된다. 이때 모터로 구동되는 거울, 센서, 빛을 전하로 변환하는 감광 다이오드가 종이 바로 밑에서 움직인다. 스캔이 될 문서나 사진이 빛을 반사시키면 스캐너는 그 반사된 빛을 분석해 전자 이미지로 재구성한다. 이 과정이 끝나면 컴퓨터 소프트웨어는 스캔된 결과를 읽을 수 있는 형태로 컴퓨터에 전송한다. 디지털 스캔 기술을 OCR(광학문자인식, Optical Character Recognition) 기술과 결합하면 종이 위 글자들을 컴퓨터로 편집할 수 있게끔 변환이 가능하다.

광전효과
홍채와 망막 스캔 Iris and Retinal Scan

007 제임스 본드의 팬이라면 알 것이다. 홍채와 망막 스캔은 아주 중요하거나 민감한 기밀 정보 또는 보관 장소 접근을 막는 최첨단 보안시스템이다. 이 시스템은 약한 빛으로 안구를 스캔해 센서가 고해상도의 이미지를 만들어내게 한다. 눈의 혈관이 분포된 패턴, 홍채의 질감은 개인마다 다르기 때문에 이런 특징들을 분석해 수학적 알고리즘으로 변환한다. 그 결과가 스캔 장치의 특정 지점에 10~15초 정도 머물면 개인의 특징이 데이터베이스와 비교되고, 일치할 경우에만 출입이 허용된다. 컴퓨터의 처리 속도가 계속 빨라지고 있어 더 빠르게 인식되고 있으며 사용 범위 또한 확대되고 있다.

빛은 과학이다
광학

광학은 빛과 시각의 과학이다. 물리학의 한 분야인 광학은 가시광선, 비가시광선, 자외선, 적외선 등 모든 종류의 전자기파를 아우른다. 광학은 빛을 이해하는 데 기여하고 있다. 빛은 무엇으로 만들어지는가? 빛은 다양한 물질에 어떻게 반응하는가? 광학의 연구 분야이다. 그렇다면 이런 광학 지식을 어떻게 실용화할 수 있을까? 걱정할 필요 없다. 레이저, 스캐너, 컴퓨터, 카메라, DVD, 리모컨 등 우리 주변에서 광학은 매우 다양하게 쓰이고 있다.

광학
나이와 시력 Age and Vision

좋든 싫든 나이가 들면 시력은 떨어지게 마련이다. 눈 근육이 유연성을 잃어 아주 가까이 있는 물건을 보기 힘들어지고, 거리를 정확하게 판단하기도 힘들어진다. 망막의 뒤쪽, 즉 눈동자의 정반대편에는 황반(Macula)이라는 작은 점이 있다. 황반의 중심부에는 와(窩, Fovea)라는 미세하게 패인 곳이 있다. 원뿔세포가 촘촘하게 들어서 있는 와는 사물을 선명하게 볼 수 있게 한다. 하지만 나이가 들면 황반은 퇴화하는 경우가 많다. 망막 뒤의 핏줄이 망가지기 시작하면서 중심시력(Central Vision)을 잃게 할 수도 있다. 레이저로 새는 혈관을 봉합할 수 있지만 대부분의 경우 손을 쓰지 못해 약물로 상태를 관리해야 한다.

나이가 들면 눈의 수정체는 자연스럽게 탄성을 잃게 된다. 결국 가깝게 있는 물체들에 초점을 맞추지 못할 정도로 악화되는 수도 있다. 40대 이상 성인들이 문자 메시지를 확인할 때 휴대폰을 눈에서 멀리 떨어뜨려 보는 이유다. 팔로 버티기 어려울 정도라면, 안경을 써야 할 때가 됐다는 뜻이다.

광학

안경과 콘택트렌즈 Eyeglasses and Contact Lenses

안경, 콘택트렌즈 같은 광학 렌즈는 물체가 반사하고 방출하는 광선을 모으거나 굴절시키고 펼치는 방법으로 시력을 개선해준다. 황반의 이완과 수축을 통해 초점거리를 조절하는 눈의 수정체와는 달리, 광학 렌즈는 모양에 따라 초점거리와 배율이 정해져 있다. 보통은 렌즈의 두 면이 다 곡면이거나 한 면만 곡면이다. 렌즈의 배율과 기능은 표면 모양과 두께에 의해 결정된다. 다른 모양의 렌즈들을 조합하면 얇은 렌즈 한 개를 썼을 때 나타나는 흐림과 뒤틀림 등 여타의 현상들을 개선할 수 있다. 예를 들어 이중초점 렌즈는 렌즈의 윗부분과 아랫부분 두께가 다르다. 가까운 곳과 먼 곳 모두를 잘 볼 수 있게 하기 위한 것이다. 삼중초점 렌즈에는 중간 정도의 거리를 잘 보이게 하는 센터 렌즈가 가운데 들어가 있다. 흐릿해진 수정체를 대체하는 안구 내 백내장 렌즈(Intraocular Cataract Lense)는 다양한 합성 물질로 만든다. 일정한 거리의 물체를 잘 보게 하는 단초점 렌즈와 가까운 곳에서 먼 곳까지를 모두 잘 보게 해주는 다초점 렌즈도 있다.

안경사들은 눈의 굴절력을 측정해 적당한 렌즈를 맞춰주는 전문가들이다. 가까운 곳은 선명하게 보이지만 먼 곳이 흐릿하게 보이는 근시를 보정할 때는 (안쪽으로 굽은) 오목렌즈를, 먼 곳은 선명하게 보이지만 가까운 곳이 흐릿하게 보이는 원시를 보정할 때는 (바깥쪽으로 굽은) 오목렌즈를 착용하게 한다. 수정체의 굴절률에 문제가 생겨서 빛이 망막에 제대로 모이지 않는 난시 상태라면 실린더 모양의 렌즈를 쓴다. 이밖에 눈의 다른 결함들을 보정하기 위해서는 빛을 휘게 하고 퍼지게 하며 반사하는 프리즘을 사용하기도 한다.

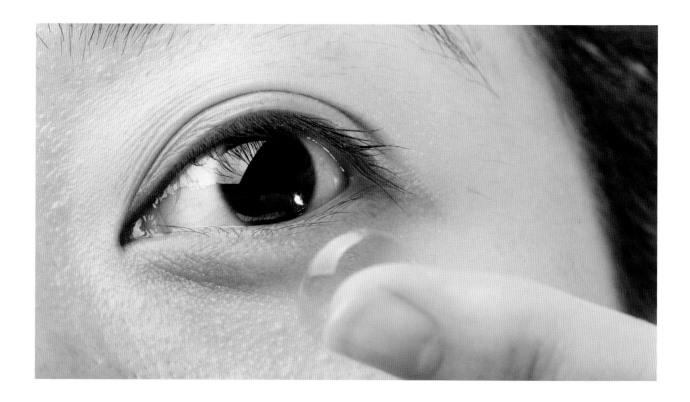

광학

사물이 보이는 원리 How We See

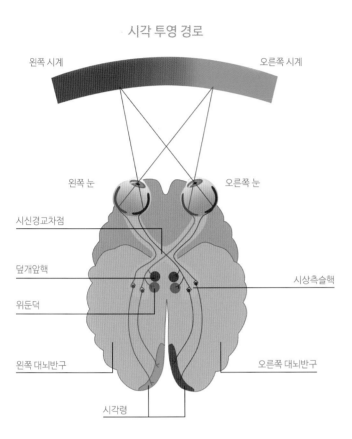

시각 투영 경로

왼쪽 시계   오른쪽 시계

왼쪽 눈   오른쪽 눈

시신경교차점

덮개앞핵

위둔덕

시상측슬핵

왼쪽 대뇌반구   오른쪽 대뇌반구

시각령

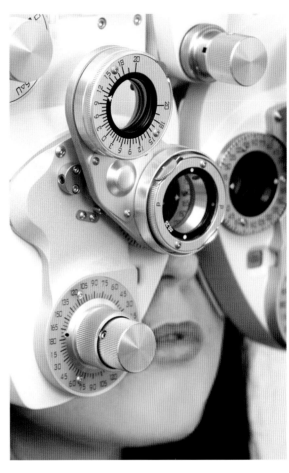

인간의 안구에는 대략 1억 개의 막대세포가 있다. 막대세포는 복잡한 구조의 감광성 신경세포로, 어두운 곳에서만 물체를 잘 볼 수 있는 기능을 한다. 안구에는 또 약 300만 개의 색깔 감지 원뿔세포가 있는데 이 세포들은 밝은 빛에 가장 민감하다. 빛이 망막에 닿으면 광자는 막대세포와 원뿔세포 안의 색소를 갈라지게 하고, 이 과정에서 화학반응이 일어나 시각신경으로 신호가 보내진다. 시각신경들은 눈으로부터 2인치 정도 갈라져 뻗어 나가다가 시신경교차점(Optic Chiasm)이라는 지점에서 만난다. 여기서 양쪽 눈 시야의 오른쪽 반으로부터 온 정보가 합쳐져 뇌의 왼쪽 부분으로 전달된다. 양쪽 눈으로부터 온 왼쪽 이미지는 뇌의 오른쪽으로 간다. 이때 뇌의 시각령(Visual Cortex, 시신경으로부터 자극을 받아들이는 대뇌 피질 부분)은 수직과 수평, 밝음과 어두움, 배경과 전경 등을 분석한 다음 그 정보들을 조합한다. 우리는 이를 현실로 인식하게 된다.

빛으로 가득 찬 유리
섬유광학

유리 섬유로 광신호를 전달하는 광섬유 기술은 20세기 첨단 기술 가운데 하나다. 절연체로 전선을 감싸듯이, 유리를 다른 종류의 유리로 감싸서 빛의 파장이 거의 완전히 내부에서만 반사되도록 하는 것이다. 빛의 파장은 매우 작아 여러 개의 파장을 같은 공간에 모아놓는 게 상대적으로 쉽다. 따라서 광학과 컴퓨터가 펼치는 새로운 시대에는 광섬유가 자연스럽게 전기 신호를 대신하게 된다. 광학을 이용한 컴퓨터는 아직 개발 단계에 놓여 있다. 하지만 이 컴퓨터는 전기 대신에 (저장용 홀로그램과 연결용 레이저 빔의 형태로) 빛을 사용한다.

섬유광학
광섬유케이블 Fiber Optic Cable

광섬유케이블 다발 내부의 개개의 섬유 가닥은 초당 수십억 개의 신호를 전달할 수 있다. 이 기술에서 중요한 역할을 하는 것은 바로 전자기파다. 전자기파는 각자가 직각으로 진동하며 빛 속도인 초속 30만 킬로미터에 가깝게 움직이는 전기장과 자기장으로 이루어져 있다. 전자기파의 신호와 임펄스(Impulse)는 소리, 단어, 이미지, 데이터를 전달할 수 있다. 주파수가 클수록 에너지가 커진다. 감마선과 엑스선은 주파수가 가장 큰 끝 쪽에, 극초단파와 전파는 주파수가 가장 작은 끝 쪽에 자리 잡고 있다.

전파는 태양에서 자연스럽게 방출되는 복사에너지이지만, 안테나에서 전기에 의해 만들어지면 소리와 이미지를 전달하게

스틸와이어
코어
피복
광섬유
전선 외피

된다. 가시광선도 통신용으로 사용돼 왔다. 가시광선은 광섬유를 통해 레이저 형태로 쏘아지고, 디지털로 코드화된 가시광선의 펄스(Pulse, 진동)로 수천 대의 전화를 동시에 연결할 수 있다.

소리도 파동의 형태를 띤다. 하지만 소리는 전자기파가 아니라 압력파(Pressure)다. 소리는 측정 가능한 역학적 진동(Mechanical Disturbance)이라고 정의할 수 있는데, 역시 전기로 변환될 수 있다. 광섬유를 통해 소리를 전달하려면 반드시 이렇게 전기로 변환되는 과정을 거쳐야 한다. 광섬유 기술은 빠르고 강력한 기술이긴 하지만 전송거리가 길어지면 신호가 중간에 약해지는 단점 때문에 증폭 장치가 필요하다.

찰나의 만남이 하나의 빛으로
자극방출

자극방출은 레이저가 작동하는 원리로, 알베르트 아이슈타인이 착안한 개념이다. 어떤 결정체들, 몇몇 기체들, 그리고 소수의 액체들은 제대로만 자극하면 완벽하게 동일한 광자들을 방출한다. 자극이 전류에 의한 것이든 또 다른 광원에 의한 것이든 상관없다. 자극이 가해지면 이런 물질들의 원자는 거의 안정에 가까운 들뜬 상태(Excited State)로 진입하는데, 그 상태는 수천분의 1초 정도 지속된다. 이 원자들 중 하나에 있는 전자가 주변 원자에서 나온 광자로부터 에너지를 얻으면 전자는 그 광자와 모든 조건이 똑같은 광자를 방출한다. 이 똑같은 두 광자가 다른 원자에 각각 부딪히면 다시 똑같은 광자는 4개가 된다. 이 과정을 반복하면 계속해서 똑같은 광자의 수는 8개, 16개, 32개 등으로 늘어나고, 그 결과로 하나의 빛 파장이 만들어진다.

자극방출
바코드 스캐너 Bar Code Scanner

바코드는 일상생활에서 너무 흔해서 물건을 살 때도 눈여겨보지 않는다. 바코드에는 가격과 물건에 관한 다른 정보들이 흰 배경과 검은색 평행 수직선들의 형태로 담겨 있는데, 이를 범용 상품 부호(UPC)라고 부른다. 바코드는 서류나 소포, 도서 등의 정보를 파악하거나, 유전자 정보를 나타내는 데 쓰인다.

마트에서 바코드 스캐너로 상품을 스캔할 때, 특정 주파수에 맞춰진 레이저빔은 바코드 안의 2진 코드를 읽는다. 이 코드는 디코더(Decoder)를 거쳐 컴퓨터로 보내지고 컴퓨터는 파일을 확인해 물건의 가격을 찾아낸다.

매트릭스(Matrix)형 바코드인 QR(Quick Response)코드는 하얀색 백그라운드에 검은색 사각형 점을 배치한 것으로, 기존 바코드에 비해 판독이 더 쉽고 정보 저장량도 더 많다.

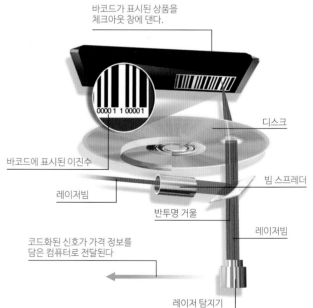

바코드가 표시된 상품을 체크아웃 창에 댄다.

디스크

바코드에 표시된 이진수

빔 스프레더

레이저빔

레이저빔

반투명 거울

코드화된 신호가 가격 정보를 담은 컴퓨터로 전달된다

레이저 탐지기

자극방출. 별을 향해 쏜 레이저빔이 잉글리시 베이(English Bay)와 밴쿠버 다운타운의 밤하늘을 밝히고 있다.

레이저Laser

레이저는 광섬유 케이블을 통해 데이터를 전송한다. CD를 재생하고 강철 빔을 절단하며, 거리를 측정하고, 반도체 칩을 만들고, 미사일을 유도하며, 1초도 안 되는 시간에 다이아몬드에 구멍을 뚫기도 한다. 레이저는 상처 치료에 도움을 주기도 한다. 의학용 레이저는 정상 조직을 상하게 하지 않으면서 비정상 조직을 잘라 내거나 파괴할 수 있으며, 종양의 크기를 줄이거나 종양세포를 아예 없애버린다. 혈관을 지지거나 봉합해 과다출혈을 막을 수도 있다. 성형용 레이저는 원하지 않는 신체의 털을 제거하고, 문신이나 타고난 점, 얼굴의 주름을 없앨 수 있으며, 치아를 다시 하얗게 하기도 한다.

레이저는 '복사선 자극방출로 증폭시킨 빛(Light Amplification by Stimulated Emission of Radiation)'의 약자다. 하지만 여기에서 빛은 태양이나 전구가 내는 모든 방향으로 퍼지는 빛과는 다르다. 레이저 빔은 좁은 공간에 집중된 빛으로, 단색이며 한쪽 방향으로만 움직인다. 레이저는 좁은 지점에 강한 열을 가할 수도 있다. 이런 성질 때문에 응집성(Coherent)이 있다고 한다. 빛의 모든 파동이 주파수와 위상(Phase)이 같으며 같은 방향을 향하고 있다.

레이저는 파장과 힘에 따라 종류가 갈린다. 헬륨, 네온, 아르곤, 이산화탄소, 질소 같은 기체들이 레이저를 만드는 데 사용된다. 아르곤은 안과 수술용 레이저의 매질(Medium)로 쓰이는데, 아르곤으로 만든 레이저 빔은 눈 안의 수분에 의해 흡수되지 않고 망막에 닿을 수 있기 때문이다. 반면 이산화탄소 레이저 빔은 물을 포함한 물질에 의해 흡수된다. 플루오르화수소 같은 물질로 만든 화학 레이저는 레이저 무기에 사용된다. 금속-증기 레이저에는 헬륨-카드뮴 레이저, 금-증기 레이저, 구리-증기 레이저 등이 있으며, 고속 촬영과 인쇄, 피부과 수술에 쓰인다. 고체상태 레이저에는 루비 레이저(문신 제거용), Nd:YAG(수술용), 그리고 홀뮴YAG(치과용, 신장결석 제거용) 등이 있다.

홀로그램 Hologram

레이저로 나타내는 3차원(또는 2차원)의 이미지다. 홀로그램은 공상 과학 시리즈 스타트렉(Star Trek)에서만 볼 수 있는 게 아니다. 운전 면허증이나 신용카드, 컴퓨터 게임에서도 볼 수 있다. 홀로그램을 이 정도의 사용에 그친다면 별로 매력적으로 여기지 않을 수 있다. 하지만 더 큰 스케일로 홀로그램을 사용하면 풍경이나 물체를 어떤 각도에서든 아주 세밀하게 살펴볼 수 있다. 대단히 놀랍지 않은가! 홀로그램에 흥미로운 점은 홀로그램을 반으로 자르거나 조각을 내 도 전체 홀로그램이 그 조각 안에 그대로 구현된다는 것이다. 홀로 그램의 작동 원리 때문이다.

홀로그램을 만들려면 기본적으로 다음의 4가지가 필요하다. 헬륨-네온 레이저(흔히 적색 레이저라고 부른다), 레이저빔을 펼쳐줄 렌 즈, 빔의 방향을 정확하게 조절하는 거울, 사진 필름과 비슷하지만 빛의 변화에 매우 민감해 고해상도로 빛을 담을 홀로그램 필름이 다. 먼저 레이저빔은 둘로 나뉘고, 거울은 빔이 특정한 경로를 따라 가도록 정렬된다. 그러고 나면 나눠진 2개의 빔은 각각 또 다른 렌 즈를 통과하게 된다. 이 렌즈는 빔을 폭이 좁은 빔에서 넓은 빔으로 변환한다. 2개의 빔 중 물체 빔(Object Beam)이라고 불리는 빔은 물 체에 반사돼 홀로그램 필름에 닿게 되고, 기준 빔(Reference Beam)으 로 불리는 나머지 빔은 거울을 제외하고는 아무것에도 반사되지 않 고 홀로그램 필름에 닿게 된다. 이에 따라 물체는 홀로그램 형태로 완벽하게 재현된다.

홀로그램은 요즘 신형 자동차 모델을 개발하는 데 쓰이며, 때 로는 의료 진단용 엑스선 이미지를 대신하기도 한다. 3차원이 아닌 홀로그램은 데이터를 저장하는 데 사용된다. 홀로그램으로 저장된 데이터는 클라우드 컴퓨팅에 쓰인다. 이 경우 데이터는 하드 드라 이브나 CD 같은 매체에 저장되듯이 홀로그램에 저장된다. 홀로그 램의 저장용량이 훨씬 크다.

3D 화상회의. (위) 홀로그램을 이용한 3D 화상회의를 하면 멀리 떨어 져 있는 회의 참가자들을 바로 옆에 있는 것처럼 느낄 수 있다.
복사하기 힘든 홀로그램. (아래) 50유로 지폐에는 위폐 제조를 막기 위한 홀로그램이 들어 있다.

영국 엘리자베스 2세 여왕의 홀로그램

EQUANIMITY

자극방출
CD 플레이어 CD player

디지털 CD는 수십억 개의 미세한 홈이 파인 플라스틱 판에 불과하다. 이 판에 반짝반짝한 알루미늄으로 코팅을 한 후 투명한 보호막을 덮으면 완성품 CD가 된다. CD 플레이어에 CD를 넣으면, CD가 회전하면서 플레이어에 장착된 레이저가 CD 표면에서 미세한 홈을 찾기 시작한다. 평평한 부분은 레이저 빛을 반사해 CD 플레이어 안에 있는 탐지장치로 보내고, 미세한 홈들은 레이저 빛을 산란시킨다. 탐지장치는 이렇게 1초에 수만 번 일어나는 빛의 산란을 기록해 이 정보를 컴퓨터로 보내고, 컴퓨터는 이 정보를 해독해 음파로 변환한다. CD는 레코드판과 카세트테이프의 대체물로 각광을 받았지만 지금은 디지털 음악 파일에 그 자리를 물려주고 말았다.

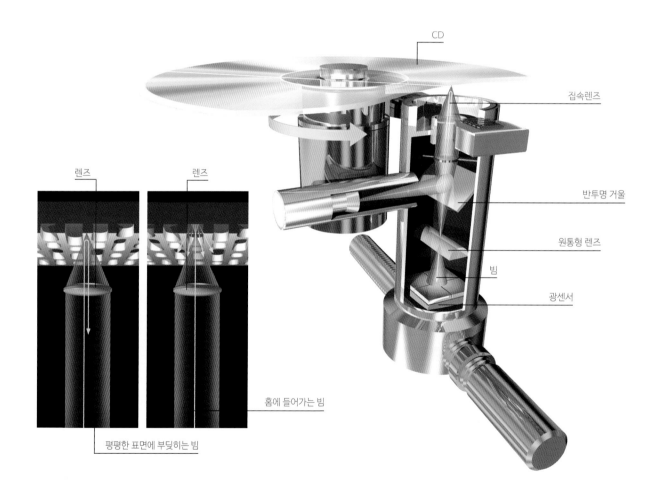

렌즈

렌즈

평평한 표면에 부딪히는 빔

홈에 들어가는 빔

CD

집속렌즈

반투명 거울

원통형 렌즈

빔

광센서

인터리빙과 오류교정
Interleaving and Error Correction

인터리빙은 오디오와 비디오 같은 다중 데이터 흐름(Multiple Data System)을 동시에 이용하기 위해 데이터를 순서에서 벗어나게 기록하는 것을 뜻한다. 코덱(Codec)이라는 특수한 소프트웨어가 사용돼 플레이어에게 파일을 어떻게 제대로 읽을 것인지를 지시하게 된다. 인터리빙은 가끔 시간지연 문제가 발생하기도 하지만 대체적으로 컴퓨터의 처리 속도를 높이는 데 도움을 준다.

우주 광선의 시간 팽창. 원자보다 작은 입자들이 럭던 상공의 대기를 지나면서 분해되고 있다. 유럽 입자 물리학 연구소(CERN)가 특수 화상 장비로 촬영한 장면.

제10장

방사선
Radiation

빛(가시광선과 비가시광선)과 소리는 파동이다. 따라서 빛과 소리는 물체에 반사되면 에너지를 방출한다. 우리는 자연계에 존재하는 이 에너지를 이용해 왔고, 또 만들어내는 방법까지 알게 됐다. 예를 들어 전파는 우리가 서로 소통하며 세상과 관계를 유지하는 방식에 혁명을 가져오기도 했다. 과거에 휴대폰은 터무니없는 망상에 불과했지만 이제는 미니컴퓨터의 경지에 올라서 있다. 위성 위치 확인 시스템(GPS, Global Positioning System)으로 사람들이 어디에 있든 그 위치를 정확하게 파악할 수 있게 됐다. 세상은 점점 더 무선으로 엮이고 있으며, 무선기기들은 블루투스(Bluetooth) 기술로 사람들 각자를 매끄럽게 소통시키고 있다.

전파탐지법(레이더)의 발명으로 기상학과 항공 교통 관제 시스템은 크게 발전했다. 폭풍의 모양과 크기도 파악할 수 있게 됐다. 여행 시간을 단축하고 공중에 더 많은 비행기를 띄우고도 승객의 안전을 보장하며 항공 교통을 더 효율적으로 이끄는 시스템도 선보이고 있다. 심지어 레이더로 음식까지 요리할 수 있다. 게다가 레이더로 엑스선 촬영과 CT촬영이 가능해 미세한 물체를 자세하게 들여다볼 수 있게 됐다. 이온화방사선(Ionizing Radiation)을 이용하는 입자가속기는 원자 차원에서 과학적 진보를 이루기도 했다. 대형 강입자 충돌기(Large Hadron Collider)가 대표적인 사례다.

음파, 전파, 그리고 주파수
전파

무선 전신을 발명한 인물은 굴리엘모 마르코니(Guglielmo Marconi)다. 하지만 그의 쾌거는 하인리히 루돌프 헤르츠(Heinrich Rudolf Hertz) 덕분이다. 독일의 물리학자인 헤르츠가 전파를 비롯한 전자기파의 존재를 처음으로 증명한 사람이기 때문이다. 주파수의 단위인 헤르츠는 그의 이름에서 나온 것이다.

전파는 방송국 마이크 앞에서 처음 시작된다. 여기서 진동하는 음파가 상대적으로 약한 전기 펄스(Electric Pulse)로 변환된다. 음파는 마이크의 막을 진동시키고, 마이크는 이 음향 에너지(Acoustical Energy)를 약한 전기 신호로 변환시킨다. 이 신호가 증폭돼 반송파(Carrier Wave)에 더해져 널리 퍼지는 것이다. 각 라디오 방송국에는 각기 다른 주파수의 반송파가 할당된다. 방송국 안테나는 이렇게 할당받은 주파수로 소리를 전달하는 전파를 발사한다.

전파가 송신되면 집에 있는 라디오는 안테나로 송신된 전파를 잡는다. 튜너(Tuner, 동조기)는 방송국에서 송출하는 전파의 주파수에 수신기를 맞춰 원하는 프로그램을 들을 수 있게 한다. 전파 신호는 전기 신호로 변환돼 증폭된 다음 소리 신호로 바뀌고, 이 소리 신호는 라디오의 스피커로 보내진다. 스피커에서 전파는 다시 소리로 전환되고 증폭된다.

전파
전파의 주파수 Radio Wave Frequencies

전파가 이동하는 거리는 주파수와 대기 조건에 따라 결정된다. 전파의 특징은 주파수에서 나온다. 전파에는 AM(진폭변조, Amplitude Modulation)과 FM(주파수변조, Frequency Modulation)이 있다. AM은 진폭, 즉 전압이나 전력을 감안한 전파의 전반적인 강도를 변조해 소리 정보를 입력하는 방식이다. FM은 주파수, 즉 초당 전류가 방향을 바꾸는 횟수를 변조하는 방식이다.

전파
라디오 Radio

전파는 파장을 바꾸어서, 즉 변조시켜 신호를 전달한다. 전파의 크기, 즉 진폭을 변화시켜 신호를 송신하는 방송국들이 있다. AM 방송국이다. 이 방송국은 초당 수천 번의 주기를 갖는 주파수, 즉 킬로헤르츠(Khz) 단위의 주파수에서 방송을 한다. 전파 신호의 진동수를 미세하게 변화시켜 송신하는 방송국들도 있다. FM 방송국이다. 이 방송국은 1초에 수백만 번의 주기를 갖는 주파수, 즉 메가헤르츠(Mhz) 범위의 주파수를 할당받아 방송한다.

AM 방송에서는 전기 신호의 변형을 거쳐 증폭된 소리의 진동을 전기로 만든 반송파에 실어 내보낸다. 이 과정에서 반송파의 진폭을 조정해 반송파 자체를 소리 신호에 맞추게 된다. FM 방송에서는 더 깨끗하게 전송과 수신을 할 수 있지만, 반송파의 진폭은 달라지지 않는다. 대신 전송되는 소리에 따라 반송파의 진동수를 변화시킨다.

라디오 방송국 하나가 생기면, 동조 회로(Tuning Circuit)가 하나의 주파수만 선택해 이 주파수에 따라 진동하는 전류만을 허용함으로써 다른 방송국들을 배제하게 된다. 축전기 또는 콘덴서의 도체판 두 개가 에너지를 전기 형태로 저장하고, 축전기에 연결된 코일은 자기장 형태로 에너지를 저장한다. 이 자기장이 약해지면서 전류를 보내 축전기를 충전하고, 축전기는 다시 코일로 방전을 하면서 한 주파수를 가진 진동전류(Oscillating Current)를 흐르게 한다. 축전기는 본래 교류와 진동 전류를 통과시키면서 직류의 흐름은 차단한다. 당연한 말이지만 라디오 신호는 신호의 세기가 클수록 깨끗하게 수신할 수 있다.

위성 라디오 Satellite Radio

위성 라디오는 2002년 벤처사업으로 시작해 현재 수백만 명의 가입자를 확보하고 있다. 디지털 라디오에서는 아날로그 신호를 mp2같은 포맷을 사용해 압축, 즉 디지털화한다. 이렇게 압축하면 할당된 주파수 범위 안에 더 많은 방송국이 생길 수 있다. 또한 방송 수신 지역도 넓어진다. 디지털 라디오는 노래 제목, 가수 이름 같은 다른 정보도 음악과 함께 방송할 수 있다. 가입자들은 월정액을 내고 미국 전역에서 방송되는 뉴스, 음악, 예능 프로그램을 잡음 없이 들을 수 있다. 위성방송은 지상에 위치한 라디오 방송국에서 시작한다. 라디오 신호를 위성으로 전송하며, 위성은 디지털로 변환된 신호를 개인의 휴대용 라디오 수신기 또는 차량용 수신기에 전송한다. 라디오 수신기는 이 신호를 해독하는 역할을 한다.

4G 네트워크 4G Network

무선 기술은 보통 세대(Generation)라는 용어로 표현된다. 1세대는 아날로그 신호를, 2세대는 디지털 신호를, 3세대는 무선기기와 네트워크를 아우르는 무선 인터넷을 각각 기반으로 한다. 4세대(4G), 특히 4G LTE로 불리는 유형은 최신 버전이다. 3G보다 속도가 빨라 고화질 영상 다운로드가 가능하며, 통화 품질이 개선되고 데이터 전송 속도가 빨라졌다. 단점은 4G LTE 신호가 배터리를 빨리 소모시킨다는 것이다. 더 큰 배터리가 필요하기 때문에 4G폰은 보통 3G폰보다 크게 나온다.

전파
휴대폰 Cell Phone

처음에는 장소에 구애받지 않고 통화할 수 있는 기기에 불과했다. 하지만 요즘은 종이처럼 얇은 스마트폰이 이메일과 사진을 전송하고, 게임을 다운로드 받으며, 사진을 찍고, 음성 명령을 실행하는 등 수많은 일을 처리한다. 휴대폰을 "셀 폰"이라고 부르는 이유는 하나의 기지국이 셀(Cell)처럼 칸을 나누어 지역을 관장하고 있기 때문이다. 휴대폰은 각 셀에 있는 기지국 안테나 또는 위성을 통해 전파를 송신한다. 이 모든 과정에는 무선 기술이 있다. 사실 휴대폰은 정교하게 만든 특수한 라디오이다. 그리고 양방향 동시 전송 방식(Full-Duplex)을 택하고 있다. 이 방식을 사용한다는 것은 누군가를 방해할 수 있다는 뜻이다. 하나의 주파수는 소리를 전달하는 데, 또 다른 주파수는 소리를 듣는 데 각각 사용되기 때문이다.

대화는 채널에서 이뤄지는데, 보통 휴대폰은 1650개 이상의 채널을 이용할 수 있다.

이동통신 사업자들은 휴대폰 네트워크에서 800개의 주파수를 배정받으며 이 주파수들은 다시 10제곱마일 정도 넓이의 셀들에 분배한다. 셀에는 기지국과 탑이 있는데, 휴대폰은 저전력 송신장치를 이용해 특별한 주파수로 탑과 신호를 주고받는다. "통화권 이탈"이나 "서비스 불가"의 메시지가 뜨는 것은 주파수를 찾을 수 없을 경우다.

휴대폰을 사용하면서 하나의 셀에서 다른 셀로 움직이면 주파수도 다른 셀로 "전달"된다. 이동통신 사업자는 통화에 필요한 주파수를 유지해주며 신호 강도를 계속 모니터한다. 정교한 컴퓨터 제어로 이동 중에도 항상 연결 상태를 유지할 수 있게 하기 위한 조치이다.

전파

GPS 위성 항법 시스템

자동차나 휴대폰에 내장돼 있는 GPS는 원래 군사 위성 시스템으로 출발했다. GPS는 1978년 미국 국방부가 처음 사용했다. GPS 위성들은 현재 지상 2만 킬로미터 높이에서 시속 1만 킬로미터의 속도로 지구를 돌고 있다. GPS 장비 제조사는 GPS의 시장성을 인식해 국방부에 민간용 GPS를 개발하게 해달라고 요청했고, 국방부는 1980년대에 이 요청을 수락했다.

GPS 네트워크는 지상 약 1만 7천 킬로미터 높이에서 궤도를 돌고 있는 위성 24개(이 중 3개는 비상용이다)로 이뤄져 있다. 각 위성은 매일 지구를 두 바퀴씩 돈다. 이 위성들은 지구 어느 곳에서 보아도 4개는 항상 그 지역의 수평선이나 지평선 위에 떠 있도록 배치돼 있다. 위성에는 원자시계, 컴퓨터, 무선 장치가 설치돼 있다. 위성은 궤도와 시계를 이용해 위치와 시간의 변화 정보를 송출한다. 예를 들어 차 안에 설치된 GPS 수신기의 컴퓨터는 네트워크상의 위성 4개 중 3개로부터 운전자까지의 위치를 계산해 운전자가 진행하는 방향을 알아낸다. GPS 수신기의 컴퓨터와 네트워크의 통신을 가능하게 하는 것은 전파다. GPS는 지금도 상당히 정확하지만 더 정확하게 만들기 위한 노력이 계속되고 있다. 차에서 GPS 경로를 검색했을 때 주변 식당에 관한 정보가 뜨거나 예상치 못한 우회로를 제시받은 경험을 해본 사람은 이미 알고 있을 것이다.

추적과 사생활 Tracking and Privacy

추적기술이 발전함에 따라 사생활 침해 우려도 커지고 있다. 휴대폰 제조사는 사용자가 상용하는 GPS로 그의 동선을 추적하는 것은 아닐까?

이런 우려의 타당성 여부는 사생활의 기대치에 달려 있다. 최근 범죄 용의자를 추적하기 위해 GPS를 사용한 것과 관련한 두 개의 판결이 엇갈린 것을 보면, 이 문제는 앞으로도 계속 논쟁을 빚게 될 것 같다. 한편 마이크로소프트와 구글은 추적에서 벗어나거나 미리 추적을 막을 수 있는 권한을 사용자에게 부여하고 있다.

갈릴레오 프로젝트(Project Galileo). 유럽우주국(European Space Agency)은 새로운 범 지구위성항법시스템(Global Navigation Satellite System)을 개발하고 있다. 이 시스템은 위성 30개로 구성해, 오는 2020년 완전 가동할 예정이다. 민간이 운영하고, GPS와 상호 정보 공유가 가능하다.

블록 III 차세대 GPS Block III Next-Generation GPS

GPS 네트워크는 미국 공군이 운용하며, 오래된 위성과 새 위성을 모두 관장한다. 위성들은 세대별로 나뉘지만 군수업계에서는 세대라는 말 대신 '블록(Block)'이라는 말을 쓴다. 블록 III는 록히드마틴(Lockheed Martin)이 개발하고 있는 차세대 위성이다. 블록 III는 신호가 더 강력하고 더 안정적인 내비게이션을 갖추고 있으며, 신호 무결성(Signal Integrity)을 강화하게끔 설계됐다.

전파
와이파이 |Wi-Fi

사람들이 아는 것과는 달리 와이파이는 무선 충실도(Wireless Fidelity)의 약자가 아니다. 와이파이는 사실 공식적으로는 802.11 네트워킹 또는 간단하게 무선 네트워킹이라고 알려진 표준기술의 상표명이다. 전기 전자 기술자 협회(Institute of Electrical and Electronics Engineers, IEEE)는 이 표준기술을 비롯해 관련 규약들을 관리하는 기관이다. 그렇다면 와이파이란 무엇일까? 와이파이는 라디오처럼 작동하는 무선통신의 한 방법이다. 컴퓨터 내부의 어댑터는 데이터를 전파 신호로 바꿔 안테나를 통해 전송한다. 전송받는 쪽에서는 라우터가 신호를 받아 그 신호를 다시 데이터로 바꾼다. 이런 과정은 노트북 컴퓨터와 인터넷 사이에서도 벌어진다.

하지만 와이파이는 단순한 무선통신 기술이 아니다. 와이파이는 기존의 전파보다 높은 주파수에서 작동한다. 데이터 용량이 크다는 뜻이다. 와이파이 신호는 여러 개의 흐름, 즉 서브채널(Subchannel)로 쪼갤 수 있으며, 이렇게 함으로써 용량, 신호 강도, 신호영역을 개선할 수 있다. 또한 와이파이는 한 주파수에서 다른 주파수로 건너뛸 수 있는 능력이 있다. 라우터 하나로 여러 개의 기기를 사용할 수 있다는 뜻이다. 무엇보다도 와이파이 네트워크는 설치와 유지가 쉽고, 안정적이며, 접속도 쉽다. 공항, 호텔, 도서관, 커피숍에서 웬만하면 와이파이 이용이 가능한 것은 그 때문이다.

방화벽 Firewall

방화벽은 컴퓨터 보호를 위한 일종의 차단물이다. 승인되지 않은 데이터가 컴퓨터에 들어오거나 나가는 것을 막는다. 방화벽은 하드웨어일 수도 있고 소프트웨어일 수도 있다. 대기업들은 오랫동안 방화벽을 사용해 왔지만 개인들도 요즘은 방화벽의 필요성을 느끼고 있다. 방화벽은 다음의 3가지 기술 중 한 가지를 사용한다. (1) 데이터 패킷을 필터군과 대조, 분석해 잠재적으로 안전하지 않은 정보의 입출력을 막는 법. (2) 프록시 서비스(Proxy Service)가 인터넷에서 정보를 검색해 그 정보를 방화벽에 넘긴 다음 대상 서버(Destination Server)에 전달하는 법. (3) 상태기반검사(Stateful Inspection)로 불리는 새로운 방법으로, 데이터를 분석해 문제의 주요 특징을 찾아내는 법.

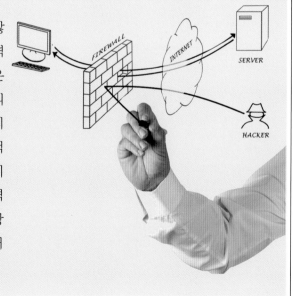

블루투스 Bluetooth

주변 10미터 안에 있는 기기들끼리 서로 무선으로 통신할 수 있게 하는 주파수 기반의 기술 표준이다. 블루투스 헤드폰이 대표적이다.

블루투스를 통한 연결은 생각만큼 쉽지는 않다. 기기를 가진 사람들이 어떤 데이터를 보낼지, 얼마나 많은 데이터를 보낼지, 어떻게 보낼지, 어디로 보낼지를 합의해야 한다. 블루투스는 저전력 전파를 이용

해 안정적이고 비용이 덜 들게 하는 방식으로 합의를 제공한다. 블루투스는 900년대 후반 덴마크 왕이었던 하랄드 블라톤(영어로는 해럴드 블루투스, Harald Bluetooth)의 이름을 딴 것이다. 블루투스 왕은 덴마크와 노르웨이의 일부를 통합해 왕국을 건설한 것으로 유명하다.

덴마크 회사인 에릭슨(Ericsson)이 발명했다.

전파
NFC 근거리 무선 통신

근거리 무선 통신은 쇼핑을 하거나 은행 업무를 처리하고 의사소통을 하는 방식을 바꿔놓고 있다. 터치 한 번으로 NFC 기기 간에 정보를 교환할 수 있기 때문이다.

단거리 무선 기술은 거리가 약 10센티미터 이하인 기기들 사이의 통신을 가능하게 한다. NFC 기기들은 P2P(Peer-to-Peer) 네트워크를 구축해 데이터를 교환한다. P2P 네트워크가 구축되고 나면, 블루투스나 와이파이 같은 또 다른 무선통신기술이 더 긴 거리 통신이나 대용량 정보를 전송하는 데 쓰이게 된다. NFC 기기는 배터리에 의해 전원이 공급되는 능동형(Active)과 전파 에너지를 사용하는 수동형(Passive)이 있다.

NFC 기능이 있는 기기를 사용하면 스마트폰으로 사진을 찍은 다음 TV에 그 사진을 전송해 큰 화면으로 볼 수 있다. 스마트폰끼리 접촉을 시켜 결제를 할 수도 있으며, 스마트폰을 포스터에 인쇄된 쿠폰에 대서 인터랙티브 광고(Interactive Advertising)를 활용할 수도 있다. NFC 기능이 있는 스마트폰

이 이제 신용카드를 대체하는 세상이 됐다.

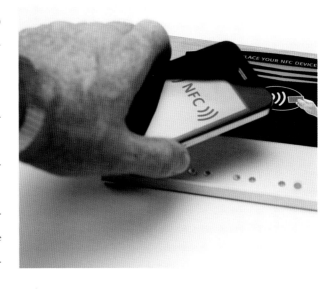

법칙

보이는 힘, 보이지 않는 힘
전자기파

보이지 않는 빛이 보이는 빛보다 더 많다. '전자기'라는 용어는 빛의 스펙트럼 전체를 가리키며, 전기장과 자기장의 파동이 교차하는 형태를 띠고 있다. 그 결과로 방출되는 에너지를 '전자기파'라고 한다. 전자기파는 세기와 강도가 다양하며, 해로울 수도 있고 이로울 수도 있다. 너무 많은 양의 전자기파에 노출되거나 너무 긴 시간 동안 전자기파에 노출되면 치명적인 상황이 발생할 수 있다. 전자기파는 자연 상태에 존재하는 것도 있고 인간이 만든 것도 있다. 자연이 방출하는 전자기파로는 햇빛과 무지개를 들 수 있다. 인간이 만든 전자기파로는 전파, 극초단파가 있는데, 이 전자기파들은 자연에서 방출되기도 한다.

전자기파
파장의 스펙트럼 Spectrum of Wavelengths

가시광선이든 비가시광선이든, 전자기 스펙트럼의 모든 부분은 반사, 굴절, 확산을 통해 파장을 분리할 수 있다. 파장은 에너지를 운반한다. 파장이 운반하는 에너지의 양은, 소리, 바닷물, 지진파처럼 파장이 통과하는 매질을 얼마나 강하게 압축시키느냐에 따라 결정된다. 하지만 개개의 파형(Waveform)이나 에너지 묶음(Energy Packet)으로 이뤄지는 전자기파가 있다. 공기나 유리, 물, 그리고 여타의 투명한 물질처럼 공간

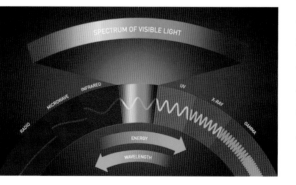

을 통과할 수 있는 것은 광자라고 불린다. 빛이 살이나 뼈처럼 밀도가 훨씬 높은 물질을 통과하려면, 엑스선처럼 가시광선보다 파장이 작고 진동수가 더 많아야 한다. 감마선은 전자기파 중 파장이 가장 작고 에너지가 크다. 감마선은 방사성 원자에 의해 또는 핵폭발 과정에서 생성된다. 살아있는 세포를 죽일 수도 있어, 의사들은 종양세포를 죽이기 위해 감마선을 활용한다.

전자기파
백열등 Incandescent Lightbulb

1879년 토머스 에디슨은 면화 실을 탄화시켜 만든 필라멘트를 진공관에 넣고 전기를 통과시켰다. 필라멘트는 13시간 동안 타오르며 불꽃을 일으켰다. 하지만 에디슨의 필라멘트는 열이 발생하면서 에너지가 사라지고 수명이 짧아진다는 단점이 드러나 빛을 바랬다. 코일을 감아 텅스텐으로 만든 필라멘트가 더 밝고 수명도 더 길었다. 비등점이 높은 금속인 텅스텐은 최상의 빛을 만드는 데 필요한 열을 쉽게 수용할 수 있었기 때문이다. 전구의 수명은 질소, 아르곤, 크립톤 같은 비활성 기체를 안에 넣어 필라멘트의 증발 속도를 낮추면 훨씬 더 길어진다. 할로겐램프의 전구에는 브롬 분자나 아이오

딘 분자가 들어 있다. 이 분자들이 필라멘트가 방출한 텅스텐과 결합해 기체를 생성하게 된다. 기체가 뜨거운 필라멘트에 닿으면 텅스텐 원자는 할로겐으로부터 분리돼 다시 필라멘트에 붙게 된다. 결과적으로 필라멘트가 재생되는 것이다.

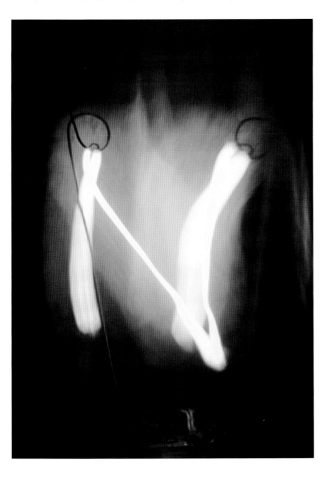

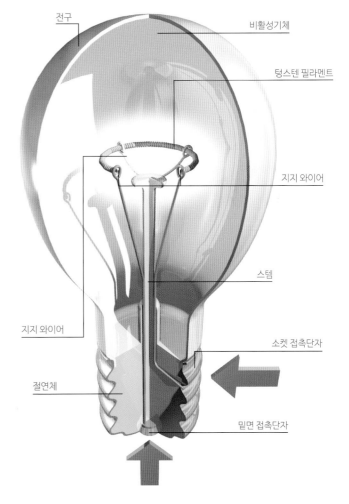

전구
비활성기체
텅스텐 필라멘트
지지 와이어
스템
지지 와이어
소켓 접촉단자
절연체
밑면 접촉단자

전자레인지 Microwave Oven

전자레인지는 극성(Polarity)을 지닌 물 분자를 점점 더 빠르게 움직이게 할 수 있는 주파수의 파장을 만들어 낸다. "마른" 음식물일지라도 수증기 형태의 수분을 함유하고 있기 때문에 전자레인지로 데울 수 있다. 전자레인지에서는 고주파수 전자기파가 나온다. 이 전자기파는 음식물을 통과하면서 초당 수십억 번씩 극성을 바꾼다. 음식물에 들어있는 물 분자들도 극성이 있으며 이 물 분자들은 전자기파의 극성의 변화에 반응하며 자신의 극성을 바꾼다. 그 결과로 마찰이 일어나 물이 데워지고 음식은 요리가 된다.

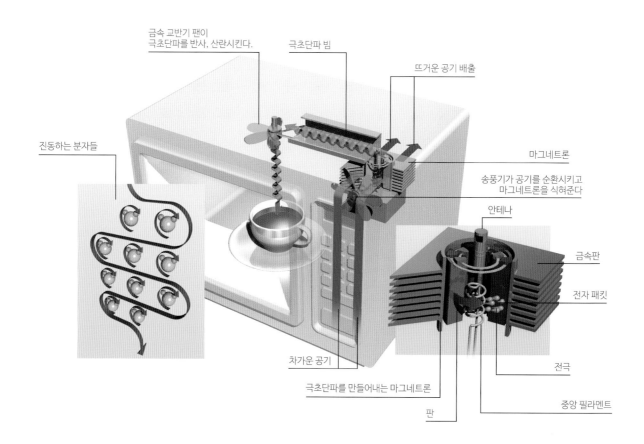

금속 교반기 팬이 극초단파를 반사, 산란시킨다.

극초단파 빔

뜨거운 공기 배출

진동하는 분자들

마그네트론

송풍기가 공기를 순환시키고 마그네트론을 식혀준다

안테나

금속판

전자 패킷

차가운 공기

극초단파를 만들어내는 마그네트론

전극

판

중앙 필라멘트

레이더 Radar

전파는 레이더로 먼 곳의 물체를 탐지해 위치를 파악한다. 레이저
와 마찬가지로, 레이더는 약자(Radio Detection and Ranging)다. 전파를
이용해 탐지하고 거리를 측정하는 것을 뜻한다. 레이더가 도입된
것은 제2차 세계대전 직전이다. 당시는 주로 적기의 위치를 파악
하기 위해 사용했지만 요즘은 비행기 말고도 여러 분야에서 쓰고
있다. 레이더로는 물체 속도를 알아낼 수 있으며, 몰려오는 폭풍을
미리 경고할 수도 있다. 레이더의 원리는 두 가지다. 메아리(Echo)
와 도플러 효과(Doppler Effect)다. 메아리에 관해서는 잘 알고 있을
것이다. 도플러 효과(도플러 편향(Doppler Shift)이라고도 한다)는 소리와
관찰자 사이의 거리에 변화가 생길 때 소리의 파동이 그 변화에 반
응해 압축되거나 팽창하는 현상을 말한다. 이런 현상을 음 높이로
측정하면 찾고자 하는 물체가 얼마나 멀리 떨어져 있는지 알 수 있
다. 1940년대 레이더가 처음 나왔을 때, 미국 해군은 대문자 약자
RADAR를 사용했다. 시간이 지나면서 레이더라는 말은 보통명사
로 인식돼 지금은 대문자로 표기하지 않는다.

도플러 레이더 Doppler Radar

레이더 시스템은 메아리와 도플러
효과를 둘 다 이용한다. 하지만 도
플러 효과에만 집중해 나머지 모
든 것을 "소음"으로 무시해버린다
면 좀 더 선명한 그림을 그려낼 수
있다. 기상 레이더는 전자레인지의
전자기파와 주파수가 거의 같은 전
자기파를 방출하는데, 전파와는 대
조적으로 파장이 몇 센티미터 정도이다. 여기에서 반사
된 신호는 수신자에게 잡혀 폭풍의 모양을 보여준다. 도

플러 기상 레이더는 제2차 세계대전
에서 처음 선을 보였다. 당시 레이
더 운영 요원들은 적기의 위치를 찾
는 과정에서 날씨가 메아리를 일으
켜 스크린을 교란시킨다는 것을 알
게 됐다. 덕분에 전쟁이 끝난 후 수
차례의 실험을 거쳐 레이더로 강수
량이나 강설량을 탐지할 수 있게 됐
다. 기상 레이더는 더욱 진화해 이제는 일기예보와 분석
에 일상적으로 쓰고 있다.

차세대 항공시스템
Next-Generation Air Transportation System

차세대 항공시스템은 미국 연방항공국(Federal Aviation Administration)이 보다 정교하게 항공교통을 통제하기 위해 독창적으로 개발한 아이디어다. 현재의 레이더 기반 시스템을 위성 기반 시스템으로 대체해 항공교통을 더 효율적이고 경제적이며 환경 친화적으로 유도하기 위한 것이다. 예를 들어 착륙하는 비행기를 GPS 기술로 직선 경로가 아니라, 활주로에 접근할수록 최종 착륙 장소에 가깝게 굽어지는 수정 경로로 이끌면 비행시간은 줄어들고 연료 소모량도 적어진다.

하지만 차세대 항공시스템이 실현되려면 몇 년이 더 걸릴지 모른다. 비행기마다 최첨단 GPS 장비를 장착하는 게 선결요건인데, 항공사들은 비용을 들이려 하지 않기 때문이다.

전자기파
항공 교통 관제 Air Traffic Control

항공 교통 관제사들은 책임감과 스트레스에 시달린다. 관제사들은 아직도 레이더를 유용하게 쓰고 있지만, 레이더 외에도 위성 데이터와 다양한 장비들을 동원해야 한다. 고도를 벗어난 조종사들에게 경고하고, 이륙과 착륙을 안전하게 유도하며, 제한 구역의 비행을 금지시키는 데 모두 필요한 것들이다. 조종사들은 비행하면서 광섬유 케이블을 통해 기체의 움직임을 제어하는 컴퓨터와 센서의 가이드를 받는다. 이들은 케이블을 이용해 주조종면(Control Surface)을 움직이는 모터로 암호화된 디지털 신호를 직접 전송한다. 컴퓨터와 소프트웨어도 안전 변수를 설정해 속도와 방향을 확인하고 갑작스러운 기상 변화와 조종사의 실수에 대비한다. 비행기의 앞부분에 달려 있는 기상 레이더는 비행기의 데이터 시스템에 정보를 전송하고, 센서들은 풍속의 변화나 연료 소비 상태를 모니터한다.

전자기파

엑스선 촬영 X-ray Imaging

엑스선은 1895년 독일의 물리학자 빌헬름 뢴트겐(Wilhelm Röntgen)이 발견했다. 뢴트겐은 이 업적으로 1901년 노벨 물리학상을 받았다. 엑스선 촬영은 전자기 에너지 스펙트럼 중 일부를 이용한 것이다. 엑스선으로 병원에서는 인간의 몸 안을 들여다볼 수 있으며, 공항에서는 보안 검색을 하고, 건물 보수과정에서 내부 전기배선 구조를 살펴볼 수 있게 됐다.

엑스선은 자외선보다 파장이 짧고 주파수가 높다. 금속 목표물에 고속 전자빔을 쏘아 얻을 수 있다. 전자가 금속에 부딪히면 빛을 방출한다. 또 다른 금속판은 전자빔을 걸러서 그 결과 얻어지는 이미지를 선명하게 드러내 판독을 가능하게 한다. 엑스선은 에너지가 많아 부드러운 조직은 쉽게 통과하는 반면, 뼈처럼 딱딱한 조직은 천천히 통과하거나 비껴간다. 이런 차이로 엑스선 필름 위에는 밝은 부분과 어두운 부분이 생긴다. 몸 안의 미네랄 성분도 그런 차이를 나타내 골절, 종양, 이물질 등을 확인하는 데 도움을 준다.

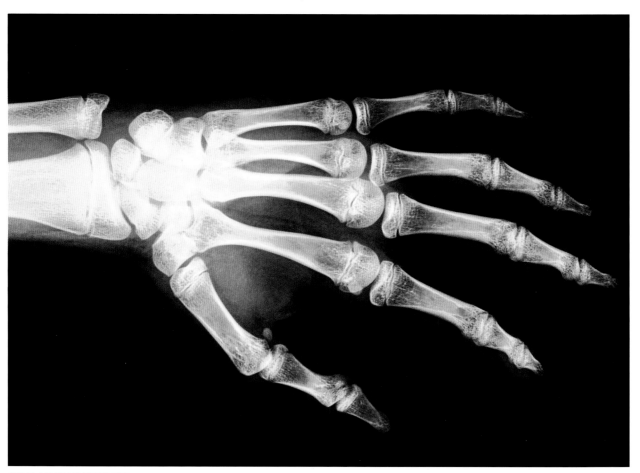

인간의 손을 엑스선 촬영한 사진.

엑스선 결정분석법
X-ray Crystallography

엑스선은 결정체(Crystal)를 만나면 회절한다. 즉 결정 구조를 통과하게 되면 방향이 바뀌거나 흰다는 뜻이다. 과학자들은 회절된 빔의 각도와 세기를 측정해 결정체 내 전자들의 밀도를 보여주는 3차원 이미지를 만들었다. 소금, 금속, 심지어는 반도체까지, 결정을 이룰 수 있는 물질이 많기 때문에 엑스선 결정분석법은 분자 수준에서 물질 구조를 관찰하는 데 매우 유용하다. 현재까지 이 기술을 이용해 이뤄낸 가장 유명한 발견은 DNA의 구조이다. 엑스선 결정분석법은 그동안 다이아몬드, 테이블 소금, 단백질, 박테리아, 바이러스 등의 구조를 밝히는 데 도움을 주었다. 원리는 다음과 같다. 순도가 높고 구조가 매우 규칙적인 샘플에 엑스선 빔을 쏜다. 샘플을 회전시키면 엑스선이 샘플에서 반사되면서 전자 밀도와 일치하는 패턴이 나타난다.

전자기파

CT 촬영 CT Scan

CT(컴퓨터 단층 촬영, Computer Tomography)는 CAT(컴퓨터 엑스선 체축 단층 촬영, Computed Axial Tomography)로도 알려져 있다. 빌헬름 뢴트겐이 엑스선을 발견한 이후 방사선학 분야에서 가장 진전한 기술로 받아들여지고 있다. CT는 1972년 앨런 맥클리어드 코맥(Allan McLeod Cormack)의 연구를 통해 등장했다. 남아프리카 공화국 태생인 코맥은 터프츠 대학 물리학과 교수로 CT의 원리를 발견한 공로를 인정받아 노벨상을 공동 수상했다. CT 촬영은 엑스선과 디지털 기술을 결합해 몸의 횡단면을 보여주고, 그 횡단면 사진들로 3차원 이미지를 만들어낸다. 예를 들어 엑스선관이 사람의 머리를 중심으로 돌면서 이미지를 디지털 코드로 전환한다. 정상 조직과 비정상 조직 사이의 밀도 차이, 뼈의 세부 모습, 종양의 위치, 그 밖에 질병의 조짐이 될 만한 것들이 이 과정에서 밝혀진다. 정교한 컴퓨터가 각도를 조금씩 달리해 여러 번 엑스선 촬영을 하면서 조직의 3차원 이미지를 만들어낸다. 이때 소프트웨어 프로그램은 일련의 이미지로 데이터를 재조합하고 중첩시키면서 내부 구조를 다양한 각도와 깊이로 보이게 한다.

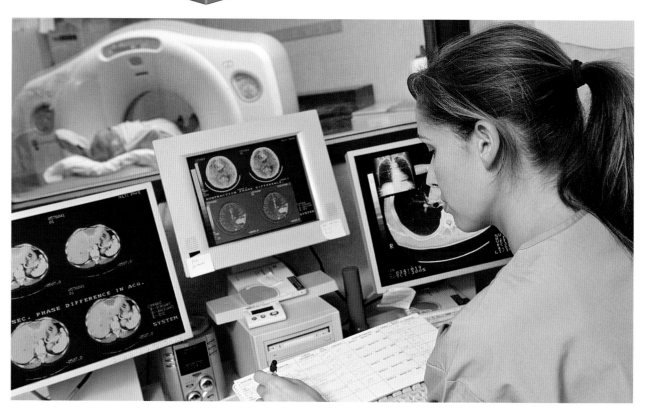

CT 촬영을 준비 중인 의료진.

전신 스캐너
TSA Body Scanner

미국 교통안전국(Transportation Security Administration)이 2001년 9월 11일 테러 이후 공항에 전신 스캐너를 설치하기로 결정하자 논쟁이 벌어진 적이 있다. 논쟁의 옳고 그름과는 상관없이 전신스캐너 기술이 훌륭한 것임에는 틀림없다. 저강도 방사선을 사람에게 쏘면 반사되는 신호가 처리돼 이미지로 만들어진다. 래피스캔(Rapiscan)사에서 만든 스캐너는 저준위 엑스선을 사용해 승객들의 나체처럼 보이는 이미지를 생성해낸다. 승객이 옷에다 숨기고 있을지 모르는 무기를 탐지하기 위한 것이다. 하지만 교통안전국은 래피스캔사에게 논쟁의 소지를 줄일 보다 나은 스캐너의 개발을 요구했고, 이 회사가 마감일을 지키지 못하자 계약을 종료시켰다. 교통안전국이 선택한 또 다른 스캐너는 L-3 커뮤니케이션스 홀딩스(L-3 Communications Holdings)가 제작한 것으로, 전파를 이용해 화면에 나타난 아바타 이미지에 승객이 숨긴 물건을 보여준다. 승객의 이미지는 화면에 나타나지 않는다.

교통안전국은 승객의 99% 이상이 이 스캐너 사용에 동의했다고 주장했다. 그러나 CBS 방송 조사에 따르면 미국인 5명 중 4명이 공항에서 전신 스캐너 사용에 동의한 것으로 나타났다. 2013년 1월 교통안전국은 공항에서 전신 스캐너를 철수시킨다고 발표했다. 또한 법원 명령에 따라 교통안전국은 스캔 절차에 관해 사람들의 의견을 수집해야 했다.

물질과 화학

Materials and Chemistry

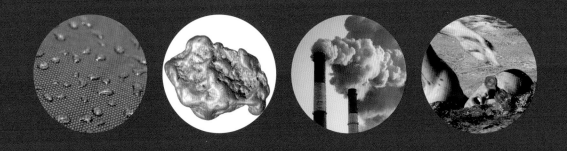

CONTENTS

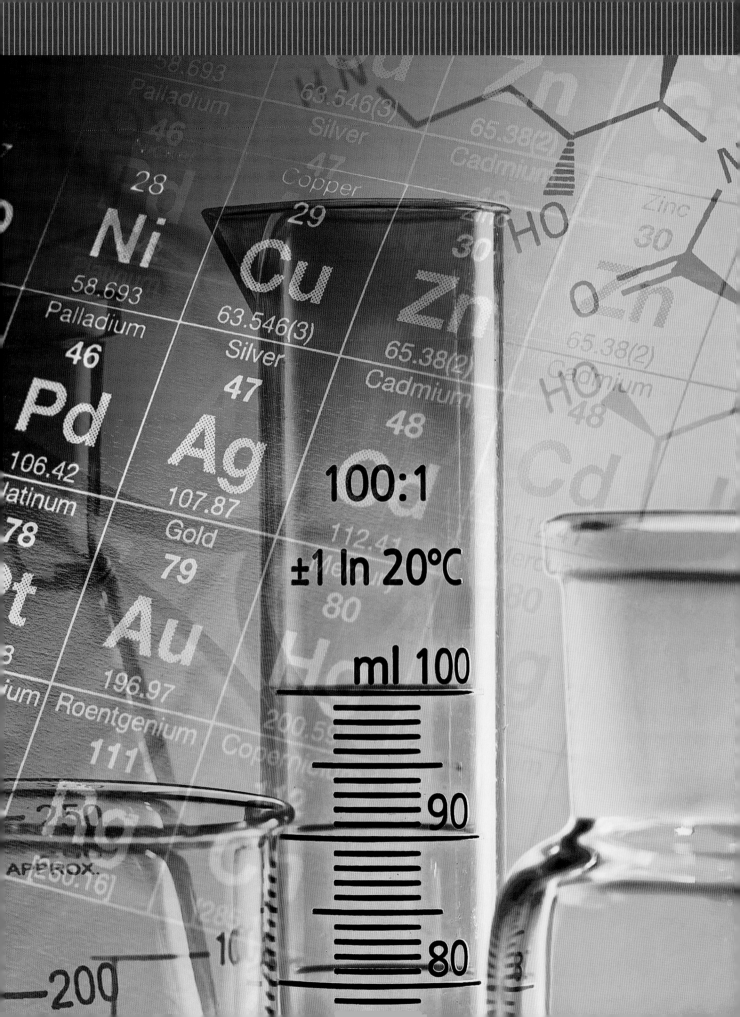

제11장

원소
Elements

우리는 원소들에 둘러싸여 살고 있다. 우리가 들이마시는 공기, 먹는 음식, 입는 옷, 걸어 다니는 보도 모든 게 원소다. 지난 수백 년간의 연구에서 이런 원소들과 그 성질을 발견하지 못했더라면 우리는 지금 다른 세상에서 살고 있을 것이다.

원소는 화학의 기본 요소이며, 화학은 원소의 성질과 원소들이 어떻게 결합해 화합물질을 만드는지를 연구하는 학문이다.

우리가 사용하는 물질이나 도구, 용품들의 대부분은 원소를 발견하거나 원소들을 서로 결합해서 나온 것들이다. 주기율표(원자핵을 구성하는 양성자수에 따라 원소를 나열한 표)에 새로운 원소를 하나씩 올릴 때마다 인류의 생활은 한 걸음씩 더 진보했다. 금과 은, 그리고 네온을 발견하면 그때마다 수백 가지의 쓰임새를 찾아내지 않았던가.

네온의 발견은 밤의 풍경을 확 바꾸어 놓았다. 사람들은 한밤중에도 멀리 떨어져 있는 곳에서 네온사인을 보고 영업장을 찾아 갈 수 있다. 리튬의 발견으로 우리에게 가장 중요한 필수품의 하나가 된 휴대폰을 비롯해서 모든 전자 제품의 충전시간을 늘려 더 오래 이용할 수 있게 됐다. 아이오딘

이 없었다면 사람들은 갑상선 질환에서 벗어나지 못했을 것이며, 알루미늄 덕분에 비행기는 더 가벼워지고 우주 탐사까지 가능해졌다.

리디아 문명이 시작된 BC 700년경부터 각 나라는 금을 기반으로 경제를 이끌었으며, 은이 없었다면 식기와 보석류는 반짝반짝 빛을 낼 수 없었을 것이다. 우리는 염소로 물을 정화해 안전하게 마시게 됐으며, 규소(실리콘)가 없었다면 모래, 점토, 전기강판(Electrical Steel)은 존재하지 못했을 것이다. 아르곤으로는 전구 필라멘트의 부식을 막고, 티타늄으로는 눈부시게 하얀 페인트를 생산할 수 있게 됐다.

이처럼 원소나 원소의 속성을 이해하지 못한다면 삶은 더 고달파지고 더 암울해지며 활력을 더 잃게 될 것이다. 아마 삶을 즐기기란 더 힘들어지지 않을까….

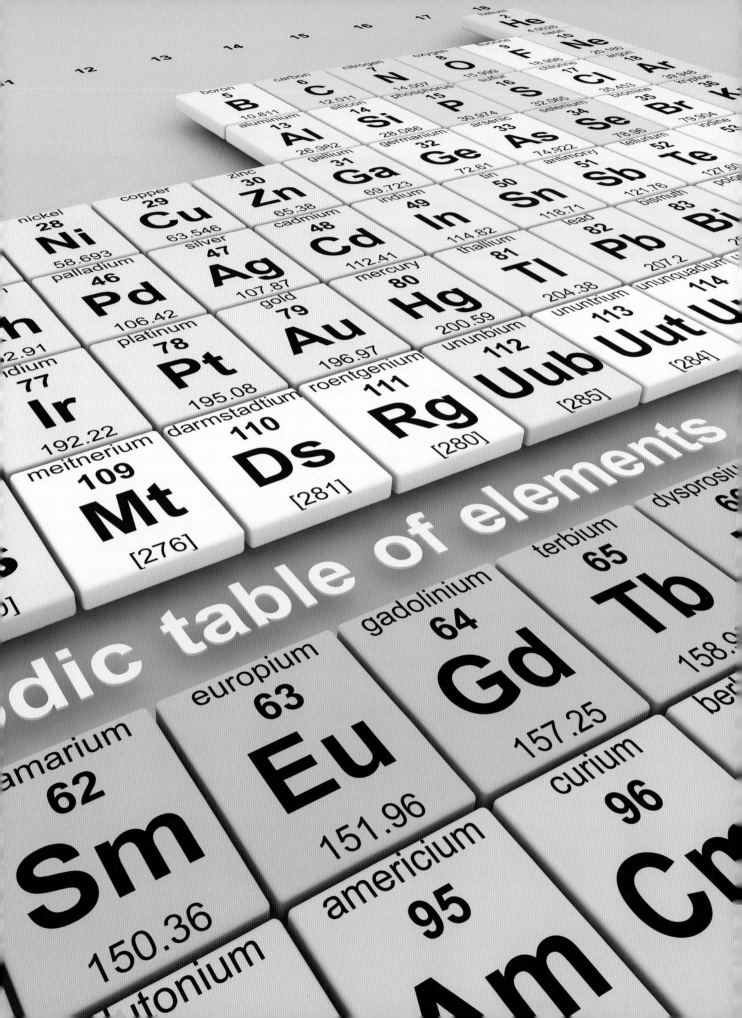

만물의 근원
원자의 구조

원소는 가장 단순한 형태의 물질이다. 다른 물질로 쪼개지지 않기 때문이다. 각각의 원소는 핵 안에 정해진 수의 양성자를 가지고 있다. 예를 들어 크립톤 원자는 36개의 양성자를 가지고 있다. 크립톤에서 양성자 하나를 빼거나 더하면 더 이상 크립톤이 아니다.

화학자들은 수세기 동안 원소를 발견해 왔고, 때로는 우연히 발견하기도 했다. 베르나르 쿠르투아(Bernard Courtois)는 1811년 해초를 태운 재로 초석(Potassium Nitrate, 폭약 재료로 쓰이는 질산칼륨)을 만들다가 아이오딘을 찾아냈다. 현재까지 발견된 원소는 모두 118개다. 주기율표에는 보유한 양성자수에 따라 원소들이 순서대로 정렬돼 있다. 1817년 주기율표가 처음 선보였을 당시 그때까지 발견된 원소는 63개였다. 주기율표에는 수소가 가장 먼저 나온다. 수소 원자의 양성자수가 한 개이기 때문이다. 주기율표의 원소들 가운데 자연 상태에서 존재하는 원소는 94개에 불과하며 나머지 원소들은 모두 합성된 것이다.

화학자들은 원소를 발견하면 다른 원소들과 결합시켜 화합물을 만들어 낸다. 그들은 이 과정에서 어떤 원소들은 다른 원소들과 반응하지 않는(안정한 상태인) 반면 또 어떤 원소들은 다른 원소와의 결합을 통해 화학반응을 일으킨다는 사실을 알게 됐다. 여기에서 원자가(Valence, 어떤 원자가 다른 원자들과 어느 정도 수준으로 공유 결합을 이루는가를 나타내는 척도. 탄소의 원자가는 4이고 수소의 원자가는 1이다.—옮긴이)의 개념이 생겨났다. 한 원소를 구성하는 원자들은 전자껍질(Electron Shell)에 둘러싸여 있는데, 그 안에 원자가를 지닌 일련의 전자들(Valence Electron)을 포함하고 있다. 가벼운 원자들의 경우 원자가 전자는 8개다. 어떤 원소가 전자껍질 안에 이미 8개의 원자가 전자를 가지고 있다면 그 원소는 다른 원소와 반응하지 않는다. 헬륨, 아르곤, 네온, 크립톤, 제논, 라돈 같은 비활성 기체(Noble Gas)는 이미 8개의 원자가 전자를 가지고 있다. 이런 원소들 외의 다른 원소들은 서로 결합하면 새로운 화학반응이 일어나 일부 전자를 잃거나 다른 원소로부터 전자를 받아들이게 된다. 이런 식으로 전자를 잃거나 얻으면서 안정된 마술의 숫자, 8개의 원자가 전자를 지니게 되는 것이다.

해초에서 아이오딘을 발견한 쿠르투아처럼 화학자들은 화합물로부터 원소를 분리할 수 있는 방법을 찾는 과정에서 새로운 원소를 발견해왔다. 때로는 원래 찾으려 했던 원소가 아니라 우연하게 다른 원소를 발견한 사람들도 있었다. 처음 찾아낸 것이든 테크네튬처럼 새로 합성한 것이든 원소를 발견하면, 화학자들은 그 원소의 속성을 파악하는 단계로 들어간다.

원자의 구조

네온Neon

네온사인과 자동차 판매 사업의 찰떡궁합은 네온의 발견으로 시작됐다. 네온은 스코틀랜드의 화학자 윌리엄 램지(William Ramsay)가 처음 관심을 갖기 시작했다. 램지는 1894년 아르곤을 발견하고는 아르곤과 헬륨 사이에 어떤 원소가 존재해야 한다는 생각을 하게 됐다. 그는 해답을 얻기 위해 1898년 액체 공기(온도를 섭씨 영하 190도로 낮춰 액체 상태로 만든 공기)를 이용해 아르곤 샘플을 냉

각시켜서 분석을 시도했다. 램지와 그의 동료 모리스 트래버스(Morris Travers)는 저(低)압력 하에서 아르곤을 천천히 기화시켜 제일 먼저 나오는 기체를 수집했다. 그리고 그 기체를

진공관에 담은 다음 높은 전압을 가해 기체의 스펙트럼을 얻었다. 결과는 극적이었다. 밝은 진홍색의 불꽃, 네온을 찾아낸 것이다.

이렇게 발견된 네온은 주로 밝은 조명과 네온사인을 만드는 데 사용됐다. 미국 최초의 네온사인은 1923년 캘리포니아 로스앤젤레스의 패커드 자동차 대리점에 팔렸다. 이후 자동차 판매업계에서는 네온사인을 광고에 꾸준히 활용하는 전통을 갖게 됐다. 1960년 네온은 헬륨과 결합돼 기체 레이저로 만들어졌다. 기체 레이저는 가격이 싸고 전력소모가 적어 광학 연구실에서 많이 쓰이고 있다.

볼리비아 남쪽의 우유니 소금 사막에는 전 세계 매장량의 절반 정도에 달하는 리튬이 묻혀 있다.

원자의 구조
리튬Lithium

리튬은 전력을 증폭시킨다. 기존의 납축전지(Lead-Acid Battery)에 비해 리튬이온 전지는 6배나 많은 전하를 만들어낸다. 고에너지 충전용으로 주로 쓰이는 리튬이온 전지는 1990년대 처음 출시됐을 때 전자산업에 혁명을 일으켰다. 휴대폰과 컴퓨터에서 쓰이는 리튬 전지는 알카라인 전지보다 수명이 훨씬 길어 실용적이다. 하지만 알카라인 전지는 여전히 여러 분야에서 많이 쓰이고 있다.

1949년 정신과 의사들은 탄산리튬(Lithium Carbonate)에서 추출한 리튬 이온을 조울증(양극성 장애) 환자들에게 약으로 쓰기 시작했다. 리튬 이온에 심리를 안정시키는 효과가 있었기 때문이다. 리튬은 또한 알츠하이머병에 걸릴 소지가 있는 사람들의 신경보호에도 효과가 있는

것으로 알려져 있다. 아밀로이드판(Amyloid Plaque)과 신경섬유매듭(Neurofibrillary Tangle)을 형성하는 단백질을 리튬이 차단할 수 있기 때문이다.

리튬은 수소, 헬륨과 함께 우주의 빅뱅(Big Bang) 당시 엄청난 양이 만들어진 것으로 추정되는 세 원소 중 하나이기도 하다. 지구가 탄생할 때도 리튬은 존재했다. 리튬의 원자번호는 3번이다. 양성자를 3개 갖고 있다는 뜻이다. 1817년 요한 아르프베드손(Johan Arfvedson)이 발견했다.

리튬은 배터리 재료와 의학 치료용 외에 가볍지만 강한 합금을 만드는 데도 사용된다. 이와 함께 비행기, 방열유리, 세라믹 제품의 제조에 쓰이며, 산화리튬(Lithium Oxide)은 전자레인지용 그릇을 만드는 데 가장 많이 사용된다.

원자의 구조
아이오딘 Iodine

우리는 아주 적은 양의 아이오딘으로 갑상선 질환의 발병 여부를 확인할 수 있다. 인체에서 아이오딘은 세포 대사와 갑상선의 호르몬 생성에 필수 요소다. 소금에 아주 적은 양의 아이오딘만 첨가해도 갑상선 질환을 예방할 수 있다. 아이오딘이 부족하면 갑상선종(갑상선의 팽창으로 목에 덩어리가 생기는 증상)에 걸릴 수 있다. 아이오딘의 동위원소는 갑상선암을 치료하는 데 사용되며 방부재의 재료로도 쓰인다. 상업적으로는 인쇄용 잉크와 염료를 만드는 데 쓰인다.

아이오딘은 원자번호 53번으로 소금물에서 자라는 모든 종류의 해초에서 얻을 수 있다. 1811년 베르나르 쿠르투아가 우연히 발견했다.

쿠르투아는 해초를 태운 재를 가지고 초석을 만들다 실수로 너무 황산을 많이 넣게 됐다. 그런데 보라색 구름이 피어올랐다. 이 구름은 방안의 금속 물체에 내려앉으면서 고체 아이오딘으로 변했다.

원자의 구조
알루미늄 Aluminium

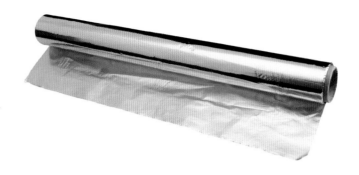

알루미늄은 음료수 캔에서 비행기까지 도처에서 사용된다. 하지만 한때 희귀 금속으로 여겨진 적이 있었다. 알루미늄은 지구의 지각에서 가장 많이 발견되는 금속이자 지구 내부에 3번째로 많이 함유된 금속이다. 하지만 지구 표면에서는 순수한 형태로 발견되지 않는다. 1880년대까지 알루미늄은 킬로그램당 거의 1200달러에 거래될 만큼 희귀했다.

알루미늄이 대량생산되기 시작한 것은 미국의 화학자 찰스 마틴 홀(Charles Martin Hall)과 프랑스의 화학자 폴 에루(Paul L. Héroult)가 각각 산화알루미늄(Aluminium Oxide)으로부터 알루미늄을 추출하는 방법을 발견한 1886년 이후다.

오스트리아의 화학자 카를 요제프 바이에르(Karl Joseph Bayer)도 흔한 광물인 보크사이트에서 저렴하게 알루미늄을 추출하는 법을 개발했다. 찰스 마틴 홀은 1888년부터 알루미늄을 생산하기 시작했고, 1900년대 초반 무렵에는 생산량이 엄청나게 늘어나 알루미늄의 가격은 킬로그램당 0.6달러까지 떨어졌다.

알루미늄은 가볍고 강도가 높아 비행기와 자동차 재료로 안성맞춤이며, 음료수 캔이나 창틀 같은 여러 제품에서도 쓰인다. 전기를 잘 전달하기도 해 전기 전송선으로 널리 사용되며 요리 기구 소재로도 좋다. 재활용이 쉬운 것도 알루미늄이 인기를 끄는 이유다.

원자의 구조

금 Gold

사람들은 거의 맹목적으로 금에 매료되며, 숱한 신화와 전설에는 금을 손에 넣기 위해 어떤 일이든 불사하던 사람들의 이야기로 넘쳐난다. 어쩌다가 자신의 딸을 금으로 만들어버린 미다스 왕의 슬픈 신화는 결코 잊지 못할 것이다.

금이 언제 처음 발견됐는지는 역사가들 사이에도 의견이 엇갈린다. 하지만 고대 이집트의 무덤에서 금이 나온 사실로 미루어 이집트인들이 BC 2000년경에 처음 금을 채굴한 것으로 추정된다. 금은 BC 700년부터 화폐로서 교환되기 시작했다.

사람들이 금에 열광하는 이유 중 하나는 금의 놀라운 속성에 있다. 금은 금속 중에서 가장 가단성과 연성이 높다. 두들겼을 때 부서지지 않고 가장 잘 펴지며 가장 잘 늘어나는 금속이라는 뜻이다. 또한 전기를 잘 전달하는 도체이며 정상상태에서는 변색되거나 부식되지도 않는다. 고대 이집트 여자들이 사용했던 순금 목걸이가 오늘날까지 그대로 전해지는 것도 그 때문이다.

고대의 사변가들은 흔한 금속을 금으로 만드는 방법을 찾는 데 온 힘을 쏟았다. 연금술사로 알려진 이들은 결국 성공하지 못했다. 하지만 현대 화학은 이들의 피와 땀을 기반으로 해서 시작됐다.

금은 희귀하다. 믿을 수 없겠지만 전 세계에 존재하는 금을 한데 모아도 18세제곱미터짜리 상자 하나의 양 밖에는 안 된다. 채굴되는 금의 85%는 장신구로 만들어진다. 금의 단위는 캐럿(Carat)으로, 보석의 합금에 들어있는 금의 비율을 말한다. 24캐럿이 순금이다.

금의 방사성 동위원소(이온화 방사선을 방출해 스스로 안정시키는 불안정한 핵을 지닌 금의 형태)의 나노입자와 찻잎의 화합물질을 결합시킨 전립선암 치료술이 기대를 모으고 있다. 이 치료술은 종양 부위만 방사선으로 조준해 쏘는 방법으로 화학요법에 비해 건강한 세포를 손상시킬 확률이 훨씬 적다. 금에 알레르기가 있는 사람들도 있지만, 티오황산금 나트륨(Gold Sodium Thiosulfate)을 이용한 치료법이 류머티스성 관절염을 완화시키는 효과가 있는 것으로 알려지고 있다.

금은 전도성이 좋고 부식이 잘 안되기 때문에 회로판이나 커넥터(Connector) 같은 전기 부품에 쓰이기도 한다. 금을 찾겠다고 컴퓨터를 분해하는 사람들이 있지만 양이 아주 미미해 그럴 만한 가치는 없다.

원자의 구조
은 Silver

금 다음으로 사랑을 받는 금속인 은 역시 오랜 역사를 지니고 있다. BC 3000년경부터 채굴되기 시작해 장신구와 식기의 재료로 쓰여 왔다. 유럽인들이 처음 아메리카 대륙에 도착했을 때 은은 이미 원주민 문화의 한 부분이었다.

순은(Sterling Silver)은 몇백 년이 지나도 거의 92%의 순도를 유지한다. 장신구와 식기, 주전자, 접시 등을 만드는 데 쓰인다.

은은 무게가 가볍고 반사도가 높아 거울을 만들기 좋으며, 전도성이 높아 땜납, 전기 접점, 배터리의 재료로 이상적이다. 인쇄회로기판에도 은이 들어가 있다. 금과는 달리 은은 시간이 지나면 까맣게 변색이 된다. 공기 중의 황 화합물 때문이다.

원자의 구조

염소 Chlorine

언젠가 수영장에 가서 상쾌하게 몸을 적실 때, 제1차 세계대전 당시 생화학 무기로 사용된 물질이 그 물에 녹아 있다는 사실을 기억하라.

염소는 노란 빛이 도는 초록색 기체이다. 1774년 독일계 스웨덴 화학자인 카를 빌헬름 셸레(Carl Wilhelm Scheele)가 처음 발견했다. 염소의 발견은 좋은 소식인 동시에 나쁜 소식이기도 했다. 좋은 소식은 염소가 박테리아를 죽일 수 있다는 사실이다. 마시는 물이나 수영장 물에 적당량을 첨가

하면 박테리아를 없앨 수 있다. 하지만 기체 형태일 때나 양이 많을 때는 독성을 나타내 피부를 부식시킬 수 있다. 염소의 속성은 불안정성에 기인한다. 원자가 전자가 일곱 개 밖에 없기 때문이다.

이런 잠재적 위험성에도 불구하고 미국은 염소를 세계에서 가장 많이 생산하고 있다. 염소는 소금에서 추출하며, 종이, 직물, 석유 제품, 약, 방부제, 살충제, 솔벤트, 페인트, 플라스틱 등에 들어 있다. 매년 5000만 톤의 염소가 생산된다.

원자의 구조
실리콘 Silicon

실리콘은 매우 효율적인 반도체로, 초소형 전자공학 산업에서 중시하는 물질이다.

아마 인식은 못하겠지만 우리는 바깥을 걸어 다닐 때 온통 실리콘(규소)에 둘러싸이게 된다. 실리콘은 지구의 지각에서 두 번째로 많은 원소다. 석영, 자수정, 마노, 오팔 등에 들어 있으며 바닷가에도 많이 분포한다.

실리콘은 이렇게 흔하지만 1824년에서야 스웨덴의 화학자 옌스 야코브 베르셀리우스(Jöns Jacob Berzelius)가 발견했다.

모래에서 추출되는 실리콘은 오늘날 가장 널리 사용되는 물질 중 하나다. 우리가 걷는 보도(콘크리트)에서부터 마실 때 쓰는 유리컵까지, 모래는 눈앞에 보이는 모든 곳에 있다. 실리콘은 또한 모터와 변압기에 쓰이는 전기철, 도자기, 에나멜의 구성 요소이기도 하다.

실리콘은 초소형전자공학 산업에 많은 기여를 했다. 실리콘 밸리를 생각하면 된다. 실리콘은 녹는점이 높고 반도체로서 아주 효과적이라서 트랜지스터, 태양열 전지 등 다양한 기기들을 만드는 데 사용되고 있다.

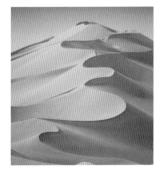

사하라 사막의 모래 언덕.

원자의 구조
아르곤 Argon

귀족 기체(Noble Gas)라고 불리는 아르곤은 작용을 해서가 아니라 작용을 하지 않아서 가치를 인정받는 원소다. 공기 중에서 차지하는 비중은 1%도 안 되지만 지구상에서 3번째로 많은 기체다. 아르곤의 가치는 거의 완벽한 비활성 기체라는 데 있다. 아르곤은 다른 기체와 결합하지도 반응하지도 않는다. 이 특성 때문에 전구 안을 채울 수 있는 완벽한 원소가 되기도 한다. 아르곤이 이렇게 안정성을 갖는 것은 원자가 전자

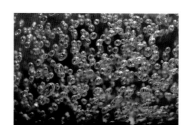

가 8개이기 때문이다. 아르곤이 없다면 전구는 과도한 열을 내 필라멘트가 타버릴 것이다.

비활성 기체인 아르곤은 제조 공정, 아크 용접 반도체 제조에도 쓰인다. 아르곤은 혈관누수, 황반퇴화, 녹내장을 치료하는 안과 레이저로도 쓰여 의학계에서도 소중한 원소다.

폴리스티렌 젤 안의 아르곤 방울

아르곤은 금속 아크 용접에서 보호 가스(Shielding Gas)로도 사용된다.

원자의 구조

티타늄 Titanium

티타늄은 그리스 신화에 나오는 티탄족(Titans)의 이름을 딴 원소로, 이름에 걸맞은 특별한 성질이 있다. 우선 강철만큼 강하지만 훨씬 밀도가 낮다. 또 매우 높은 온도에도 견딜 수 있어 합금의 이상적인 원료로 항공 산업에서 사용되고 있다. 티타늄은 고온에서 가단성과 연성이 좋아 모양을 만들기도 쉽다.

티타늄은 바닷물에 영향을 거의 받지 않는다. 바닷물이 티타늄 표면을 부식시키려면 4000년이 지나야 할 정도다. 당연하지만 이런 특성 덕분에 선체(船體)를 만들 때 중요한 역할을 한다.

티타늄 화합물 중에 가장 유명한 것의 하나는 산화티타늄(Titanium Oxide)이다. 이 물질은 순도가 높은 흰색을 내기 때문에 페인트를 제조하는 데 사용된다. 티타늄의 주 용도 중 하나다.

티타늄은 순수한 질소 안에서 타는 유일한 물질이다.

강한 물질. 티타늄은 골프채나 테니스채 같은 스포츠 장비를 만드는 데 사용된다.

제 12장

폴리머와 수지

Polymers and Resins

플라스틱 용기나 쓰레기 봉지를 손에 잡고 있을 때, 실제 잡고 있는 것은 폴리머(중합체)이다. 폴리머는 긴 사슬 모양으로 길게 이어져 있는 분자들이다. 폴리머 중에는 녹말이나 셀룰로스 (Cellulose)처럼 천연상태의 것도 있지만 플라스틱이나 나일론 같은 합성 폴리머도 있다.

천연 폴리머는 인체와 동물, 식물, 그리고 광물에 존재한다. 동물과 식물에서 셀룰로스 같은 폴리머는 매우 중요한 역할을 한다. 동식물의 몸체를 유지하고 에너지를 공급하기 때문이다.

화학자들이 폴리머의 특성을 유용하게 변질시키는 방법을 터득함에 따라 천연 폴리머가 속속 합성 폴리머로 대체되고 있다. 예를 들어 합성 고무는 천연 고무에 비해 온도 변화와 햇빛의 영향을 덜 받으며, 천연고무의 가격이 떨어지지 않는 한 제조비도 덜 든다. 천연이든 합성이든 폴리머는 어디에서나 쉽게 볼 수 있다. 타이어, 종이, 천 같은 게 모두 폴리머다.

수지는 보석류에서 향수까지 다양하게 쓰인다. 식물은 수지를 분비한다. 소나무의 수액처럼 투명한 액체가 수지다. 수지는 화학물질을 섞어 단단하게 가공할 수 있거나 물에 녹지 않게 할 수 있어 밀폐제로 사용하기 좋다. 게다가 좋은 향기를 내는 경우가 많아 향수와 향의 원료로도 쓰인다. 화석화된 나무 수지인 호박(Amber)은 모양이 아름다워 장신구를 만드는 데 그만이다. 몇몇 고대 문명에서는 호박 값이 금값만큼 비싸기도 했다.

수지는 폴리머만큼 널리 쓰이지는 않지만, 광택제나 음식 글레이즈처럼 새로운 용도의 가공물을 만들기 위한 노력은 계속되고 있다.

사슬의 마법
천연 폴리머

긴사슬 모양으로 결합된 분자들은 강도와 함께 매우 중요하고 유용하게 쓸 수 있는 다른 특성들을 지니고 있다. 예를 들어 천연 폴리머인 녹말을 보자. 감자를 비롯해 여러 다른 식물들에 있는 폴리머로, 포도당 단량체(Monomer, 사슬을 이루는 단위 분자) 수백 개가 결합된 형태를 하고 있다. 우리가 즐겨 섭취하는 '녹말류의' 음식을 제공하며 다른 용도로도 쓰인다. 동물과 식물에 있는 천연 폴리머는 몸체를 유지하고 받쳐주는 기능을 하며 중요한 생화학 반응을 일으킨다. 인류는 천연 폴리머의 이러한 특성을 오랜 세월 이용해 왔다. 예를 들어 비단은 단백질이 78%를 차지하는 천연 폴리머로서 좀처럼 찢어지지 않을 만큼 질기다.

폴리머의 구조는 체인 목걸이를 상상하면 이해할 수 있다. 수많은 단량체나 작은 분자들이 서로 엮여 있으며 그 안에는 적어도 1000개 이상의 원자가 들어 있다. 부드럽고, 깨지기 쉬우며, 유연성과 함께 탄력을 지닌 폴리머의 특성은 바로 이렇게 엄청난 원자의 숫자에서 나온다.

천연 폴리머
셀룰로스 Cellulose

인간과 소에는 공통점이 있다. 둘 다 셀룰로스를 즐겨 먹는다. 지구상에 가장 많이 존재하는 유기물질 중 하나인 셀룰로스는 천연 폴리머로 대부분 식물들의 세포벽에 들어 있다. 면(Cotton)은 전형적인 천연 셀룰로스다. 셀룰로스는 프랑스 화학자 안셀름 파이영 (Anselme Payen)이 1834년에 처음 식물에서 분리해냈다.

나무의 셀룰로스 섬유는 리그닌(Lignin, 목질소)이라는 폴리머를 함유하고 있다. 리그닌은 유연성이 있으면서 내구성도 강한데, 포도당 분자들이 (장력을 지닌) 다른 탄수화물 분자들과 마주하고 있기 때문에 그렇다. 셀룰로스 섬유는 종이의 주재료다. 필름, 폭발물, 플라스틱 등에는 모두 셀룰로스가 들어있다. 셀룰로스는 또한 사람이 먹는 음식에도 중요하다. 사람들은 상추 같은 채소를 먹어 셀룰로스를 섭취한다.

재활용된 압축 목재.

천 연 폴 리 머
셸락 Shellac

셸락은 안전해서 널리 쓰이는 밀폐제다. 하지만 랙깍지진디 (Lac Bug)의 입장에서 보면 셸락은 생명의 은인이다. 아시아 지역 숲의 나무 수액을 먹고 사는 랙깍지진디는 섭취한 수액을 몸의 구멍을 통해 다시 분비하는데, 이 분비된 수액이 딱딱한 껍질 형태로 굳어져 이 벌레와 새끼들을 보호하는 역할을 한다. 랙깍지진디 성충은 새끼가 껍질을 뚫고 나와 새로운 나무를 찾기 시작하면 죽는다. 랙깍지진디의 분비물인 랙은 그 위에 덮여 있는 수백만 개의 산가지를 제거하는 공정을 거쳐 셸락으로 만들어진다. 인도 우다이 프라타프 대학의 동물학과 라메쉬 싱(Ramesh Singh) 교수에 따르면 랙 수지 1킬로그램을 만드는 데는 랙깍지진디 30만 마리가 필요하다.

천연 폴리머인 셸락은 하이드록시산 (Hydroxyl Acid, 알코올산)과 유기산에 있는 카르복시기(Carboxyl Group)를 조합한 물질이다. 셸락이 공기에 노출돼 정교한 구조를 형성하는 과정에서 굳는 것은 바로 이 조합 때문이다.

셸락은 한때 공사 현장에서 널리 쓰였지만 20세기 중반 합성수지가 발명된 후에는 인기가 떨어지기 시작했다. 셸락은 빠르게 건조되며 맑고 밀도가 높은 수지다.

셸락을 처음 제조한 회사는 뉴욕의 윌리엄 진서 & 컴퍼니(William Zinsser & Company)로 1849년 생산을 시작했다.

천연 셸락은 먹어도 되는 안전한 물질이라서 요즘에는 광택이 나는 글레이즈로 만들어진다. 사탕, 알약, 과일에 윤기를 내며, 유아와 어린이용 가구의 광택제로도 쓰인다. 사과 같은 과일은 셸락으로 코팅하면 오래 보관할 수 있으며 더 먹음직해 보인다.

종이 만들기 Papermaking

종이의 시대가 끝났다는 말은 지나치게 과장된 것이다. 세상이 디지털로 바뀌고 있음에도 종이는 여전히 도처에 존재한다. 화장지, 화폐, 식당 메뉴판, 원두커피용 필터 등 예를 들자면 이루 헤아릴 수 없다.

지구에서 종이를 처음 만든 것은 인간이 아니다. 쌍살벌은 인간보다 훨씬 먼저 종이를 만들었다. 작은 나무 조각을 씹어 풀처럼 만들어 뱉어내는데, 이 풀 같은 것이 굳으면 종이가 된다. 쌍살벌은 이 종이를 이용해 집을 짓는다.

종이도 다른 중요한 발명품들과 마찬가지로 이집트인들의 산물이다. 그들은 파피루스(Papyrus)를 이용해 최초로 종이를 만들었다. 파피루스 줄기를 천 형태로 엮은 다음 평평해질 때까지 두들겨서 종이로 만든다. 현재 사용되고 있는 종이는 이런 공정에 착안한 것이다.

종이는 나무, 폐지, 면, 아마, 사탕수수 등에서 얻는 펄프로 만든다. 먼저 나무를 엄청난 크기의 쇄목석으로 갈아 펄프로 만든다. 이 펄프는 수분을 제거하는 기계를 통과하면서 셀룰로스 섬유가 되고, 셀룰로스 섬유를 매트 모양으로 엮어 고온의 롤러를 통과시키면 평평하고 마른 종이가 된다.

종이는 섬유가 너무 짧아져 재활용할 수 없을 때까지 5번은 재생할 수 있다. 종이 생산은 2000년 이후 점점 줄어들고 있다. 신문이나 책, 잡지 등을 종이로 보지 않고 인터넷으로 보는 사람들이 늘어나고 있기 때문이다. 하지만 포장지나 냅킨 등 다른 용도로 아직도 많이 쓰이고 있다. 종이 생산은 줄고 있지만, 삼(Hemp)이나 나무가 아닌 재료로 펄프는 계속 만들어지고 있다. 종이를 만드는 과정에서 수원(水源)으로 배출되던 다이옥신(Dioxin)의 양도 크게 줄어들고 있다. 다이옥신은 종이를 희게 하는 데 쓰이는 10여 개의 화학 물질을 말한다. 이 화학 물질들에 공통으로 들어 있는 성분이 염소인데, 염소가 독성 부산물을 쏟아낸다. 다이옥신의 양은 염소를 이산화염소(Chlorine Dioxide)로 교체해서 줄일 수 있었다. 이산화염소는 물과 혈액에서 염소보다 빨리 분해돼 인체에 훨씬 덜 해롭다.

천 연 폴 리 머
고무 Rubber

고무는 공처럼 통통 뛰는 탄력 때문에 쓰이게 되었다. 고무나무가 많은 중앙아메리카의 원주민들은 고무로 공을 만들어 배구, 농구와 비슷한 게임을 즐기곤 했다. 고무공을 처음 본 유럽의 탐험가들은 놀라서 입을 다물지 못했다. 유럽에도 공이 있었지만 가죽으로 만든 공이어서 고무공과는 탄성 면에서 비교할 수 없었다.

영국의 매킨토시(MacIntosh)라는 사람이 고무의 뛰어난 방수성을 발견하고 장화를 만들면서 고무는 러버 코트(Rubber Coat), 공, 의료 장비 등 다양한 제품을 만드는 데 쓰이게 됐다. 고무의 탄성이 뛰어난 것은 길고 유연한 사슬로 짜인 탄소 원자들 사이에 수소 원자가 가끔 끼어들어가는 구조 때문이다. 고무의 역사는 1844년 찰스 굿이어(Charles Goodyear)가 고무와 유황을 섞어 가열하는 가황 제조법(Vulcanizing Process) 특허를 내면서 전환점을 맞았다. 1888년에는 존 보이드 던롭(John Boyd Dunlop)이 공기 타이어를 발명했다. 고무가 가황 처리되면서 고온에서 끈적거리고 저온에서 부서지는 현상이 없어졌다.

제2차 세계대전 이후 합성 고무에 대한 의존도가 높아졌지만 천연 고무는 여전히 많이 사용된다. 고무나무는 19세기 영국의 아시아 식민지에 대량으로 심어졌다. 21세기인 현재 천연 고무의 90% 이상이 태국, 인도네시아, 말레이시아, 인도, 베트남, 중국, 스리랑카, 필리핀, 캄보디아 등의 아시아 국가에서 생산되고 있다. 천연고무, 합성고무를 합쳐 모든 고무의 50% 이상이 타이어를 만드는 데 쓰인다. 농구공 같은 고무공은 아직도 천연고무와 합성고무를 모두 이용해 만든다.

합성고무 Synthetic Rubber

합성고무는 1890년대부터 선보였지만 1930년대 초 듀폰(DuPont)의 월리스 캐러더스(Wallace Carothers)가 인조고무를 개발해 상용화에 성공하기 전까지는 별 존재감이 없었다. 1932년 출시된 네오프렌(Neoprene)은 천연고무나 기존의 합성고무에 비해 햇볕, 마모, 고온 또는 저온에 강해 시장에서 선풍적인 인기를 끌었다.

천연고무는 아시아와 아프리카 등지의

월리스 캐러더스 박사

플랜테이션에서 나오는 반면 합성고무는 가격이 싸고 재료를 구하기가 쉬워 전 세계에서 생산되고 있다. 1960년대 이후 합성고무가 천연고무보다 더 많이 쓰이고 있으며 타이어, 신발, 섬유, 접착제 등 모두가 합성고무로 만든 것이다. 합성고무는 항공우주 산업에도 사용된다.

끈적임의 숨은 가치
천연수지

피부를 수지로 덮으면 마치 플라스틱 안에 갇힌 느낌을 받게 된다. 수지는 화학성분으로 견고하게 하거나 변형시킬 수 있는 투명한 물질이다. 접착제나 광택제, 향수에 그리고 음식물의 윤기를 내는 데 꼭 필요하다. 식물에 있는 수지는 주로 보호 기능을 한다. 몇몇 수지는 해충에게 치명적이며, 또 다른 수지는 포식 동물이 해충을 먹게끔 유도하기도 한다. 감귤이나 계피 같은 대부분의 식물 수지는 주로 테르펜(Terpene)으로 이뤄져 있다. 테르펜은 진하고 끈적거리는 질감을 지녀 숱한 용도들의 재료로 주목을 받았다. 테르펜의 이런 특성은 휘발성이 있는 이소프렌(Isoprene)이라는 탄소 5개로 이루어져 있기 때문이다. 이 휘발성으로 인해 이소프렌에서 향기가 진하게 난다.

천연수지
향과 향수 Incense and Perfume

종교적인 영성(靈性)에서 피부 보호까지, 향과 향수는 수천 년 동안 인류의 문화와 함께해왔다. 향은 향수의 원조이다. 메소포타미아 인들이 4000년 전에 처음 만들었다. 이들은 종교의식에서 나무 수지와 나무를 태워 기름 물에 담근 다음 그 액체를 몸에 발랐다.

얼마가 지나 고대 이집트인들도 종교 행사나 장례식에 참석할 때 기름과 향을 몸에 발라 좋은 냄새가 나도록 했다. 요즘

에는 향·향수 산업의 시장 규모가 수십억 달러에 이른다. 향수는 몸이나 집을 산뜻하게 하거나 분위기를 신선하게 하는 등 용도에 따라 종류가 매우 다양하다. 오늘날 향은 종교에서 신과 소통하고 악귀를 쫓기 위한 방편이나 단순히 집안 공기를 개선하기 위한 수단 등으로 다양하게 쓰이고 있다.

광택제 Varnish

무언가를 보존하는 것은 인류에게 항상 중요한 일이었다. 수지나 천연 오일, 알코올 등으로 만드는 광택제에 관한 기록은 9세기 역사학자들 사이에서 처음 나왔다. 사람들은 가구를 만들 때 표면에 칠을 하면 가구나 바닥에 물이 스미지 않고 수명이 더 길어진다는 것을 알게 됐다. 물론 광택제를 칠해 표면이 반짝거리면 가구가 더 품위 있게 보이기도 한다.

광택제에는 여러 가지 종류가 있다. 아마씨유나 동유(桐油)를 사용해 주재료가 오일인 것이 있는가 하면, 물을 기반으로 하는 것도 있다. 광택제는 표면에 반짝이고 투명한 막을 입히는 역할을 한다. 어떤 광택제는 목재를 노란색으로 보이게도 한다. 물을 기반으로 하는 광택제로는 이런 효과

를 낼 수 없다. 목재는 광택제를 바르기 전에 반드시 사포질을 해서 표면을 깨끗하게 다듬어야 한다. 특정 광택제를 사용할 때는 이 과정을 여러 번 반복해야 한다. 모든 광택제는 수지, 이소프렌으로 구성된 테르펜을 함유하고 있다. 건성유 또는 용해작용을 하는 솔벤트의 성분을 지녀 건조 시간을 줄여준다.

광택제는 가구나 바닥에 가장 많이 사용되지만, 목조선의 선체에도 쓰여 바닷물로부터 선체를 보호한다. 광택제를 칠하는 방법은 예전이나 지금이나 동일하다. 한 번씩 여러 번 칠하는 식이다. 광택제에는 변하지 않는 또 다른 무언가가 있다. 사람들이 어떤 물건이든 광택제를 칠해 놓고 지켜보는 것을 즐긴다는 사실이다.

로진 Rosin

무언가를 꽉 잡아야 할 때 로진만큼 좋은 게 없다. 로진은 송진이라고도 부르며, 100종류가 넘는 소나무와 가문비나무의 수지로 만든다. 수지를 가열하면 방향유(Essential Oil)가 나오고, 이때 남는 것이 고체 덩어리의 로진이다. 로진은 바이올린 같은 현악기 연주자들이 악기에 바르는 물질로 가장 잘 알려져 있다. 연주자들은 바이올린의 활이나 받침에 로진을 발라 미끄러짐을 방지한다.

연주자가 아니더라도 사람들은 같은 목적으로 로진을 사용한다. 볼링을 하는 사람은 로진을 발라 손이 볼링 공 구멍에서 빠지는 것을 막는다. 체조선수, 발레리나, 야구 투수 등도 무엇인가를 꽉 쥐기 위해 로진을 사용한다.

천연수지

호박Amber

호박은 화석일까, 보석일까? 사실은 둘 다 맞다. 호박은 나무껍질을 타고 흘러 내리는 나무 수지로, 흘러내리면서 꽃이나 벌레 같은 것들을 품게 된다. 오랜 세월을 거치면서 나무에서 떨어져 나와 강이나 땅에 묻히게 되며, 거기에서 화석화가 시작된다.

일부 고대문명이 호박을 죽음과 연관해 생각하기도 했지만, 몇몇 나라에서는 호박의 아름다운 자태에 매료돼, 금만큼 대접하며 장신구로 만들어 쓰기도 했다.

호박은 시간이 지나면서 쓰임새가 많아져 흡연용 액세서리, 아기들의 이 물리개, 필기도구, 체스, 샹들리에 등을 만드는 데 사용됐다. 호박색(황색)으로 유명하지만 우윳빛 흰색, 초록색, 불그스레한 색을 가진 것도 있다.

1996년 가장 유명한 호박 중 하나가 미국 자연사박물관 곤충학자인 데이비드 그리말디(David Grimaldi)에 의해 발견됐다. 작은 꽃 3개가 들어 있는 호박으로 오크 나무에서 나왔으며, 공룡이 살던 시대인 9천만 년 이전에 형성된 것으로 추정된다.

21세기인 현재 호박은 주로 장신구를 만드는 데 쓰이며, 화석으로도 가치를 인정받고 있다. 금만큼 귀한 금속으로 여겨지지는 않지만 생물체의 잔해를 고스란히 품고 있으면 가격이 올라간다. 황소자리로 태어난 사람들한테는 언짢은 이야기일지 모르겠다. 그들의 탄생을 기리는 보석이 (황소를 품지 못할) 호박이기 때문이다.

호박 안에서 화석화된 잠자리.

현대의 연금술
고분자화학

분자가 단순히 긴 사슬로 이어진 원자들이 아니라고 치자. 그리고 원자들의 화학결합을 밝혀내 조작할 수 있다고 생각해보자. 세상은 인간이 원하는 대로 얼마든지 바꿀 수 있을 것이다. 고분자화학은 현대의 연금술이다. 100개 이상의 원자가 같은 구조로 되풀이되면서 RNA, 플라스틱, 단백질을 이루고 있으면, 그 원자들의 구성과 속성, 운동방식을 이해하는 데 유용한 법칙이 있을 것이다. 독일의 화학자 헤르만 슈타우딩거(Hermann Staudinger)가 폴리머의 존재를 떠올린 1917년 이전에 화학자들은 폴리머가 더 작은 분자들로 단순하게 결합돼 있는 것이라고 굳게 믿고 있었다.

　　슈타우딩거는 1920년대 미국의 과학자 윌리스 캐러더스가 유기물 응축반응을 이용해 폴리머를 만들어내기까지 홀로 고분자학에 관한 자신의 생각을 지켜야 했다.

　　21세기 들어 고분자화학은 산업과 일상생활의 혁명을 일으키고 있으며 앞으로도 그럴 것이다. 폴리머, 플라스틱, 나일론 같은 중요한 물질부터 그래핀(Graphene)처럼 현재 개발 중인 물질에 이르기까지 고분자화학은 과거 과학자들이 생각도 못했던 방식으로 인류의 지평을 넓혀가고 있다.

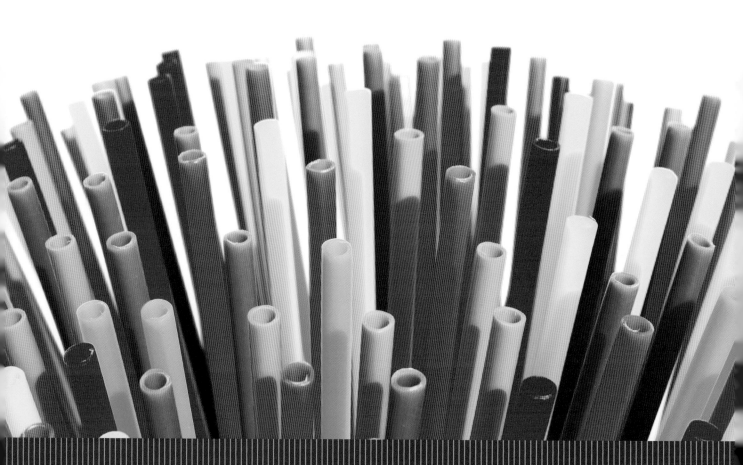

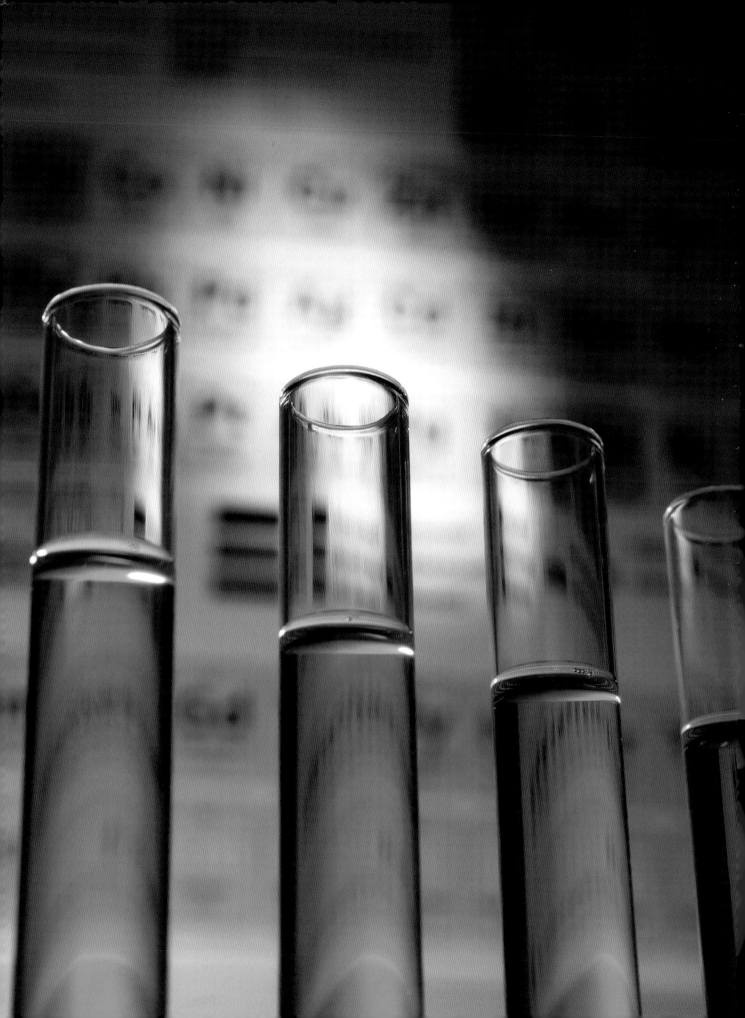

고분자화학
그래핀 Graphene

그래핀은 강철보다 40배 강하고 실리콘보다 전도성이 1000배 좋은 물질이다. 원자 하나 두께의 탄소 구조물로 그물처럼 생겼으며 열 전도성이 탁월하다. 그래핀에 관한 연구는 1940년대부터 시작됐다. 하지만 맨체스터 대학의 과학자 안드레 가임(Andre Geim)과 콘스탄틴 노보셀로프(Konstantin Novoselov)가 안정된 구조의 그래핀을 실제로 만들어내기 전까지는 아무도 그래핀을 진지하게 생각하지 않았다. 이 두 사람은 2010년 노벨 물리학상을 받았다.

두 사람을 비롯해 여러 연구자들이 이후 이 '슈퍼 물질'을 어디에 사용할 수 있을지 연구를 계속했으며, 그 결과 그래핀은 나노튜브와 3차원 그래파이트의 소재로 쓰이게 됐다. 나노튜브와 3차원 그래파이트는 컴퓨터 공학과 태양열 연구분야에서 이미 쓰고 있던 물질들에 비해 효능이 월등하다. 그래핀은 상업적인 잠재력도 충분하다.

많은 사람들이 원자 하나 두께의 이 물질에 열광하는 이유가 더 강하고 더 좋은 전도체이기 때문만은 아니다. 재활용이 쉽고 머지않아 제조비용을 크게 떨어뜨릴 가능성이 크기 때문이다. 2012년 맨체스터 대학 과학자들은 그래핀이

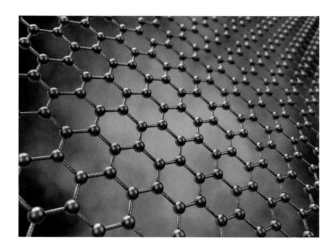
그래핀 판의 3차원 이미지

물질에 구멍이 생기면 곧바로 메울 수 있다는 사실을 알아냈다. 전자공학, 의학, 태양열 이용 분야에서 그래핀이 더 매력적으로 받아들여지는 이유다. 2013년 라이스 대학 연구자들은 전도체와 절연재로 동시에 쓸 수 있는 2차원 그래핀 장치를 개발했다. 그래핀 덕분에 앞으로 전자제품의 크기가 지금보다 훨씬 작아질 것으로 보인다.

담수화와 나노다공성 그래핀
Desalination and Nanoporous Graphene

손가락 끝에서 마실 물이 언제든지 무한하게 나온다고 상상해보자. 나노다공성 그래핀의 놀라운 여과기능 덕분에 이 꿈은 현실로 다가오고 있다.

맨체스터 대학 연구자들은 그래핀이 물 외에는 어떤 물질도 통과시키지 않는 것을 알아냈다. 이 발견을 기초로 MIT 대학 과학자들은 나노다공성 그래핀이 기존의 방식에 비해 바닷물의 염분을 더 효율적으로 더 적은 비용으로 제거할 수 있음을 보여주는 실험에 성공했다. 5대양의 바다를 하나의 거대한 샘물로 바꿔놓을 수 있게 된 것이다.

고 분 자 화 학
네오프렌Neoprene

인류는 자연 상태의 물질을 똑같은 구조로 재현하는 방법에 매달려왔다. 고무가 좋은 사례이다. 네오프렌은 양이 그리 많지 않은 천연고무를 대체할 물질을 찾다가 듀폰의 과학자들이 만들어 냈다. 자동차 타이어 재료로 고무에 지나치게 의존하다 보니 네오프렌을 발명하게 된 셈이다.

고무나무의 유액(Latex)에서 추출한 천연 폴리머인 천연 고무와 네오프렌은 모두 중합(2개 이상의 단량체를 결합시켜 폴리머로 만드는 것) 과정을 거쳐 만들지만 둘의 화학적 구성에는 차이가 있다. 천연 고무는 95%가 탄화수소(Hydrocarbon)인 데 반해 네오프렌은 주로 클로로프렌(Chloroprene, 아세틸렌과 염산을 합성한 물질)으로 이뤄져 있다.

네오프렌은 천연고무를 대체할 수 있는 물질이면서 천

연고무보다 고온에 강하다는 장점이 있다. 이런 이유로 네오프렌은 절연체와 절연제품의 소재로 많이 쓰이고 있다. 개스킷(가스·기름 등이 새어나오지 않도록 파이프나 엔진 등의 사이에 끼우는 마개), 호스, 틈마개(창·문 등의 틈새에 끼워 비바람을 막는 나무나 고무 조각) 등이 네오프렌을 소재로 한 절연 제품들이다. 네오프렌은 무게가 덜 나가고 화학 물질에 반응하지 않으며 방수기능이 뛰어나다. 이런 성질들을 조합해서 여러 가지 유용한 제품들을 만들 수 있었다. 다이빙 선수들이 네오프렌 수영복을 입기 시작했고, 과학자들은 화학물질로 인한 화상을 막기 위해 네오프렌 장갑을 끼기 시작했다. 21세기에는 노트북과 휴대폰에 네오프렌 커버를 입히고 있다.

의학 분야의 폴리머
Medical Applications for Polymers

사람들은 대부분 별로 신경 쓰지 않지만, DNA, RNA, 폴리펩타이드(Polypeptide)도 플라스틱이나 다른 합성 물질처럼 중합체, 즉 폴리머이다. 이런 생체고분자 물질은 유전자 요법, 새로운 약물 전달법 같은 분야의 실험을 가능하게 했다. 예를 들어 유전자 요법으로 환자의 손상된 유전자를 대체할 새 유전자를 (바이러스를 이용해) 환자의 세포에 집어넣고 있다.

고분자화학
나일론 Nylon

우리는 자연에서 얻는 소재를 쉽게 구할 수 없게 되면 곧바로 그 소재를 대체할 만한 물질을 고안해 왔다. 그리고 대체 물질의 효능이 천연 물질을 능가하는 경우가 많았고 수많은 쓰임새로 활용할 수 있었다. 나일론이 대표적이다. 듀폰의 월리스 캐러더스는 실크 스타킹의 소재를 대체하기 위해 나일론을 발명했다. 나일론은 장력 강도와 내구성이 뛰어나 낙하산의 소재로 완벽했다. 실크는 수천 개의 원자가 결합된 천연 폴리머인데다 단백질 함량이 높아 효과적으로 복제하는 데 그만이다.

1930년대 후반 미국 여성들 사이에서 나일론이 인기를 끌었지만, 전쟁물자로 나일론을 희생시켜야 했다. 제2차 세계대전 기간 동안 생산된 모든 나일론은 군대가 구매했다. 당시 암시장에서 나일론 스타킹은 한 켤레에 무려 10달러에 팔리기도 했다.

나일론은 배낭에서 우산, 수영복, 운동복에 이르기까지 다양한 제품의 소재가 된다. 나일론은 내구성이 지나치게 강해 문제가 되기도 한다. 자연 상태에서 분해되지 않아 매립을 할 수 없기 때문이다. 인터페이스(Interface)라는 회사가 해결책을 내놓았다. 나일론 섬유를 재생해 고급 카펫으로 바꾸는 방법을 개발한 것이다. 나일론 카펫은 2007년부터 생산되고 있다.

고분자화학

초강력접착제 Superglue

우리의 입 안에 초강력접착제가 있을 수 있다는 사실을 알게 되면 놀랄지 모르겠다. 초강력접착제는 충치나 마모로 인해 손상된 치아를 보완할 때 쓰는 재료인 치아 수복 충전재의 성분이다. 1942년 처음 발명된 이래 "어디에나 붙는" 놀라운 접착제로서 수많은 제조품의 주요성분이 됐고, 흔하지 않은 몇몇 제품에도 쓰이기 시작했다. 이런 특성은 공유결합, 즉 전자를 공유하는 결합에서 나온다.

초강력접착제는 제2차 세계대전 때 과학자들이 투명한 플라스틱 총 조준경을 만들다가 우연히 발견했다. 과학자들은 처음에 이 물질이 아무 데나 들러붙기 때문에 대수롭지 않게 여겼다. 그러다 1951년 이스트먼 코닥(Eastman Kodak Company)의 연구자들이 이 물질을 "재발견"해서 1958년 초강력접착제로 시장에 선을 보였다. 이 초강력접착제는 베트남전쟁에서 부상당한 군인들이 치료소로 이송될 때까지 출혈을 멈추게 하는 데 쓰이면서 처음 의학용으로 주목을 받았으며, 위급 상황에서 효과가 인정돼 미국 식품의약국의 승인을 받기도 했다.

21세기 들어 의학용 초강력접착제가 나와 상처나 수술부위의 봉합에 사용되고 있다.

한 과학자가 신발 밑에 초강력접착제를 칠하고 천장에 발을 붙인 채 거꾸로 서 있다.

비닐봉지 Plastic Bag

"종이봉투에 담아줄까요? 비닐봉지에 담아줄까요?"라는 질문이 나오기 전인 1950년대 후반에도 비닐봉지는 샌드위치나 드라이클리닝을 한 옷을 담는 용도로 쓰였다. 얼마 지나지 않아 비닐봉지는 빵 포장에서 쓰레기 처리까지 급속하게 쓰임새를 넓혀왔다. 비닐봉지는 석유에서 추출한 에틸렌으로 만든다. 비닐봉지의 대부분은 한 번 쓰이고 버려진다. 하지만 일본의 발명가 이토 아키노리는 비닐봉지와 다른 쓰레기들을 모아 석유로 재생시키는 탄소 네거티브(Carbon-Negative) 장치를 개발하기도 했다.

고분자화학
폴리에틸렌Polyethylene

훌라후프와 플라스틱 용기인 터퍼웨어(Tupperware)가 없다면 세상은 어찌 됐을까? 그리고 폴리에틸렌이 없었다면? 폴리에틸렌은 1933년 영국 화학자 E.W. 포셋(E.W. Fawcett)과 임페리얼 케미컬 인더스트리스(Imperial Chemical Industries)의 R.O. 깁슨(R.O. Gibson)이 우연히 발견했고, 영국 레이더 케이블에서 절연체로 처음 사용하기 시작했다. 폴리에틸렌은 기본적으로 탄소 원자의 양쪽에 수소 원자 두 개씩 붙어 있는 구조로 긴 사슬을 이루고 있다.

제2차 세계대전이 끝나자 선진국들은 폴리에틸렌 같은 내구성이 좋은 플라스틱의 장점을 알아보기 시작했다. 고밀도와 저밀도의 두 가지 유형이 있으며, 포장용이나 컨테이너용으로 제조되며 공사현장에서 냉수 파이프, 절연제, 수증기 차단장치를 만드는 데 더욱 긴요하게 사용된다.

3D 프린팅

고분자화학

3-D Printing

컴퓨터로 디자인한 3차원의 물체를 "인쇄"할 수 있다면 얼마나 놀라울까? 바로 3D 프린팅 기술이다. 1984년 찰스 헐(Charles Hull)이 광조형술(Stereolithography)을 발명하면서 선보인 이 기술로 엔지니어와 디자이너들은 자신이 컴퓨터로 만든 3차원 모델을 실제 입체로 프린트할 수 있게 됐다. 3D 프린터는 레이저, 플라스틱, 폴리머를 사용한다.

3D 프린팅을 주도하는 물질은 열을 가하면 액체가 되고 식으면 고체가 되는 열가소성(Thermoplastic) 소재다. 이런 성질 덕분에 어떤 모양이든 그려낼 수 있으며 차가워지면 강도와 내구력이 생긴다.

3D 프린팅으로 몇 가지 놀랄 만한 제품을 만들 수 있다. 웨이크 포리스트 대학 연구자들은 3D 프린팅을 이용해 방광 치료용 뼈대를 합성하는 데 성공했다. 이 뼈대는 환자 자신의 세포로 싸여 있어 거부반응이 나타날 가능성도 매우 적다.

2002년에는 같은 연구자들이 비슷한 기술을 이용해 이

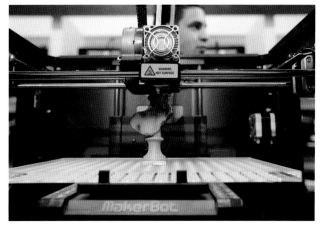

메이커봇 리플리케이터 2X(MakerBot Replicator 2X) 3D 데스크톱 프린터.

식용 신장을, 2008년에는 같은 방법으로 맞춤형 인공기관을 개발하기도 했다.

3D 프린팅을 이용하면 크기에 제한 없이 어떤 물체든 만들어낼 수 있을 듯하다. 캐나다의 콜이콜로직(Kor Ecologic)은 2011년 세계 최초로 3D 프린터로 자동차를 제조했다. 이 자동차는 고속도로에서는 리터당 85킬로미터, 도시에서는 리터당 42킬로미터를 운행할 수 있다.

프로그램 가능 물질 Programmable Matter

프로그램 작동이 가능한 물질. 이 물질의 중심에는 명령할 수 있는 능력, 즉 물질을 통해 코드를 운영하는 능력이 존재한다. MIT 원자 연구소(Center for Bits and Atoms)의 과학자들은 밀리미터 크기의 부품을 이용해 다양한 형태로 접을 수 있는 로봇을 만들어 냈다. 이 초소형 로봇은 단백질과 비슷하게 움직인다고 해서 밀리-모틴(Milli-Motein)

이란 이름을 붙였는데, 전자기력을 이용해 강철 링을 움직여 상태를 바꿔놓는다. 변형 로봇공학(Reconfigurable Robotics)이란 하나의 로봇을 수많은 작업에 사용하는 길을 찾는 연구 분야다. 한 연구자가 "데이터를 물체로 바꾸는" 방법을 거론한 적이 있다. 이제 나노 수준에서 사람 크기의 수준에 이르기까지 그 방법이 연구되고 있다.

제**13**장

나노기술
Nanotechnology

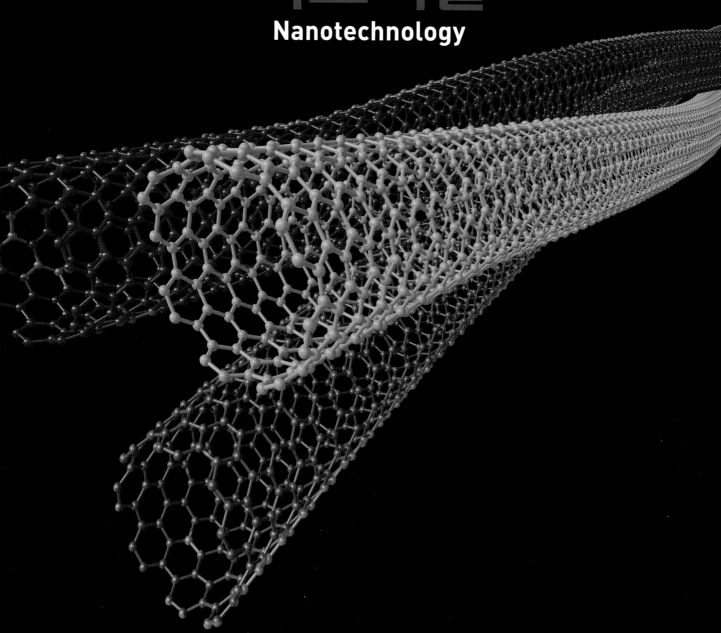

맨눈으로 볼 수 없는 아주 작은 기술에 가공할 만한 힘과 잠재력이 도사리고 있다. 바로 나노기술이다. 1959년 하나의 아이디어로 선보였지만, 현실로 등장한 것은 1980년대 주사 터널링 현미경(Scanning Tunneling Microscope)이 발명되고 나서부터다. 나노기술은 100나노미터보다 작은 물질을 조작한다. 나노미터가 어느 정도의 크기인지 설명하겠다. 미국 국가나노기술계획(National Nanotechnology Initiative)에 따르면 1나노미터는 1억분의 1센티미터다. 구슬 하나의 지름이 1나노미터라면 지구의 지름을 1미터로 보면 된다.

이처럼 극히 미세한 물질이 엄청난 힘을 갖게 되는 이유는 무엇일까? 과학자들은 원자 수준의 나노 물질을 가공해 그 놀라운 특질을 규명하는 방법을 찾고 있다. 예를 들어 산화티타늄(Titanium Oxide)을 나노 튜브에 채워 면직류의 옷감에 뿌리면 자외선을 차단하는 티셔츠를 만들 수 있다. 나노막대기(Nanorod)에 금을 채워놓으면, 건강한 세포는 그대로 살려두고 부작용을 최소화해 암세포만을 제거할 수 있다. 나노튜브 탄소막(Carbon Membrane)으로는 정수 시스템을 획기적으로 개선할 수 있다.

버펄로 대학 연구자들은 나노 기반의 기술로 빛이나 열, 전기 없이 수소를 만들어냈다. 이 덕분에 인류는 수소 자동차의 개발에 한발 더 가까이 다가섰다. 스탠퍼드 대학 연구자들은 현재 쓰이는 배터리보다 용량이 5배나 많은 나노입자 기반의 배터리를 개발했다. 이 배터리는 안쪽 중심부의 황을 다공성 산화티타늄으로 둘러싸고 있다. 구조가 달걀의 노른자와 흰자를 닮았다.

지금까지 언급한 내용은 이 혁명적인 나노기술이 현재, 또는 앞으로 어떻게 이용될지를 설명한 몇가지 사례에 불과할 뿐이다. 기술이 발전해 나노 물질이 더 폭넓게 생산되면 사람들은 수명이 3배 긴 휴대폰 배터리를 사용하고, 앞 유리에 김이 서리지 않는 자동차를 몰며, 오래 신어도 냄새가 안 나는 양말을 신게 될 것이다. 냄새 나는 양말은 누구나 싫어하지 않는가.

나노기술 제품은 때가 끼지 않는 직물처럼 편리한 용품들을 수없이 만들어 낼 뿐만 아니라, 질병을 진단하고 효능이 우수한 약물을 공급해 생명을 구할 수도 있다. 나노기술은 우리의 거의 모든 생활을 바꿔놓을 잠재력을 품고 있다.

작은 것이 위대하다
양자역학

과학자들은 나노 물질을 다루기에 앞서 그 물질의 성질부터 이해해야 했다. 양자역학은 수학을 이용해 매우 미세하면서 따로따로 움직이는 에너지와 물질의 운동을 예측해 판단한다.

양자역학의 정립에 가장 지대한 공헌을 한 사람은 막스 플랑크(Max Planck)와 닐스 보어(Niels Bohr)다. 플랑크는 1900년 그 유명한 "흑체(검은 상자)" 실험을 통해 빛이 에너지의 특정한 "양자들(Quanta)"로 구성돼 있음을 발견했다. 보어는 1922년 양자역학으로 원자의 운동을 설명했다. 이 모두 매우 뛰어난 이론들이었지만, 물질의 운동을 실험으로 관측하지 않고서는 증명하기가 쉽지 않았다. 실제로 알베르트 아인슈타인은 1905년 원자의 존재를 증명하고도 원자 자체는 너무 작아 눈으로 확인할 수 없었다.

그로부터 원자에 관한 실험 데이터가 충분하게 쌓이자 약 60여 년이 지난 1981년, IBM 취리히 연구소의 게르트 비니히(Gerd Binnig)와 하인리히 로러(Heinrich Rohrer)가 주사터널링현미경을 개발한다. 이 현미경으로 과학자들은 비로소 원자의 세계를 들여다볼 수 있게 됐다. 20세기 말에는 나노기술을 상용화한 첫 번째 제품이 시장에 나왔다.

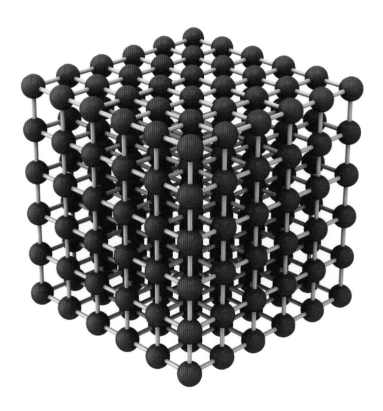

크리스털 격자 구조를 3차원으로 표현한 그림.

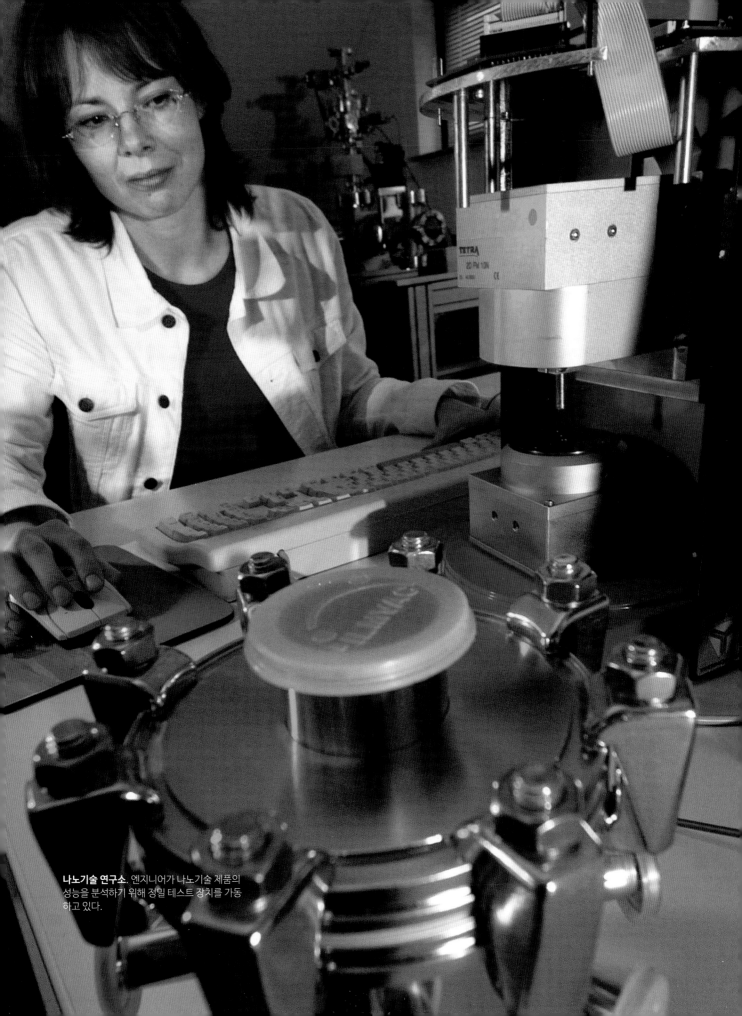

나노기술 연구소. 엔지니어가 나노기술 제품의
성능을 분석하기 위해 정밀 테스트 장치를 가동
하고 있다.

표적 약물 전달 Targeted Drug Delivery

나노기술은 한때 공상과학 영화의 소재였다. 그 기술이 지금은 약물 전달 체계에 혁명을 예고하고 있다. 버튼 하나로 병을 고치는 〈스타트렉(Star Trek)〉의 의사들처럼…. 오늘날의 의사들은 질병 부위의 세포만 공격하는 치료제를 투여하고 있다. 나노입자 약물 전달기기를 개발 중인 연구자들은 나노 크기의 약물로 부작용을 더 줄이고 치료 효과를 극대화할 수 있다고 주장한다.

금을 품고 있는 나노막대를 몸에 주입해 암세포만 공격하는 장면을 상상해보자. 이는 나노기술이 의료 건강에 기여하는 여러 사례 중 하나이다. MIT와 캘리포니아 대학의 샌디에이고, 산타 바버라 캠퍼스 연구자들은 건강한 피 세포에 금 나노막대를 흡수시키는 연구를 하고 있다. 암 종양

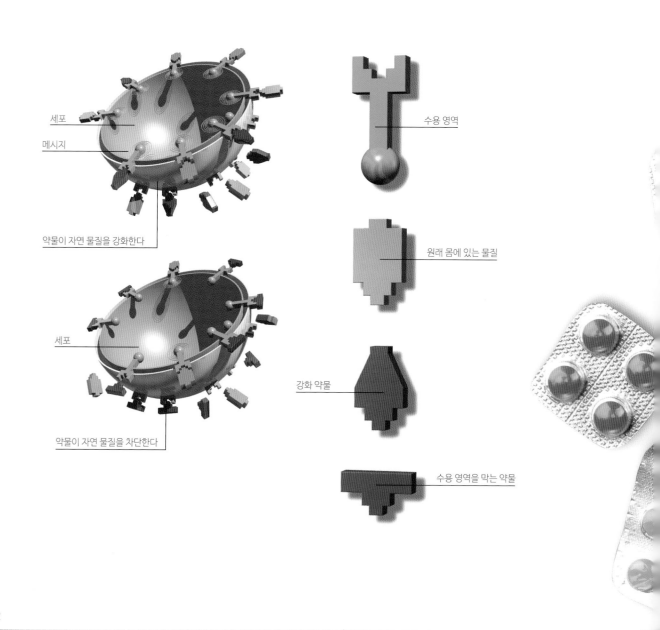

세포

메시지

약물이 자연 물질을 강화한다

세포

약물이 자연 물질을 차단한다

수용 영역

원래 몸에 있는 물질

강화 약물

수용 영역을 막는 약물

에서 피 세포들이 새어 나오면 종양 안으로 (건강한 피 세포의) 금 나노막대가 들어가고, 금 나노막대의 크기가 커진다. 적외선 레이저가 종양의 암세포에 열을 가하고, 이 열로 암세포에서 단백질이 배출돼 나온다. 추가 조치를 통해 화학치료용 분자들이 들어가 암세포에 직접 달라붙는다. 치료용 분자는 정상 세포는 건드리지 않고 오로지 암세포만을 공격

한다. 암세포만 표적으로 삼기 때문에 부작용이 줄어든다.

이 기술을 이용해 많은 제품들이 이미 개발되고 있다. 종양 탐지를 훨씬 쉽게 해주는 비스무트(Bismuth) 나노 입자, 방사선 치료를 할 때 유리기(Free Radical, 전자가 쌍을 이루지 못해 불안정하고 인체에 해를 끼치는 원자)를 빨아들이는 나노 입자, 유방의 종양을 표적 치료하는 나노 입자 등은 출시를 앞두고 있다.

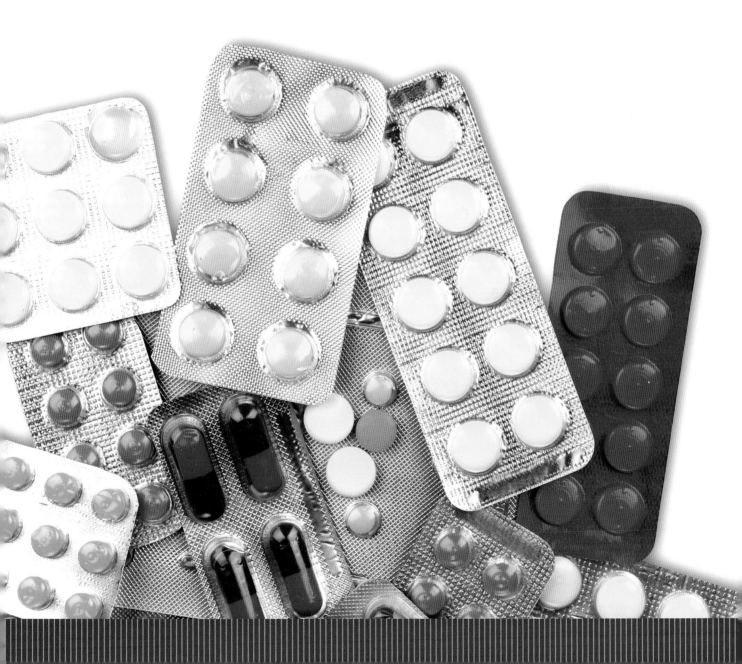

양자역학

물과 공기의 정화 Water and Air Purification

나노기술이 발전하면서, '클수록 좋다'는 말은 머지않아 '작을수록 좋다'는 말로 바뀔 것 같다. 나노기술이 흔하게 쓰이는 분야 중 하나는 물과 공기의 정화다. 연구자들은 이 기술의 잠재적인 용도에 감탄하고 있다. 오염을 방지하거나 탐지하는 것은 물론 오염 장소까지 정화할 수 있기 때문이다.

나노튜브 탄소막은 이미 몇몇 나라에서 사용되고 있다. 과학자들은 나노튜브 탄소막의 구멍이 기존 정수기 필터의 것보다 훨씬 작지만 물을 정화하는 속도가 기존 정수기와 거의 비슷하거나 더 빠르다는 사실을 알아냈다. 나노튜브 탄소막의 내부가 부드럽기 때문일 것이다. 나노튜브 탄소막은 기름, 박테리아, 바이러스, 유기화합물 등 거의 모든 종류의 오염물질을 제거한다. 게다가 나노

크기의 수질 정화기는 청소하기도 편하고 설치 비용도 적게 든다. 과망간산칼륨(Potassium Manganese Oxide) 선으로 엮여있으며, 자기 무게의 20배나 되는 기름을 흡수해서 정화할 수 있다. 텔레비전에 나오는 키친타월 광고 소리 같지 않은가.

갈수록 쓰임새가 다양해지는 금도 공기청정용 나노기술에서 큰 역할을 할 수 있다. 퀸즈랜드 물리화학 기술대학의 주화이용(Zhu Huai Yong) 교수에 따르면 에너지가 주입된 금 나노 입자는 휘발성 유기화합물 같은 공기 중 오염물질을 없앨 수 있다. 이런 사실을 기반으로 용 교수 연구팀은 금과 산화망간을 결합하는 기술을 개발 중이다.

생화학 센서 Chemical and Biological Sensor

폭발물을 탐지하는 데 고도로 훈련된 탐지견의 코보다 더 나은 게 있을까? 장난으로 던지는 질문이 아니다. 세계 최초의 나노기술 회사가 1997년 나노기술 시스템을 이용한 로봇을 개발해 시장에 내놓은 이후, 과학자들은 극도로 민감한 생화학 센서를 만드느라 부심하고 있다. 이 센서들은 나노 크기의 기기로서 극소량의 표적 화학물질을 감지한다. 2012년 현재 관련 기기들이 개발되고 있거나 개발을 끝냈다. 오크리지 국립연구소(Oak Ridge National Laboratory)의 탐지기가 대표적인 사례로 폭발물이나 생물 무기, 마약 등을 탐지할 목적으로 만들어졌다. 이 연구소가 개발한 기능성 금 나노 입자는 약간의 조작만 하면 양전하를 띠고 1분 만에 과염소산염(Perchlorate)이나 우라늄 같은 특정 오염물질과 반응한다. 하지만 현재의 기술수준은 아직 미흡해 각고의 샘플 준비와 기나긴 연구 분석이 필요하다.

기름과 독성 폐기물 청소
Oil and Toxic Waste Cleanup

트리클로로에틸렌(Trichloroethylene)은 효과가 좋은 탈지제지만 지하수에 섞여 들어가면 악명 높은 발암물질로 변질된다. 트리클로로에틸렌 분자는 탄소 원자 2개와 염소 원자 3개로 구성돼 있는데, 금-팔라듐 나노 입자로 처리하면 철가루를 이용하는 기존의 폐수 처리 방식보다 10억 배는 빨리 분해된다. 게다가 금-팔라듐 나노 입자는 모든 분자들의 결합을 끊어버린다. 철 폐수 처리에서는 결합을 끊는 데 한계가 있어 염화비닐(Vinyl Chloride) 같은 더 해로운 물질이 부산물로 나오기도 한다. 이 부산물들 때문에 현재 트리클로로에틸렌의 처리에는 유해 물질을 말려서 공기 중에 증발시키거나 아예 없애버리는 공기탈기법과 탄소흡착법이 흔히 사용된다. 금-팔라듐 나노 입자 연구가 성과를 거두게 된다면, 이 기술은 환경당국에서 지정한 유해성 폐기물 지역의 절반 이상이 사용하고 이에 따라 수십억 달러를 절약할 수 있을 것이다.

플렉서블 디스플레이|Flexible Displays

핸드폰을 떨어뜨려서 액정이 깨진다? 플렉서블 OLED 디스플레이를 쓰는 기기라면 있을 수 없는 일이다. OLED는 유기발광 다이오드(Organic Light-Emitting Diode)의 약자이다. 연구자들은 구부리면 부서지지 않고 휘어지는 OLED 디스플레이를 만드는 방법을 찾고 있다. 플렉서블 디스플레이 스크린의 장점은 이뿐만이 아니다. 무게가 보다 가볍고 고해상도 이미지를 나타낼 수 있으며, 에너지를 적게 들여 배터리 수명을 거의 2배 정도 늘릴 수 있다. 전자기기를 둥글게 말거나 접어서 가지고 다닐 수 있고, 땅에 떨어져도 부서지지 않는다.

요즘 널리 쓰이는 디스플레이와 경쟁하려면 OLED는 전도성이 높고 투명해야 하며 탄력성이 있고 가격이 싸야 한다. 은 나노 와이어를 플라스틱판에 심거나, 금속성 탄소 나노튜브로 판을 만들어 사용하는 방법들이 강구되고 있다. 이 판들은 유연성이 극도로 좋으며 전도성이 높고 투명하다. 원자 하나 두께의 탄소판인 그래핀도 OLED 디스플레이용 소재로 고려되고 있다. 애리조나 대학에서는 얇은 혼합 산화물 막을 이용해 플렉서블 OLED를 만드는 데 성공했다. 삼성은 플라스틱을 이용해 플렉서블 OLED를 개발하고 있으며 소니는 유기 트랜지스터를 사용하는 OLED를 개발 중이다.

OLED 디스플레이 기술은 노트북 컴퓨터, 휴대폰, TV에 적용할 수 있을 뿐만 아니라 안경의 필터, 마케팅이나 브로슈어에 쓰이며 접을 수 있는 디스플레이에도 유용하다.

삼성은 2004년 이후 OLED 디스플레이 분야를 선도하고 있다. 능동 매트릭스 OLED(Active-Matrix OLED) 기술 분야에서 가장 많은 특허를 보유하고 있기도 하다.

유기 발광 장치

양자역학

항균물질 Antimicrobials

과학자들은 자신들이 애초에 생각했던 것보다 박테리아가 똑똑하다는 사실을 알아냈다. 이들은 지난 수십 년 동안 박테리아가 무질서하게 떠다니는 유기체라고만 여기고 있었다. 하지만 지난 2005년까지 수많은 박테리아들이 항생제에 내성을 지녔음을 확인했으며, 몇몇 박테리아들의 경우는 서로 결합해 생물막(Biofilm)을 형성한다는 사실을 발견했다. 박테리아들이 서로 결합하면 화학적으로 교신하며 "숙주"의 방어 체계에 효과적으로 대응한다.

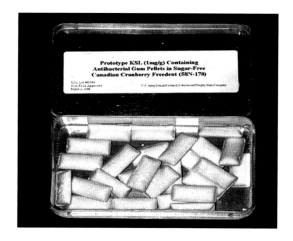

다행스럽게도 아연과 은 같은 특정 나노 입자를 이용하면 박테리아들의 생물막을 무너뜨릴 수 있다. 은과 아연 원자는 제타 전위(Zeta Potential)라는 특이한 전하를 가지고 있다. 제타 전위는 부식 산화를 일으키지 않으면서 박테리아들의 교신을 막는다. 그뿐만 아니라 이 나노 입자는 지면이나 직물, 물에서 일종의 보호막처럼 작용해 박테리아 오염을 방지한다.

나노 크기의 항균성 은이 박테리아, 곰팡이, 효모 등 의학적으로 연관돼 있는 수많은 미생물들에 미치는 영향은 현재 연구 중이다. 은은 10억분의 1 정도의 양만으로도 박테리아들의 생물막이 자라는 것을 막을 수 있다.

항균성 은은 치석(齒石)을 제거할 때도 쓰인다. 치석 역시 일종의 생물막이기 때문이다. 인공심장과 스텐트(혈관 등의 폐색을 막기 위한 인공 지지대)의 보호막, 또는 콘택트렌즈, 도뇨관, 인공 관절의 생물막 형성 방지에 쓰이기도 한다.

항균 밴드 Antimicrobial Bandage

스마트 기술이 도처에 널려 있는 요즘, 나노기술이 세계 최초의 스마트 밴드 개발을 주도하고 있다. 밴드를 몸에 붙이면 밴드가 스스로 "나쁜" 박테리아를 감지해 항생제를 배출한다. 주로 화상 환자를 겨냥한 기술인데, 화상 환자의 50%가 박테리아 감염으로 사망하기 때문이다. 영국 바스 대학의 연구원인 토비 젠킨스(Toby Jenkins)는 독성 박테리아가 스스로 몸체의 구성을 바꾸게 하는 아이디어를 떠올렸다. 이 박테리아들은 자신의 독을 이용해 항생물질이 들어가 있는 소낭을 터뜨려 파괴한다.

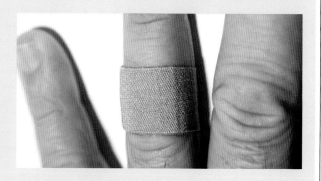

탈취 직물 Odor-Reducing Fabric

냄새 나는 양말 때문에 곤혹스러울 때가 있지 않은가? 은 나노 입자로 지독한 냄새를 없앨 수 있다. 냄새를 막아주는 면양말이나 옷을 상상해보자. 미국 농무부의 농업연구서비스(Agricultural Research Service)가 운영하는 남부 지역 연구소(Southern Regional Research Center) 연구원들은 면에서 박테리아 번식을 차단하는 방법을 연구하고 있다. 양말이나 티셔츠 등 모든 면직물을 대상으로 2~6나노미터 크기의 은 입자를 이용한다. 은은 촉매로 작용할 때 살균 효과가 있어 다른 생물에 영향을 미치지 않으면서 해로운 박테리아를 죽인다.

자외선 차단 직물
UV-Blocking Fabric

해상 안전요원들은 화상을 입지 않기 위해 산화아연을 코에 바른다. 이들은 무언가 좀 아는 사람들이다. 산화티타늄은 분필처럼 하얀 물질로, 산화아연처럼 태양광을 반사해 자외선 차단용 직물의 주요 소재로 쓰인다. 산화티타늄이 담긴 나노 입자를 옷에 뿌리면 피부를 자외선으로부터 보호하는 데 도움이 된다. 이제는 자외선 차단제를 바르는 것은 물론 옷을 입어서 유해한 자외선 노출을 막는 것도 널리 권장되고 있다.

자정유리 Self-Cleaning Glass

이산화티타늄 나노 입자를 이용한 자정유리 지붕

대부분의 현대 상업용 건물들은 4면이 유리로 덮여 있어 청소할 유리창도 많다. 다행스럽게도 나노기술로 스스로 깨끗해지는 자정 유리라는 해결책을 찾게 됐다. 필킹턴 글래스(Pilkington Glass)는 2001년에 처음으로 자정 유리를 출시했다. 이후 여러 제품들이 시장에 새로 나왔지만 제품들의 과학적 원리는 모두 같다. 이산화티타늄으로 만든 얇은 막이 유리를 덮고 있다. 이 이산화티타늄은 햇빛과 반응해 유리 표면의 먼지를 분해하며, 비가 오면 분해된 먼지가 부드럽게 씻겨 나간다. 유리 표면의 막이 물을 골고루 분산시키기 때문이다. 자정유리는 이 두 과정에 따라 작용한다. 따라서 제대로 효과를 보려면 햇빛이 잘 비치고 비가 가끔씩 내리는 곳에 설치해야 한다.

양자역학

방수·얼룩 방지 직물
Water- and Stain-Resistant Fabric

세탁기와 건조기가 쓸모없는 날이 언젠가는 오게 될까? 나노기술로 얼마든지 가능하다. 연구자들은 나노기술을 이용해 방수 기능이 크게 개선되고 얼룩이 묻지 않는 직물을 개발하고 있다.

다음의 두 회사가 나노기술로 그 제품을 만들어냈다. 이들은 모두 자연 속에서 힌트를 얻었다. 쉘러 테크놀로지(Shoeller Technology)는 연잎 표면의 구(Sphere)처럼 생긴 작은 돌기들이 물과 먼지를 막는 것을 발견하고, 이를 모방해 직물에서 같은 효과를 내는 나노스피어(Nanosphere) 기술을 개발했다.

미국 캘리포니아 오클랜드의 나노 텍스(Nano-Tex)는 복숭아에서 영감을 얻어 나노위스커(Nanowhisker) 기술을 개발했다. 이 회사의 나노 직물은 작은 수염 같은 털이 표면을 덮고 있어서 액체가 묻지 않는다.

방수 직물과 얼룩 방지 직물은 옷감에만 쓸 수 있는 게 아니다. 옷감은 시작일 뿐이다. 두 회사는 이미 다른 분야로 눈을 돌리고 있다. 가구, 창문 가리개, 옷장이 모두 방수 직물이나 얼룩 방지 직물로 만들어진다고 생각해보라. 먼지 낀 커튼, 때 묻은 자동차 덮개는 모두 과거의 이야기가 될 것이다. 일상사처럼 되풀이해야 하는 세탁과 작별할 때가 오고 있다.

제4부

생물학과 의학

Biology and Medicine

CONTENTS

제 14강

음식과 음료
Food and Drink

먹고 마시며 자양분을 섭취하는 것은 일상적으로 하는 일이다. 식욕은 수백만 년에 걸쳐 진화한 인간의 본능이다. 아기들은 태어나자마자 조건반사처럼 엄마의 가슴에 달라붙어 젖을 빨아댄다. 혀에는 수천 개의 맛봉오리가 퍼져 있어 어떤 것이 먹기에 좋은지를 알려주고, 당이나 지방 같은 영양소를 선택해 몸에 에너지를 저장하고 굶어 죽지 않게 한다. 또 어떤 성분이 몸에 해로운지도 알려줘 일부 식물들이 품고 있는 독을 피하도록 한다.

음식은 우리 몸이 계속해서 건강하게 기능하도록 에너지를 공급한다. 우리가 아무것도 먹지 않는다면 5주 후에는 죽게 될 것이다. 인간 몸의 반 이상을 차지하는 물은 음식보다 훨씬 더 중요한 성분이다. 우리는 음식과 음료수를 통해 끊임없이 물을 몸에 공급한다. 인간은 물을 3일 이상 먹지 않으면 사망한다.

우리의 먹을거리 관리 능력은 의외로 부실해 영양학이 주요 학문의 하나로 자리 잡았다. 유아가 섭취해야 하는 필수 영양분 연구가 처음 시작된 것은 20세기 초반이다. 유아에게 이유식을 충분히 주지 않거나 오염된 이유식을 줘서 유아 사망률이 높다는 사실을 그때서야 알게 됐다. 공공 의료

전문가들은 암의 3분의 1, 심장질환의 3분의 1 이상이 음식을 잘못 섭취해서 발생한다고 입을 모은다.

영양에 관한 인류의 지식이 늘어남에 따라 음식 재료를 기르거나 준비하고 보존하는 새로운 방법들이 속속 개발되고 있다. 제2차 세계대전을 겪었던 세대의 농부나 식품업 종사자들이 이런 변화를 보면 깜짝 놀랄 것이다. 우리는 음식 생산 시스템이 환경에 미치는 영향도 잘 알게 됐다. 우리는 이제 주변 환경과 어울려가며 몸에 에너지를 공급하는 자원을 개발해야 하는 시점에 이른 것 같다. 이로 인해 음식과 음료는 지구촌의 모든 문화에서 주요 관심사가 되고 있다.

법칙

미생물의 오묘한 효능
발효

발효는 부활의 기쁨을 맛보는 것이다. 선반 위에 놓인 달콤한 발효 음료, 홍차버섯차를 보라. 발효는 음식을 장만하는 가장 오래된 방식 중의 하나이기도 하다. 빵이나 포도주, 간장 같은 고대의 주요 식품들은 모두 발효의 산물이다.

발효는 분해, 즉 부패라는 자연스런 과정을 이용해 음식을 보존하는 방법이다. 음식을 발효시키면 보다 쉽게 소화되고 맛이 더욱 강해져 톡 쏘는 느낌이 나며, 때로는 말 그대로 취하기도 한다.

효모와 곰팡이, 박테리아 등의 미생물들이 음식을 빨아들여 필요한 만큼 에너지를 얻으면, 녹말이나 당 같은 탄수화물을 알코올이나 산으로 변화시킨다. 이 미생물들은 각각 유용한 기능을 하는 특유의 노폐물을 쏟아낸다. 예를 들어 젖산은 치즈 자체를 보존하면서 치즈에 톡 쏘는 맛을 부여하고, 에탄올은 맥주에 취하게 하는 성분을 전하며 향을 품어낸다.

이 모든 과정에서 인간의 역할은 음식이 제대로 부패하게끔 필요한 조건을 잘 조절해주는 것이다. 소금은 효모의 성장을 제어하거나 효모가 원하지 않는 박테리아에 감염되는 것을 차단하는 데 쓰인다. 온도 조절 또한 중요하다. 어떤 미생물은 따뜻한 것을 좋아하고 다른 미생물을 차가운 것을 좋아한다.

한국의 전통 시장에서 파는 발효 채소 식품들.

맥주 공장에서 발효 과정을 점검하고 있는 장면.

발효
맥주 Beer

세상에서 가장 오래된 맥주 제조법은 4000년 된 메소포타미아의 점토판에 새겨져 있다.

오늘날 맥주를 만드는 과정은 그때나 크게 다를 게 없다. 우선 보리(가장 흔히 쓰이는 곡물)를 물에 담가 발아시킨 다음 말려서 엿기름으로 만든다. 이 과정에서 효소는 녹말을 효모가 소화할 수 있는 더 간단한 당으로 만든다. 엿기름은 으깨지고 물과 섞여 단맛의 액체가 된다. 이 액체를 거르고 끓여서 맥주 제조에 필요한 효모와 뒤섞으면 발효 채비를 하게 된다.

효모가 당을 충분히 빨아들이는 데는 약 10일이 걸리며, 맥주의 가장 중요한 성분인 알코올과 이산화탄소를 내놓게 된다. 맥주의 거품은 이산화탄소 때문이다.

양조장에서는 미묘한 맛 차이를 내기 위해 특별한 곡물과 효모를 선택한다. 맥주 하면 흔히 보리를 떠올리지만, 밀이나 옥수수, 쌀, 호밀, 귀리를 쓰기도 한다. 효모에는 크게 두 종류가 있다. 상면발효(Top-Fermenting) 효소는 발효가 빠르고 표면에 두터운 거품을 낸다. 강력한 맛의 에일 맥주를 생각하면 된다. 하면발효(Botton-Fermenting) 효소는 비교적 맛이 가볍고 깨끗한 라거 맥주를 만드는 데 쓰이며 효모가 천천히 자라서 천천히 가라앉는 특징이 있다. 보리 엿기름의 단맛을 줄이기 위해 쓴 홉을 첨가하기도 한다.

홉

발효
빵Bread

아침에 토스트를 먹을 때면 효모에 감사해야 한다. 이 단세포 곰팡이는 빵의 반죽을 발효시켜 당을 알코올과 이산화탄소로 바꿔놓는다. 이산화탄소는 빵을 거품으로 채워 부풀어 오르게 하며 씹기 좋게 변형시킨다. 알코올은 빵을 굽는 동안 다 날아가지만 빵 자체에 풍부하면서도 미묘한 풍미를 준다.

물론 효모는 자신의 목적만이 있다. 당을 섭취해서 증식하는 것이다. 당은 밀가루 안에 있는 녹말을 물이 분해할 때 생긴다. 반죽이 더 촉촉하고 부드러우면 더 빨리 발효가 된다. 효모는 또한 온도를 섭씨 30도 정도에 맞춰줘야 잘 자란다. 반죽을 담은 그릇을 바람이 잘 통하는 창가에 놓고 부풀어 오르기를 기다리면 된다. 빵을 굽는 동안 효모는 열 때문에 모두 죽고, 이로 인해 빵이 부풀어 오르는 것도 멈추게 된다.

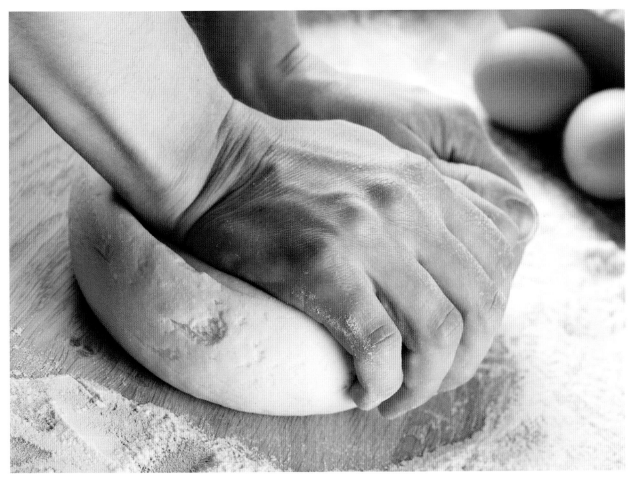

와인 Wine

포도를 와인으로 바꾸는 데 쓰이는 효모는 일정한 조건 아래서 한결같이 강한 속성을 드러냈기 때문에 배양됐을 것이다. 아니면 몇몇 와인 제조업자들이 자신의 양조장이나 지역의 와인에 특유한 맛을 낸다고 믿었던 야생 포도의 효모를 그대로 썼을 수도 있다. 효모는 포도의 당을 알코올과 이산화탄소로 바꿔놓는다. 스틸 와인(Still Wine, 스파클링 와인과 대조되는 와인)의 경우는 이산화탄소가 밸브나 열려 있는 통의 표면을 통해 빠져나간다.

달콤한 디저트 와인을 만들려면 당이 모두 소진되기 전에 발효 과정을 중지시킨다. 레드 와인은 젖산 박테리아에 의한 2차 발효 과정을 거치기도 하는데, 여기에서 신맛이 나는 사과산(Malic Acid)은 더욱 부드러운 맛을 내는 다른 산으로 변한다. 스파클링 와인도 2차 발효 과정을 거친다. 이 과정은 병 안에서 일어나는데, 효모가 당을 더 공급받아 알코올과 이산화탄소를 만들어낸다.

와인에서 식초 맛이 나면 좋은 와인이 아니다. 부패로 인해 쓰는 맛이 나는 것인데, 초산균(Acetobactor)에 오염되었기 때문이다.

발효
식초 Vinegar

당을 포함하고 있는 것이면 거의 다 식초로 만들 수 있다. 사과 주스, 포도 주스, 코코넛 워터 등이 모두 식초의 원료가 된다. 식초는 두 단계의 발효 과정을 거쳐 만들어진다. 첫째는 효모가 당을 알코올로 바꾸는 과정이다. 두 번째는 초산균이라는 박테리아가 공기 중 산소의 도움으로 알코올을 대사해 그 부산물로 초산(Acetic Acid)을 만들어내는 과정이다. 이 부드러운 초산이 식초에 신맛을 내고 천연 살균제의 기능을 하게 한다.

초산균은 또한 식초에서 초산과 결합해 이른바 초모(醋母)

를 발생시키는 섬유질의 셀룰로스를 만들어낸다. 저온 살균처리되지 않은 식초가 담긴 병 바닥에서 볼 수 있는 찐득찐득한 물질이다. 대부분의 식초는 저온 살균처리를 해 박테리아를 죽이고 초모가 생산되는 것도 방지한다. 하지만 초모는 해로운 게 아니다. 약초 재배를 하는 사람들은 초모에 병을 치료하는 효능이 있다고 주장하기도 한다. 그럼에도 불구하고 초모 때문에 입맛이 떨어진다고 불평하는 사람들이 많다.

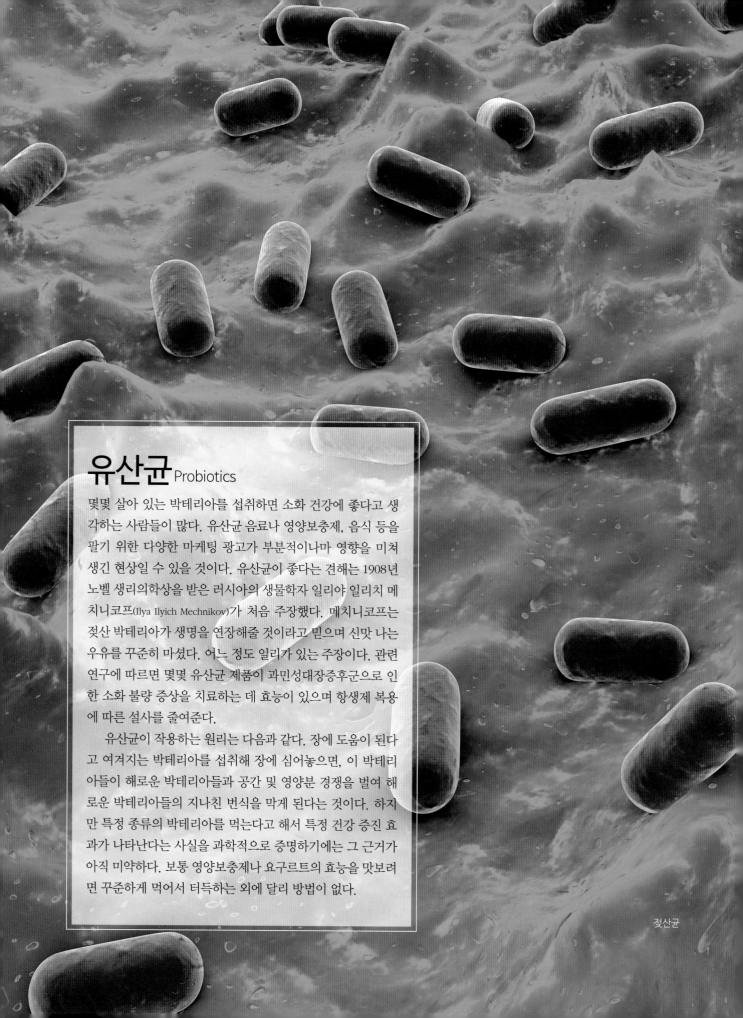

유산균 Probiotics

몇몇 살아 있는 박테리아를 섭취하면 소화 건강에 좋다고 생각하는 사람들이 많다. 유산균 음료나 영양보충제, 음식 등을 팔기 위한 다양한 마케팅 광고가 부분적이나마 영향을 미쳐 생긴 현상일 수 있을 것이다. 유산균이 좋다는 견해는 1908년 노벨 생리의학상을 받은 러시아의 생물학자 일리야 일리치 메치니코프(Ilya Ilyich Mechnikov)가 처음 주장했다. 메치니코프는 젖산 박테리아가 생명을 연장해줄 것이라고 믿으며 신맛 나는 우유를 꾸준히 마셨다. 어느 정도 일리가 있는 주장이다. 관련 연구에 따르면 몇몇 유산균 제품이 과민성대장증후군으로 인한 소화 불량 증상을 치료하는 데 효능이 있으며 항생제 복용에 따른 설사를 줄여준다.

유산균이 작용하는 원리는 다음과 같다. 장에 도움이 된다고 여겨지는 박테리아를 섭취해 장에 심어놓으면, 이 박테리아들이 해로운 박테리아들과 공간 및 영양분 경쟁을 벌여 해로운 박테리아들의 지나친 번식을 막게 된다는 것이다. 하지만 특정 종류의 박테리아를 먹는다고 해서 특정 건강 증진 효과가 나타난다는 사실을 과학적으로 증명하기에는 그 근거가 아직 미약하다. 보통 영양보충제나 요구르트의 효능을 맛보려면 꾸준하게 먹어서 터득하는 외에 달리 방법이 없다.

젖산균

발효
요구르트 Yogurt

미국인들이 유럽을 비롯한 세계 곳곳에서 오랜 세월 즐겨온 신맛의 발효 유제품 요구르트를 받아들이는 데는 몇십 년이 걸렸다. "의사들이 추천한다"라는 슬로건을 앞세워 광고를 해도 별 효과가 없었다. 오늘날 요구르트는 어린이들의 점심

도시락에 빠지지 않는 음식이며, 신선하고 쏘는 맛뿐만 아니라 살아 있는 박테리아가 들어 있다고 해서 사랑받고 있다.

요구르트는 아무런 박테리아로나 만들지 않는다. 우유를 먼저 저온 살균해 나쁜 균을 죽이고 미국 FDA가 승인한 유기체인 락토바실루스 불가리스(Lactobacillus Bulgaris)와 스트렙토코커스 써모필러스(Streptococcus Thermophiles)로 배양한다. 이 유기체들은 우유의 당을 젖산으로 변환시킨다. 젖산은 맛을 내고 우유를 굳게 해 푸딩과 비슷한 농도로 걸쭉하게 만든다. 장내 박테리아 수의 균형을 맞춰준다고 여겨지는 락토바실루스 아시도필루스(Lactobacillus Acidophilus) 같은 박테리아를 첨가하는 경우도 있다.

발효
치즈 Cheese

엔테로코쿠스 페칼리스(Enterococcus Faecalis). 맛을 느끼게 하는 이름은 아니다. 하지만 포르투갈의 피칸테 다 베이라 바이하(Picante da Beira Baixa), 스페인의 세브레이로(Cebreiro), 그리스의 페타(Feta) 등 남유럽에서 생산되는 치즈들의 독특한 맛에 기여하고 있는 박테리아다. 실제로 치즈는 다양한 박테리아, 곰팡이, 효모 등 발효 미생물을 활용해 만든다. 어떤 미생물을 고르느냐는 치즈의 맛과 굳기를 결정하는 중요한 요소 중 하나다.

치즈를 만드는 가장 기본 과정은 당을 젖산으로 바꿔주는 박테리아로 우유를 발효시켜 굳게 한다. 다음은 어린 포유동물의 장 주름에서 나오며 어미의 젖을 소화하는 데 도움이 되는 물질인 레닛(Rennet)을 이용한다. 레닛의 효소는 고체로 굳어진 우유 덩어리와 액체 상태의 유장을 분리한

다. 그런 다음 소금을 뿌리고, 사상균 같은 미생물을 첨가하기도 한다.

치즈는 우유보다 저장하기 더 쉽고, 산과 염분 덕분에 보관도 더 오래 할 수 있다. 사람들이 수천 년 동안 치즈를 만들어 온 이유다.

자연을 다스리는 지혜
생태학

곰은 여름이면 어디에서 산딸기를 찾을 수 있는지 안다. 철새들은 수천 킬로미터를 날아서 먹이가 있는 곳으로 이동한다. 사람들도 마찬가지로 세계 곳곳에 살면서 자신의 주변 환경에서 자연의 흐름을 연구해왔다. 물고기들은 연중 언제쯤 강어귀로 들어오는가? 견과류 나무들이 가장 잘 자라는 시기는 언제인가? 산딸기를 가장 잘 따는 방법은 무엇인가?

농업은 환경을 제어하면서 음식물을 채집하고 만들어내는 인간만의 독특한 기술이다. 사람들은 약 1만 년 전 동지중해 지역에서 농업을 처음 시작한 이후, 종자의 DNA를 조작하거나 인공조명으로 식물을 생장시키는 등 점점 더 정교하게 농업 기술을 발전시켜 왔다.

때때로 사람들은 실수로부터 무언가를 배워야 했다. 자연 환경을 파괴시키는 예견치 못했던 그런 실수 말이다. 예를 들어 1930년대 아메리카 대륙의 평원에 몰아쳤던 끔찍한 모래 폭풍이 그렇다. 농부들은 이 재해로 윤작(돌려짓기)을 하거나 비료를 이용해서 땅의 영양분을 보호하고 보충해야 한다는 사실을 깨달았다.

양식장의 틸라피아.

생 태 학

수경법 Hydroponics

많은 미국인들이 토마토의 스티커에 "수경법으로 재배했다"는 말이 적힌 것을 처음 본 적이 있다. 수경법은 1980년대까지만 해도 거의 알려지지 않았지만, 현재는 땅에서 재배하지 않는 토마토, 즉 수경법으로 재배하는 토마토가 전체 신선 토마토 시장의 40%를 차지하고 있다. 샐러드용 야채, 허브 등의 작물도 수경법으로 재배하는 사람들이 늘고 있다.

수경법은 그리스어에서 물을 뜻하는 히드로(Hydro)와 노동을 뜻하는 포노스(Ponos)를 합친 단어이다. 흙 없이 식물을 재배하는 방법이란 물로 식물을 키운다는 것이다.

비료를 뿌린 땅이나 원래 비옥한 땅에는 식물의 성장에 필수적인 질소, 인, 칼륨 등의 미네랄 영양소들이 있다. 흙은 매개체일 뿐이다. 이 영양소들이 물에 녹으면 식물은 영양소가 풍부하게 함유한 물을 뿌리로 흡수해 영양분을 공급받게 된다. 수경재배를 할 때는 식물의 뿌리를 산소가 들어간 영양소 용액에 담가놓거나, 이 용액으로 적신 돌, 즉 펄라이트 같은 곳에 넣어둔다. 뿌리가 흙이 없어도 영양분이 풍부한 물을 흡수할 수 있게 하는 것이다.

수경법은 필요한 영양소의 정확한 양을 측정하고 물을 재활용할 수 있어 영양소와 물을 아낄 수 있다. 살충제와 비료가 땅이나 지하수로 흘러들어 가지 않는다는 장점도 있다.

아마 수경법의 가장 큰 매력이라면 일 년 내내 많은 양을 수확할 수 있다는 점일 것이다. 수경법으로 재배된 농산물은 전 세계에서 유통되고 있으며, 덕분에 소비자들은 경우에 따라 계절에 맞지 않는 채소나 딸기를 구할 수 있게 됐다. 이는 곧 식탁의 음식을 더 빠르고 더 신선하게 전달하고 있다는 말이 된다. 물론 수경법의 이런 특징이 흙 없이 재배를 한다고 해서 나온 것은 아니겠지만, 식물을 날씨나 속성 생장용 램프로부터 보호하는 것만은 틀림없다.

베트남의 계단식 논

생 태 학

물고기 양식 Aquaculture

사람들은 그 어느 때보다 생선을 많이 먹고 있다. 전 세계에서 소비되는 동물 단백질의 18.5%가 물고기에서 나온다. 해물 수요가 많아지면서 어업은 상당한 부담을 떠안게 됐다. 대구와 대서양 참다랑어 같은 물고기들은 어종이 거의 사라질 정도로 남획되고 있다.

인간들이 나름 찾아낸 해결책은 물고기를 더 많이 생산하는 것이었다. 바로 양식이다. 물고기와 갑각류를 잡아 번식시키는 양식은 지난 반세기 동안 엄청나게 증가했다. 1950년대에 비해 생산량이 50배나 늘어났다. 양식업은 중국을 중심으로 아시아 태평양 지역에서 성행하고 있다.

양식에는 서로 겹치는 두 가지 방법이 있다. 그 하나는 집중 방식으로 물고기를 한군데로 몰아넣어 물고기의 서식 환경 전체를 관리한다. 물고기는 공기가 통하는 순환 탱크나 연못에서 대량으로 자라며 공장에서 만든 먹이를 먹는다. 다른 하나의 양식은 자연적인 생태계를 이용한다. 강, 연안수, 심지어는 바다를 그대로 이용하며 아주 어린 물고기도 함께 키운다. 물고기들은 그물 안에서 식물성 플랑크톤이나 다른 먹이도 먹을 수 있다.

야생 물고기의 개체수 감소를 막기 위한 방편이라고는 하지만 가축이나 가금류 농장과 유사한 물고기 농장들이 생겨나 수자원 환경을 심각하게 훼손시키기도 한다. 동남아시아와 아프리카의 맹그로브 습지들이 사라지며 새우 양식장으로 변하고 있다. 집중 방식의 물고기 양식에서는 물고기들이 먹다 남은 먹이와 쓰레기들이 물속에서 부패하는 바람에 산소를 고갈시키고 녹조현상을 일으켜 해양 생물을 몰살시킬 우려도 있다. 새우나 연어처럼 사람들이 좋아하는 어종의 양식에 엄청난 양의 해양 자원이 소모되는 것도 문제다. 새우나 연어들이 해물 요리로 쓰일 만큼 다 자랄 때까지 자기 몸무게의 2배 정도 되는 양의 정어리나 멸치 같은 어종을 먹어치우기 때문이다. 환경단체인 시에라 클럽 캐나다(Sierra Club Canada)는 다른 단체들과 손을 잡고 우리가 해산물 요리를 언제까지 먹을 수 있는지를 알리는 가이드를 마련해 공개하고 있다. seachoice.org에서 볼 수 있다.

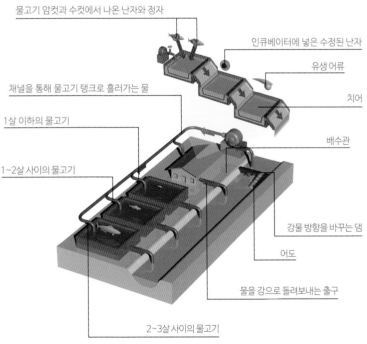

물고기 암컷과 수컷에서 나온 난자와 정자

인큐베이터에 넣은 수정된 난자

유생 어류

치어

채널을 통해 물고기 탱크로 흘러가는 물

1살 이하의 물고기

배수관

1~2살 사이의 물고기

강물 방향을 바꾸는 댐

어도

물을 강으로 돌려보내는 출구

2~3살 사이의 물고기

버릴 게 없으면 모자랄 게 없다
식품 미생물학

음식을 만드는 것과 보관하는 것은 별개의 일이다. 자연의 상태에서 우리가 먹는 모든 유기물은 부패해서 사라진다. 어느 정도 시간이 지나면 고약하게 상한다. 냄새나 맛, 그리고 모양새가 그렇다. 바로 그런 것은 아니지만, 비타민이 열과 강한 빛, 공기, 물에 노출되면 분해되듯이 음식도 영양분의 가치를 잃게 된다.

음식을 보존할 때 가장 먼저 해야 할 일은 효모, 곰팡이, 박테리아, 곤충 등이 음식에 접근하지 못하도록 하는 것이다. 효모와 곰팡이는 산이 많은 과일에서 잘 번식하며 과일의 당분을 산성 거품으로 바꾼다. 박테리아는 고기, 유제품, 약산성 채소를 선호한다. 증식하게 놔두면 음식을 부패시키는 물질과 산을 만들어 낸다. 어떤 박테리아는 우리의 위장에 퍼져 위험한 독을 방출하기도 한다. 식중독이다.

사람들은 불로 음식을 요리하기 시작하면서 음식의 부패를 막느라 무진 애를 써왔다. 훈제나 건조, 식초 및 소금 절이기는 수천 년 동안 계속해온 그런 노력들이다. 음식 보존기술은 저온살균 같은 방법이 개발된 19세기 들어 크게 진보했다.

미생물학
냉동식품 Frozen Food

박테리아와 곰팡이는 신선한 음식을 순식간 삼켜 소화시키는데, 따뜻하고 습기가 많은 곳에서 잘 번식한다. 음식물을 냉장고에 넣으면 이런 미생물들의 번식 속도를 늦출 수 있지만, 효과는 냉동시키는 것만 못하다. 냉동을 하면 많은 미생물을 죽일 수 있으며 안 죽는 미생물들이라도 움직이지 못하게 가두어둘 수 있다. 며칠이나 일주일이 지나면 먹을 수 없는 음식도 냉동을 시키면 몇 달 동안 먹을 수 있다.

물은 대부분 유기 물질의 주요 부분을 차지한다. 완두콩이나 햄버거를 얼린다는 것은 그 음식 안에 포함된 물을 얼음 결정체로 바꾼다는 뜻이다. 매우 간단하게 들린다. 실제로 추운 기후에 사는 사람들은 동물이나 물고기를 잡으면 집 밖에 보관해 신선한 상태를 유지시킨다. 하지만 미국에서 음식을 냉동시키는 것은 20세기 중반 가정용 냉동고가 나오기 전까지는 어림도 없는 일이었다.

오늘날에도 순간 냉동은 집에서 하는 냉동보다 여러 가지로 이점이 많다. 우선 순간 냉동은 대부분의 집에 있는 가정용 냉동고보다 미생물에 더 치명적이다. 두 번째로 음식을 냉동시키는 속도가 매우 빠르다. 음식 주위의 모든 공기를 팬으로 순환시키기 때문에 몇 분 만에 냉동이 가능하다. 음식을 천천히 냉각시키면 결정이 커지는데, 이렇게 커진 얼음의 결정은 노출된 세포를 변형시키고 파괴할 수 있다. 결국 음식은 물러지고 색깔과 맛도 잃게 된다.

과일과 채소의 경우는 대부분 얼리기 전에 우선 데쳐야 한다. 끓는 물이나 증기로 빠르게 열을 가한다는 뜻이다. 이 과정은 과일과 채소를 지나치게 익히는 효소의 활동을 멈추게 한다.

클래런스 버즈아이 Clarence Birdseye

버즈아이라는 이름은 곧장 미국 식료품 가게들에서 흔히 보는 직사각형 냉동야채박스를 떠오르게 한다. 사실 클래런스 버즈아이가 없었더라면 식료품 가게에 냉동식품 코너는 존재하지 않았을 것이다.

브루클린의 박제사였던 버즈아이는 캐나다 북쪽의 래브라도에 살면서 초저온으로 음식을 얼릴 수 있으리라는 영감을 얻게 됐다. 버즈아이는 그 지역에 살던 이누이트족이 물고기를 잡아 북극 공기에 노출시켜가며 순식간에 얼려 오랫동안 맛있게 먹는 것을 관찰했다.

버즈아이는 1923년 순간 냉동 기술로 회사를 세웠다. 순간 냉동은 세상을 바꿔놓았다. 물론 냉동을 하다 보면 수용성 비타민을 부분적으로 훼손시킬 가능성이 있었다. 하지만 한창 잘 익었을 때 수확한 채소를 바로 냉동시키면서 사정이 달라졌다. 먼 거리를 이동해 제철이 지났거나 며칠 동안 진열대에 놓여 있는 채소보다 순간 냉동 채소에서 훨씬 많은 영양분을 섭취할 수 있게 됐다.

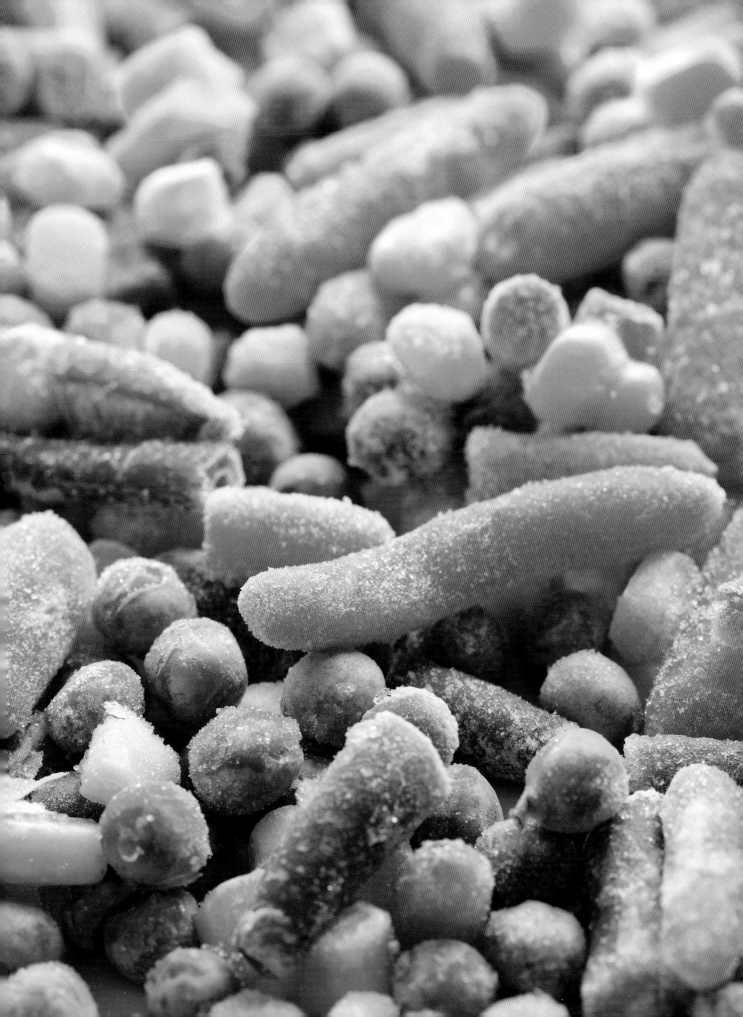

미생물학

통조림과 병조림
Canned and Bottled Food

음식을 캔이나 병에 넣을 때 가장 중요한 것은 캔과 병 자체다. 살균과 밀봉 작업을 거친 용기는 미생물을 원천적으로 차단한다. 그렇지 않으면 미생물이 용기 속 내용물을 먹어치울 것이다. 햄이나 콩을 어떤 미생물도 침범하지 못할 용기에 보관하면 길게는 5년까지 먹을 수 있는 상태를 유지한다.

우선 용기의 내용물은 몇몇 보존 과정을 거치게 된다. 보통 고온으로 조리하는데, 이 과정에서 음식 안에 있는 박테리아가 모두 죽는다. 박테리아는 저온은 물론 고온도 버티지 못한다. 보존제로 산 성분을 첨가하는 경우도 있다.

이렇게 준비된 음식을 용기 안에 넣고 용기를 밀봉한다. 그런 다음 용기를 열로 살균한다. 아직도 남아 있을지 모를 미생물을 집중적으로 공격하는 셈이다. 살균에 필요한 온도는 음식에 따라 다르다. 집에서는 보통 한번 끓이면 안전하게 살균되는 과일절임이나 산성분이 강한 피클 정도를 캔에 집어넣는 작업을 할 수 있다. 하지만 식중독을 일으키는 박테리아 같은 미생물을 완전히 없애려면 산도가 낮은 고기는 매우 높은 온도에서 가열해야 한다. 고기 안의 온도가 약 섭씨 102도는 돼야 한다. 이렇게 하려면 압력을 이용해 조리를 해야 한다.

드문 일이지만 캔에 담긴 음식이 상하는 것은 캔을 만드는 과정에서 박테리아가 들어갔기 때문이다. 살아 있는 박테리아가 캔 안에 들어가면 이산화탄소를 발생시키고 캔을 부풀려 한눈에 알아볼 수 있게 된다.

캔에 음식을 넣어 보관하는 것은 파리의 제과업자 니콜라 아페르(Nicolas Appert)가 고안한 것으로 알려져 있다. 아페르는 십여 년의 실험을 거쳐 1810년 〈고기와 채소를 보존하는 기술(The Art of Preserving Animal and Vegetable Substance)〉이라는 책을 출간했다. 하나의 과학으로서 화학이 아직 걸음마 단계였고 박테리아에 대한 지식이 거의 없었던 때라, 아페르는 시행착오를 거듭하며 실험을 진전시켰을 것으로 보인다.

미생물학

냉동건조식품 Freeze-Dried Foods

박테리아와 곰팡이는 음식을 상하게 하거나 독성을 띠게 하는데, 물 없이는 살 수 없다. 물은 사람들이 음식을 더 오래 보관하기 위해 탐구했던 이 미생물들의 또 다른 아킬레스건이다.

냉동건조는 음식이나 음료를 섭씨 영하 50~80도로 냉동해 물을 얼음으로 바꾸고 미생물을 죽이면서 시작된다. 그런 다음 낮은 압력이 유지되는 공간에서 음식에 열을 가하고 승화시킨다. 이렇게 되면 고체인 얼음은 부서지면서 액체 상태를 건너뛰고 바로 기체로 변한다. 이때 발생한 수증기는 압축돼 공간 밖으로 방출된다. 이 과정은 보통 몇 시간이 걸린다.

이 상태에서 음식의 구조는 손상되지 않은 채 그대로 유지되고, 물이 있던 곳에는 공기가 잘 통하는 구멍들이 생기게 된다. 음식은 이제 뼈대만 남아서 미생물들이 침투할 여지가 없어진다. 수분이 없기 때문에 음식을 부패하게 하는 효소조차 활동을 멈출 수밖에 없다. 이 단계에서 음식은 밀폐된 용기에 넣어져 공기 중 수분과의 접촉이 차단된다. 30년이 지나도

물만 붓고 흔들면 언제든지 먹을 수 있는 음식!

냉동건조 기술은 인스턴트 커피, 건조 수프 가루, 빵 가루, 분말 음료, 건조 과일 등을 만드는 데 쓰인다. 작은 조각들로 자르는 과정을 거쳐야 하지만 대부분의 음식은 냉동건조가 가능하다. 수분이 제거된 냉동건조식품은 간편하게 보관할 수 있고 무게도 적게 나가 군인들이 야전훈련을 나갈 때나 캠핑 갈 때 유용하다.

의약품의 냉동건조 보관
Freeze-Drying Pharmaceuticals

냉동건조는 제2차 세계대전 때 전투용 필수품을 긴박하게 찾다 보니 개발된 기술 중 하나다. 당시 야전에서 부상 입은 연합국 군인들에게 수혈할 혈장을 보관하기 위한 방편으로 고안한 것이 냉동건조 기술이다. 오늘날에는 혈장뿐만 아니라 백신, 항체, 호르몬 등도 냉동건조 방식으로 보관한다. 저장하고 운송할 때 냉장보관을 하는 것보다 비용 면에서 유리하기 때문이다.

우주 음식 Food in Space

1960년대, 인간이 달에 착륙하기 전까지 미 항공우주국(NASA)은 우주비행사들이 비행할 때 먹을 수 있는 음식을 찾아내느라 고심했다. 그 결과물로 나온 것이 냉동건조 아이스크림이다. 월풀코퍼레이션(Whirlpool Corporation)이 나사의 주문을 받아 냉동건조 아이스크림을 만들었다.

하지만 이 아이스크림은 차갑지도 부드럽지도 않았고 크림 형태도 아니었다. 진짜 아이스크림이라고 할 수 있었을까? 다른 냉동건조식품과는 달리 우주 비행사들은 물을 붓지 않고 아이스크림을 먹는다. 바삭바삭하고 건조한 상태 그대로 먹는 것이다. 아이스크림을 우주 비행사들이 실제 우주비행에서 먹은 것은 한 번뿐이다. 하지만 그 후로 이 아이스크림은 기발한 상품으로 인식돼 사람들 사이에서 불티나게 팔렸다.

우주에서 음식을 먹으려면 비행사들이 서로 조심하며 동작을 맞춰야 해 까다롭다. 이 우주비행사들은 우주선 내 잠자는 칸에서 음식을 먹고 있다. 음식을 담은 판이 잠자는 칸의 미닫이문에 부착돼 있다. 우주비행사들은 동시에 한 입의 음식을 먹고 입을 닦는다.

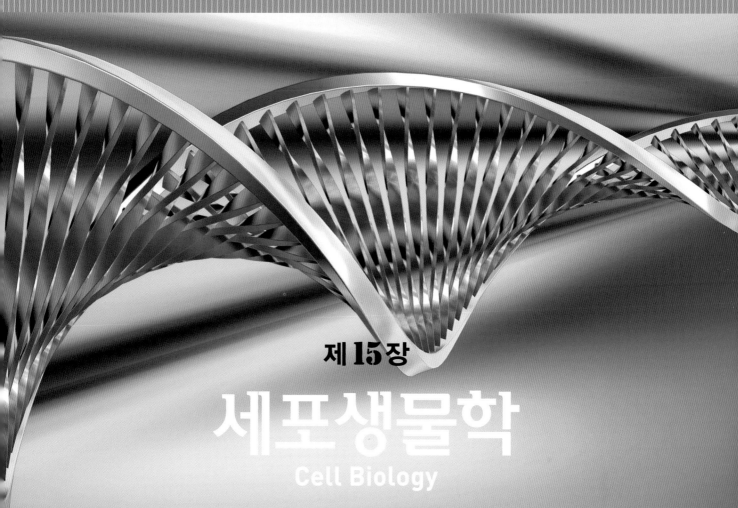

제 15장

세포생물학
Cell Biology

태초에 세포가 있었다. 지구상의 모든 생명체는 약 35억 년 전 살았던 단세포 유기체들로부터 진화했다. 이 단세포 유기체들이 무리를 이루기 시작한 것은 5억 년 이전이다. 세포는 우리의 행성에 존재하는 모든 생명체의 기본 단위이자 동물과 식물, 그리고 인체의 신비를 풀 수 있는 열쇠다. 세포를 이해해야 생명체가 어떻게 움직이고 왜 병이 들며 치료하는 방법은 무엇인지 알 수 있다. 생명체의 거의 모든 세포에는 조직과 기관의 형질과 기능을 가르는 유전 물질이 있다.

우리의 몸에는 각자 특유의 기능을 하는 수백 개의 서로 다른 세포들이 있다. 뇌 세포는 전기인 자극(Impulses)을 전달한다. 백혈구는 감염 부위로 돌진해 침입한 세균을 둘러싸고 대항할 항체를 만들어낸다.

사람들은 17세기에 현미경으로 처음 세포 구조를 들여다보았다. 21세기인 지금도 세포는 여전히 개척자 노릇을 하고 있다. 과학자들은 삶의 질을 높이고 생명을 구하며 심지어는 새로운 생명체를 창조하는 길을 세포에서 찾고 있다.

생명의 비밀을 풀다
DNA

DNA(Deoxyribonucleic Acid). 이 우아한 분자가 바로 생명의 원재료이다. 우리를 생물학적으로 다른 동물들과 차별화하며 하나의 개별 인간으로 만드는 정보들이 DNA에 담겨 있다.

DNA는 모든 세포의 핵에 들어 있으며, 당과 인산의 성분을 지닌 뉴클레오타이드(Nucleotide)의 사슬들로 이루어져 있다. 그리고 아데닌(Adenine), 티민(Thymine), 구아닌(Guanine), 시토신(Cytosine)이라는 4개의 염기로 짜여 있다. 이 염기들이 안쪽에서 짝을 이루면서 뉴클레오타이드의 사슬이 이중나선 모양으로 꼬이게 된다. 이 이중나선 구조는 프랜시스 크릭(Francis Crick)과 제임스 왓슨(James Watson)이 1953년 처음 발견했다.

시토신은 구아닌과, 아데닌은 티민과 항상 짝을 이룬다. 염기들이 이렇게 정해진 방식으로 짝을 이룸에 따라 이중나선으로 꼬여있는 사다리의 한 단이 하나의 패턴으로 작용한다. 세포가 분열하기 전에 이중나선이 풀리고 각각의 딸세포(Daughter Cell)는 사슬 하나를 모형으로 삼아 똑같은 복제품을 만들어내는 식이다.

사슬을 따라 늘어서 있는 염기쌍의 순서는 RNA(Ribonucleic Acid)를 통해 아미노산이 단백질이 되게끔 스스로 배열하는 방법을 지시하는 일종의 단순한 언어다. 단백질은 근육의 수축부터 성장까지 몸에서 일어나는 거의 모든 과정을 조절한다.

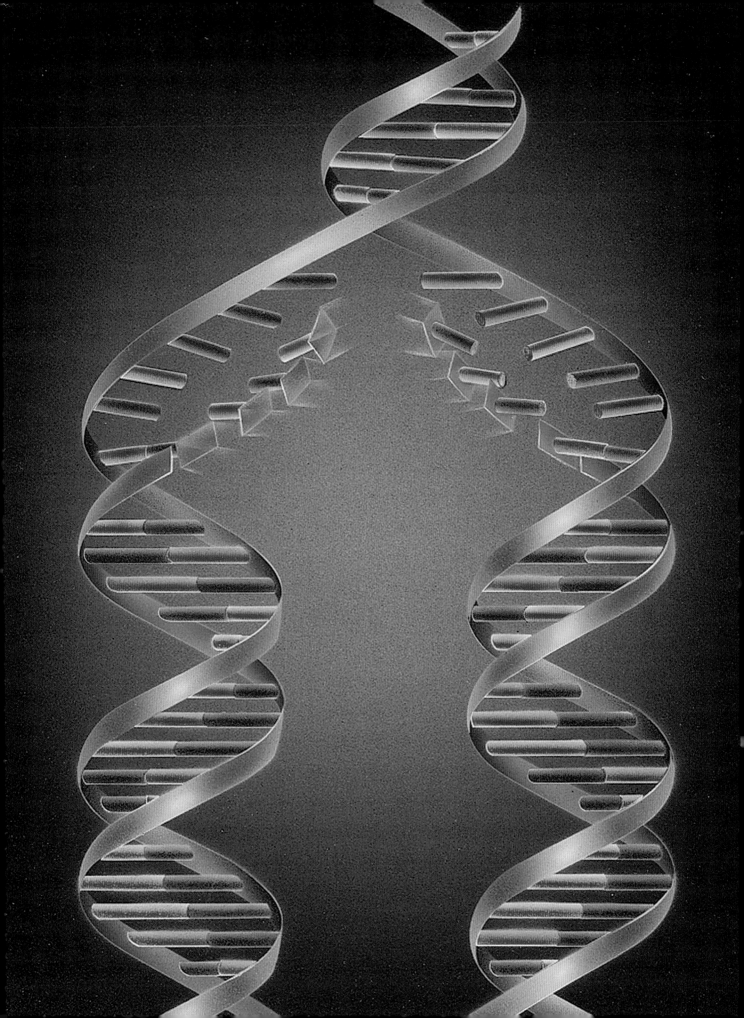

유전자 변형 농산물 Genetically Modified Crops

수천 년 동안 사람들은 자연에서 최상의 식물을 골라 종을 보존하거나 특성이 다른 식물들을 교잡시켜가며 가뭄에 강하고 맛 좋은 특질의 식물들을 개발, 재배해왔다.

하지만 1980년대 이후 새로운 방법이 등장했다. 하나의 식물(또는 박테리아나 바이러스)에서 추출한 유전 물질을 다른 식물의 유전자로 직접 주입해 더 좋은 종을 창출하는 식이다. 가장 흔한 유전자 변형 농산물은 옥수수, 콩, 카놀라, 목화, 감자다. 우리가 잘 알 수는 없겠지만, 일상적으로 먹는 수많은 가공식품에 이 유전자 변형 농산물들이 들어 있다.

유전자 변형은 질병이나 해충, 살충제, 잡초제거제 등에 강한 농산물을 키우는 데 그 목적이 있다.

첫 번째 단계는 원하는 유기체의 유전자 서열을 찾아내고 분리하는 것이다. 정교한 유전자 지도 작성(Gene-Mapping) 기술로 가능한데, 이 기술은 1990년대에 나왔다. 유전자를 이식하는 방법에는 여러 가지가 있다. 가장 흔한 것은 식물에서 근두암종을 일으키는 아그로박테리움 투메파키엔스(Agrobacterium Tumefaciens)라는 박테리아에 유전자를 주입한 다음, 변형시키고자 하는 식물을 이 박테리아에 감염시키

는 방법이다. 다른 방법으로는 원하는 DNA를 미세한 금이나 텅스텐 입자에 붙인 다음, 고압가스를 이용해 목표 식물의 세포 안으로 쏘는 것이다.

유전자 변형 농산물은 인구와 식량 문제를 해결할 수 있다는 희망을 안겨준다. 더 적은 비용으로 살충제, 제초제를 더 적게 쓰면서 더 많은 작물을 생산할 수 있기 때문이다. 세계보건기구(WHO)는 유전자 변형 농산물이 건강에 해롭지 않을 것이라고 주장하지만 논란의 여지가 있다. 유전자 변형 농산물에 알려지지 않은 건강 위협 요소가 있을 수 있으며 알레르기 유발 항원이 들어 있을지 모른다고 걱정하는 사람들도 많다.

DNA
가축 복제 Livestock Cloning

최초의 복제동물인 복제양 돌리(오른쪽)는 체세포 핵 치환 기술을 통해 태어났다.

축산가들은 지난 수십 년 동안 인공수정이나 다른 생식보조 기술을 이용해왔다. 이런 기술들로 우량종의 아비와 어미를 고를 수는 있지만 유성생식의 불확실한 문제는 그대로 남게 된다. 과연 새끼에게 우량 특질을 고스란히 유전시킬 수 있을까? 새끼는 암컷일까 수컷일까?

복제는 다르다. 악조건에서도 쑥쑥 자라거나 살코기나 우유를 잘 만들어내는 원하는 특질의 동물을 유전적으로 똑같이 만들어낼 수 있다.

1996년 그 유명한 복제양 돌리(Dolly)가 탄생한 이후, 과학자들은 소, 돼지, 염소 등을 복제하는 데도 성공했다.

돌리를 비롯해 대부분의 복제동물은 체세포 핵 치환이라는 과정을 통해 탄생한다. 미성숙 난자에서 DNA가 들어있는 핵을 제거한 후 그 자리에 다른 체세포에서 추출한 핵을 집어넣는 기술이다. 체세포가 이식된 세포가 살아남아서 분화하고 그 결과로 생겨난 배아가 대리모에 주입된다.

이 기술은 비용이 많이 들기 때문에 식용 동물보다는 질 좋은 종축(種畜)을 생산하는 데 주로 사용된다. 2008년 미국 농무부는 미국 전역에 600마리의 복제동물이 있다고 추산하고 관련 농가들에 복제동물의 젖이나 고기를 시장에 공급하지 말아달라고 요청했다. 농무부는 이 복제 제품들을 별 저항 없이 자연스럽게 시장에 진입시키는 방안을 찾고 있다.

같은 해 미국 식품의약국(FDA)은 복제동물 식품이 보통 동물 식품만큼 안전하다는 연구 결과를 발표했다. 그러나 FDA는 전통적으로 사육되는 가축과 비교해서 복제동물의 경우 건강에 문제가 더 많고 조기 사망할 확률이 높으며 대리모들이 다양한 합병증을 앓을 가능성이 높다고 발표한 바 있다.

DNA
배양육 In Vitro Meat

실험실에서 고기를 만들어 살아 숨 쉬는 동물을 죽이지 않는 날이 올 수가 있을까? 동물들의 고통, 환경오염, 대규모 축산 산업을 걱정하는 일부 생체공학자, 환경운동가, 동물보호 운동가들에게 배양육은 미래의 희망으로 받아들여지고 있다. 실제로 축산농가에서 발생하는 온실가스 비중을 살펴보면 교통수단보다 훨씬 많다.

배양육의 제조 과정은 줄기세포(Stem Cell)에서 시작된다. 줄기세포는 계속해서 분화해 피부, 혈액, 뼈, 뇌세포 등 여러 종류의 세포로 발달하는 세포를 말한다. 2012년 네덜란드 마스트리히트 대학의 한 과학자는 근위성세포(Myosatellite Cell)를 이용해 근육과 같은 조직을 만들어내는 데 성공했다. 근위성세포는 빠르게 증식해 손상된 근육을 재생하는 줄기세포다. 이 과학자는 송아지 혈청에서 세포를 배양해 그 세포를 화학 화합물로 만든 인조 지지체에 주입하는 방식을 사용했다.

이런 실험의 규모를 키우는 게 과학자들의 주요 관심사이지만 현재로선 쉽지 않다. 배양육이 맛이 있고 없고는 나중의 문제다.

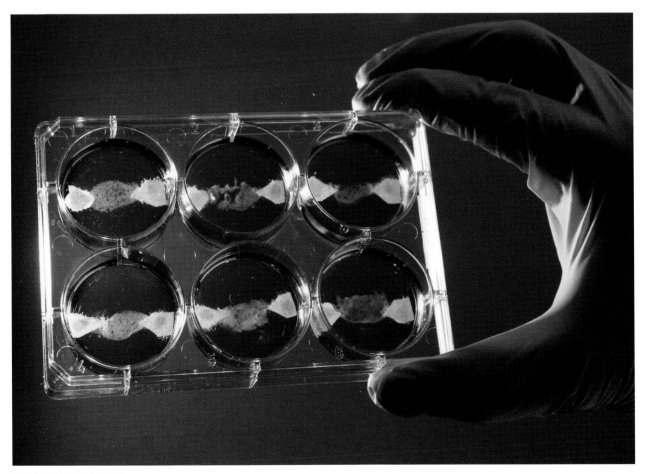

연구소에서 배양된 고기 세포

DNA
인간 시험관 수정 Human in Vitro Fertilization

영국의 생리학자 로버트 에드워즈(Robert Edwards)가 수정의 신비를 푸는 데는 수십 년이 걸렸다. 에드워즈는 먼저 동물을 대상으로 실험했다. 그리고 페트리 접시에 인간의 난자를 수정시켜 키우는 데 적절한 호르몬의 조건을 찾아내느라 수년의 세월을 씨름했다. 결국 수정란의 자궁 주입에 성공해 1978년에 "시험관 아기" 루이스 브라운(Louise Brown)이 태어났다. 최초의 시험관 아이의 탄생 이후 30년 동안 같은 방법으로 400만 명 이상의 시험관 아기가 태어났다.

시험관 수정은 비용이 많이 들지만 이제는 불임을 해결하는 흔한 방법이 됐다. 그 과정은 다음과 같다. 먼저 수정에 도움이 되는 약물을 여성에게 투여해 여러 개의 난자를 배란하도록 유도한다. 그런 다음, 속이 빈 바늘로 여성의 난소에서 난자를 채취한 뒤, 이 난자들을 각각 수천 개의 정자들과 함께 인큐베이터에 집어넣는다. 다음날 의사가 수정이 이루어졌는지를 확인한다. 3일째가 되는 날이면 하나의 배아는 6~8개의 세포가 된다. 이 배아가 얇은 플라스틱 튜브를 통해 여성의 자궁에 주입된다.

때에 따라 출산 확률을 높이기 위해 여러 개의 배아를 자궁에 주입하는 경우도 있다. 하지만 미국 생식의학회(American Society of Reproductive Medicine)는 산모에게 위험한 다둥이 분만을 막으려면 35세 이하의 여성에게 2개 이상의 배아를 주입해서는 안 된다고 경고한 바 있다.

시험관 수정 기술 자체는 상당 수준에 이르렀지만, 수정의 성공 여부는 난자와 정자의 질에 달려 있다. 여성의 난자는 나이가 들면 퇴화한다. 기증자의 난자를 사용하게 되는 것은 이 때문이다. 정자의 수가 거의 없거나 활동성이 떨어질 경우는 정자 한 마리만 직접 난자에 주입하는 방법을 쓴다.

정자가 난자로 주입되는 과정을 보여주는 모니터.

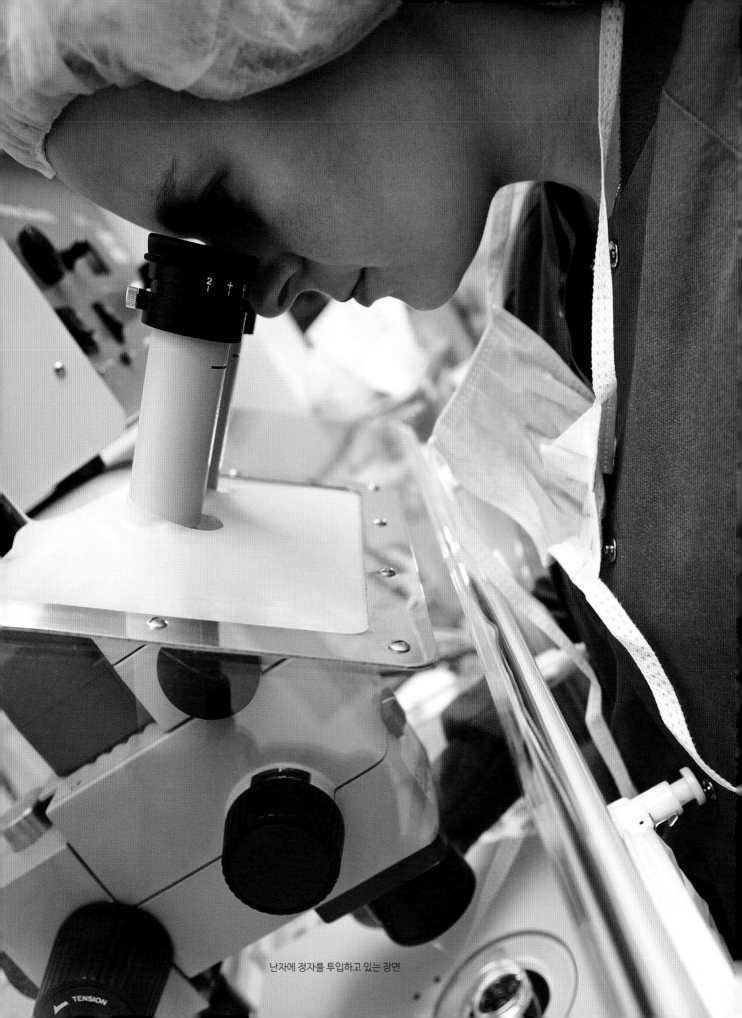

난자에 정자를 투입하고 있는 장면

DNA
암 Cancer

암은 세포가 미쳐 날뛰면서 발생한다. 유전 프로그래밍 (Genetic Programming)에 무언가 이상이 생겼기 때문이다. 유전 프로그래밍은 새 조직을 만들거나 죽은 세포를 대체하기 위해 언제 증식해야 하는지, 노화되거나 손상을 입은 세포는 언제 죽여야 하는지를 세포에 지령한다. 암을 일으키는 위험 인자들은 잘 알려져 있다. 하지만 이러한 유전적 손상의 원인이 무엇인지는 아직 잘 모른다. 다만 많은 유전자들이 손상되는 것은 사실이다. 원인이 무엇이든 결과는 하나다. 비정상적인 세포들이 통제 불능 상태로 성장하는 것이다.

비정상 세포들은 종양을 형성할 때까지 증식한다. 암 세포가 정상 세포와 다른 점은 주변 조직에 직접 침투하거나 혈관, 림프계를 타고 멀리 떨어진 부위로 이동하면서 서서히 퍼진다는 것이다.

암은 몸의 어디에서든 발생할 수 있다. 악성종양(Malignancy)이란 명칭은 종양의 발생 부위와 종양을 둘러싼 세포의 유형에 따라 붙여진다. 예를 들어 흑색종(Melanoma)은 색소를 만드는 멜라노사이트(Melanocyte)라는 피부 세포에서 시작된다. 햇볕에 노출돼 유전적 변화가 급속히 일어나면 멜라노사이트는 걷잡을 수 없이 불어난다. 이 세포들은 초기에 잡지 못하면 혈관을 타고 폐나 뇌 같은 멀리 떨어진 부위까지 퍼져나간다. 이것이 전이성 흑색종이다.

의사들은 암을 진단하고 치료 방법을 결정할 때 암의 유형과 암 세포의 확산 정도를 살펴본다. 어떤 유형은 상당히 치명적인 반면 또 어떤 유형은 거의 치료가 가능하다. 의사들은 암 세포가 현미경을 통해 보이는 암세포의 모양도 예의주시한

다. 보다 공격적인 암들은 대체로 미분화된 상태를 보인다. 이런 암들은 채 자라지 않은 초기의 것들로, 암이 시작된 부위의 세포들과 유형도 다르다.

100% 유전적 요인으로 발생하는 암은 거의 없다. 연구 결과에 따르면 암 발생의 3분의 2가 흡연이나 과일과 채소를 적게 먹는 지방 위주의 식습관, 감염, 방사선 및 오염물질 노출 같은 환경적 요인과 연관돼 있다. 이런 요인들이 상호작용해 무작위적인 유전적 돌연변이라는 독특한 패턴을 나타낸다. 이런 돌연변이는 유전될 수도 있다.

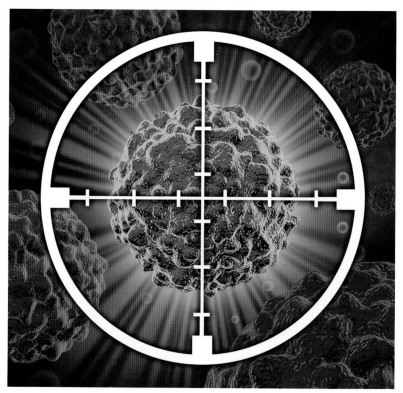

암 세포 조준하기. 건강한 세포를 해치지 않고 암 세포를 조준하는 것이 암 연구의 목표다.

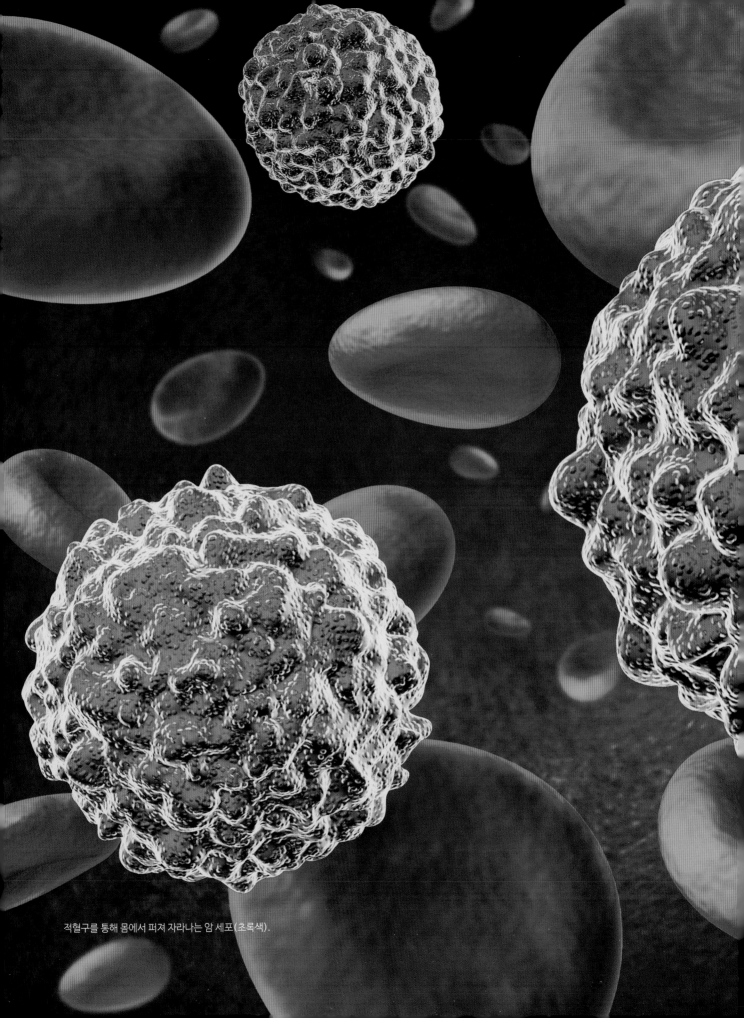

적혈구를 통해 몸에서 퍼져 자라나는 암 세포(초록색).

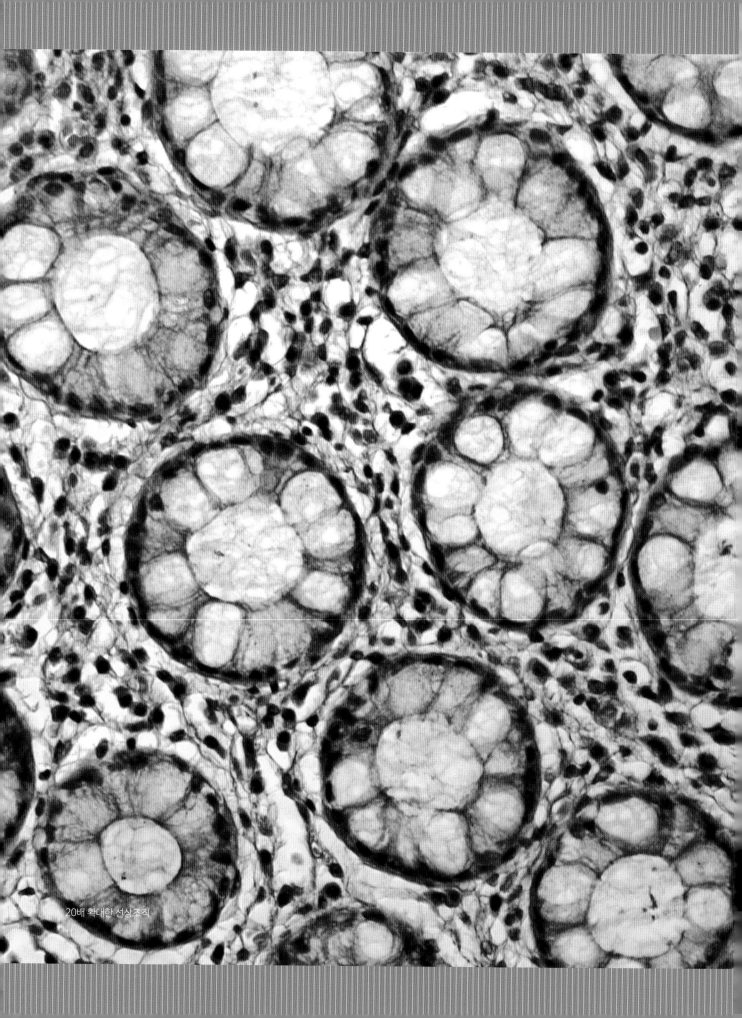

20배 확대한 선상조직

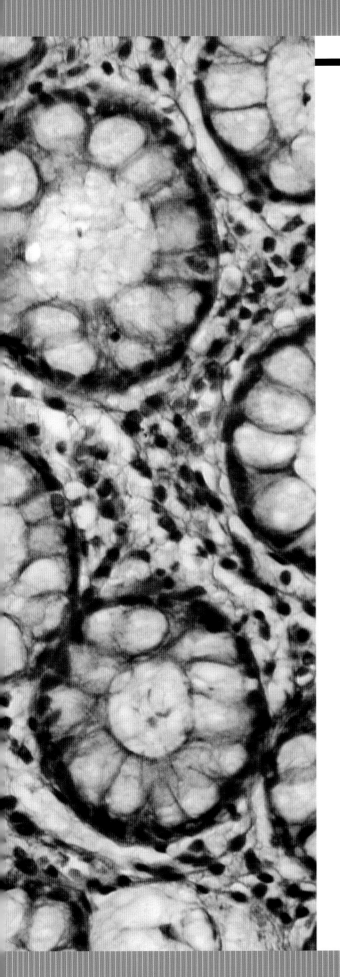

DNA
인간조직배양
Human Tissue Cultivation

재생의학에서는 환자의 손상된 신체 부위를 대체물로 바꿔준다. 여기에서 대체물이란 철심이나 실리콘이 아니다. 실제로 살아 있는 세포나 조직, 기관이다. 재생의학이 아직은 실험 단계에 놓여 있지만 어느 정도 괄목할 성공을 거두고 있다.

2006년 미국 노스캐롤라이나 소재 웨이크 포리스트 재생의학 연구소는 실험실에서 만든 방광을 인체에 이식하는데 성공했다고 발표했다. 연구팀은 환자들로부터 방광과 근육 세포를 추출해 실험실에서 배양했다. 그런 다음 이 세포들로 생분해가 가능한 방광 모양의 지지체를 만들어 그 바깥쪽에는 근육 세포를, 안쪽에는 방광 세포를 배열해 심었다. 세포들이 함께 자라면서 (방광을 만들어내며) 지지체는 녹아버렸다.

최근에는 피츠버그 대학의 맥고완 재생의학연구소(McGowan Institute for Regenerative Medicine)가 지지체만을 부상으로 손상된 신체 부위에 봉합해 근육을 배양하는 데 성공했다. 이 지지체는 돼지 방광에서 추출한 세포외기질(Extracellular Matrix)이라고 불리는 얇은 종이 같은 조직이다.

세포외기질은 주로 콜라겐으로 이뤄진 물질이다. 세포를 유지시키거나 결합조직(Connective Tissue)에서 세포의 성장을 이끄는 역할을 한다. 돼지의 세포외기질은 자체 세포를 떼어내자 환자의 줄기세포를 자극해 손상된 부위와 근육 세포로 이동시켰다.

과학자들은 간, 신장, 심장의 조직을 배양하기 위해 노력하고 있다. 재생의학은 기존의 장기 이식 방법으로는 해결하지 못하는 두 가지의 난제를 극복할 것으로 기대된다. 장기 기증 부족사태와 면역시스템에 의한 이식 장기 거부반응이다.

DNA
줄기세포 치료 Stem Cell Therapy

줄기세포는 우리 몸의 모든 부위를 결정하는 세포다. 빠르게 증식하며 다양한 기관과 조직으로 발달한다. 줄기세포는 수정 후 며칠 자란 배아에서 추출하는데, 뇌세포에서 몸 내부의 장기 세포까지 수백 개의 특정 세포들로 변한다. 탯줄에서 추출한 골수와 혈액 안의 줄기세포는 혈액과 면역세포를 만들며, 피부와 근육 등 다양한 조직의 줄기세포는 새로운 세포로 손상된 부위를 복구할 수 있다.

과학자들은 지난 수십 년 동안 이 각별한 성장엔진을 이용해 질병으로 손상된 인체를 원상회복시키는 방법을 모색

해왔다. 1956년 뉴욕 쿠퍼스타운에서 백혈병 말기였던 3세 여자아이를 대상으로 골수이식을 시도해 처음 성공했다. 그러나 이 수술은 절반의 성공에 그쳤다. 아이는 자신의 일란성 쌍둥이로부터 골수 줄기세포를 이식받아 일단 목숨은 건졌지만 6개월 후 백혈병이 재발해 사망하고 말았다.

이 골수이식은 줄기세포 치료의 잠재력을 보여준 초창기 사례였다. 오늘날 골수이식이나 제대혈(Umbilical Cord Blood) 이식은 어렵기는 하지만, 질병 또는 화학요법 부작용으로 골수가 혈액세포를 만들어내지 못하는 환자 치료법으로 정평이 나있다. 해마다 약 1만 5000명의 미국인들이 골수이식이나 제대혈 이식을 받는다. 아직은 실험 단계이지만 줄기세포 치료법으로 손상된 척수, 뇌, 심장을 치료할 수 있으리라는 기대를 모으고 있다.

줄기세포 연구는 막 수정된 초기의 배아에서 세포를 추출하면서 생명경시 논란이 일어 교착상태에 빠진 적이 있다. 21세기에는 성체 줄기세포로 연구가 집중되고 있다. 2006년 일본 교토 대학 과학자들이 줄기세포 연구에서 획기적인 진전을 이뤄냈다. 이들의 연구는 일반 줄기세포(예를 들면 결합조직 내 줄기세포)를 만능 줄기세포로 전환시켜 인체 내 다른 모든 세포로 발달시키는 것이었다.

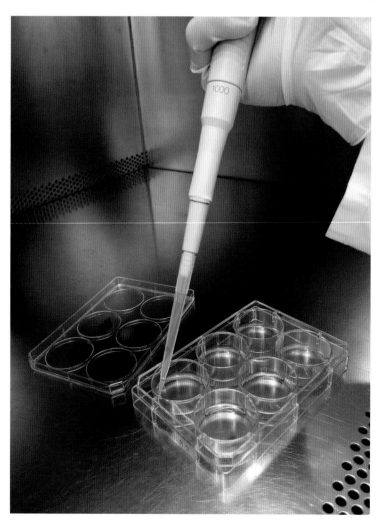

암 연구. 실험실의 무균 작업대는 세포 배양 실험에서 오염을 방지하는 데 반드시 필요하다.

줄기세포의 유형
Types of Stem Cell

줄기세포에는 여러 유형이 있다. 어떤 줄기세포든 분화해서 자신과 똑같은 세포를 만들어 낼 수 있다.

배아 줄기세포는 배아 발달의 가장 초기 단계(최대 약 5일)에서 나타난다. 줄기세포는 몸에 있는 모든 종류의 성체세포로 발달한다. 실험실에서 배양해 계속 성장시키고, 무려 200종류 이상의 성체 세포를 형성할 수 있는 능력에 따라 무한히 분화시킬 수도 있다. 이 때문에 줄기세포는 만능의 세포로 불린다.

성체 줄기세포는 성인이나 어린이, 태아의 조직 내 특화된 세포다. 피부, 뇌, 장, 혈액 등에 모두 존재한다. 골수 줄기세포는 백혈구나 적혈구를 만드는 데 사용된다. 뇌에서 추출한 줄기세포는 뉴런과 뇌세포로 발달하지만 뇌 외부의 조직으로는 불가능하다. 출산 직후에 추출돼 저장되는 제대혈 세포는 성체줄기세포의 한 형태다. 배아 줄기세포와는 달리 성체 줄기세포는 아직 실험실에서 배양하지 못하고 있다.

성인과 어린이에게서 추출되는 유도 만능 줄기세포(Induced Pluripotent Stem Cell)는 유전자 조작을 통해 배아 세포처럼 기능하게 할 수 있다. 배아 세포처럼 유도 만능 줄기세포는 모든 종류의 성체세포로 발달할 수 있다.

특정 종양의 세포로 발달할 수 있는 암 줄기세포의 연구도 활발하다. 암 줄기세포를 분리해낼 수 있다면 이 줄기세포만을 파괴해 종양이 다시 형성될 가능성을 차단할 수 있으리라는 희망을 안겨주게 된 것이다.

DNA를 줄기세포에
주입하는 과정.

DNA
유전자 치료 Gene Therapy

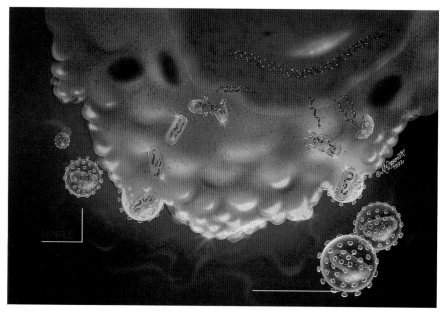

유전 치료 성공. 반대편(353쪽)의 현미경 이미지는 면역 체계의 T세포(가운데)가 구슬들에 붙잡혀 세포 분화를 일으키는 모습을 보여준다. 노란색으로 표시된 구슬들은 나중에 제거되고 순수한 T세포만 남는다. 남은 T세포는 암 환자에게 주입된다. 이 방법으로 2011년 펜실베이니아 대학 과학자들은 백혈병을 치료하는 데 성공했다. 환자 자신의 혈액 세포를 이용해 암을 제거하는 방법이다. 과학자들은 다른 종류의 암도 이 방법을 이용해 치료하는 연구를 하고 있다.

줄기유전자는 몸을 만들어 운용하는 데 필요한 사용설명서 같은 것이다. 그렇다면 사용설명서 자체를 고쳐 쓰면 몸의 이상을 바로잡을 수 있지 않을까? 매우 간단한 아이디어다. 하지만 인간의 유전자는 그렇게 단순하지 않다.

1990년 미국 국립 보건원(National Institutes of Health) 과학자들은 인간을 대상으로 유전자 치료를 최초로 시도했다. 중증복합면역결핍병(SCID) 또는 "버블 베이비(Bubble Baby)" 증후군을 앓고 있는 여자아이 2명이 그 대상이었다. 과학자들은 결함이 있는 백혈구를 어린이들로부터 추출했다. 이어 바이러스를 전달체로 이용해 정상 유전자를 그 백혈구에 주입했고, 다시 그 백혈구를 환자 어린이들에게 주입했다. 결과는 긍정적이었다.

2000년에는 프랑스 파리에서 다른 형태의 중증복합면역결핍병을 앓고 있는 남자아이 10명에 유전자 치료를 실시했다는 보고서가 나왔다. 이 아이들에게서 결함이 있는 골수 세포를 추출한 다음 정상 골수세포로 만들어 다시 주입하는 방법이 사용됐다. 그 결과 9명의 아이는 면역력을 회복했다. 하지만 2년 후 두 아이가 백혈병 같은 증상을 나타냈

다. 유전자 치료에서 전달체로 사용한 바이러스가 세포 성장을 조절하는 유전자 근처에 그대로 남아 부작용을 일으킨 것으로 추정된다. 이 비극적인 소식으로 프랑스뿐만 아니라 독일, 이탈리아, 미국에서도 유전자 치료가 중단됐다.

이 사례는 한동안 유전자 치료에 경각심을 불러일으켰고 미약하나마 하나의 성공담으로 회자되기도 했다. 이후 유전자 치료 기술은 전 세계 10여 명을 대상으로 실험 차원에서 시도됐고 성공을 거두기도 했다.

최근의 유전자 치료 실험은 백혈병, 선천성 실명, 퇴행성 뇌질환 치료에 희망을 주고 있다. 2012년 미국 펜실베이니아 대학 연구팀은 인간 면역결핍바이러스(HIV) 양성 환자 43명에게 유전자 치료를 한 결과, 이들이 10년 이상 건강한 상태를 유지하고 있는 것으로 확인했다고 발표했다. 환자 중 41명에게서 HIV를 거부하는 유전자 조작 면역세포가 그대로 살아 있었다. HIV 때문에 평생 약물을 복용하지 않아도 되는 상황을 맞게 된 것이다.

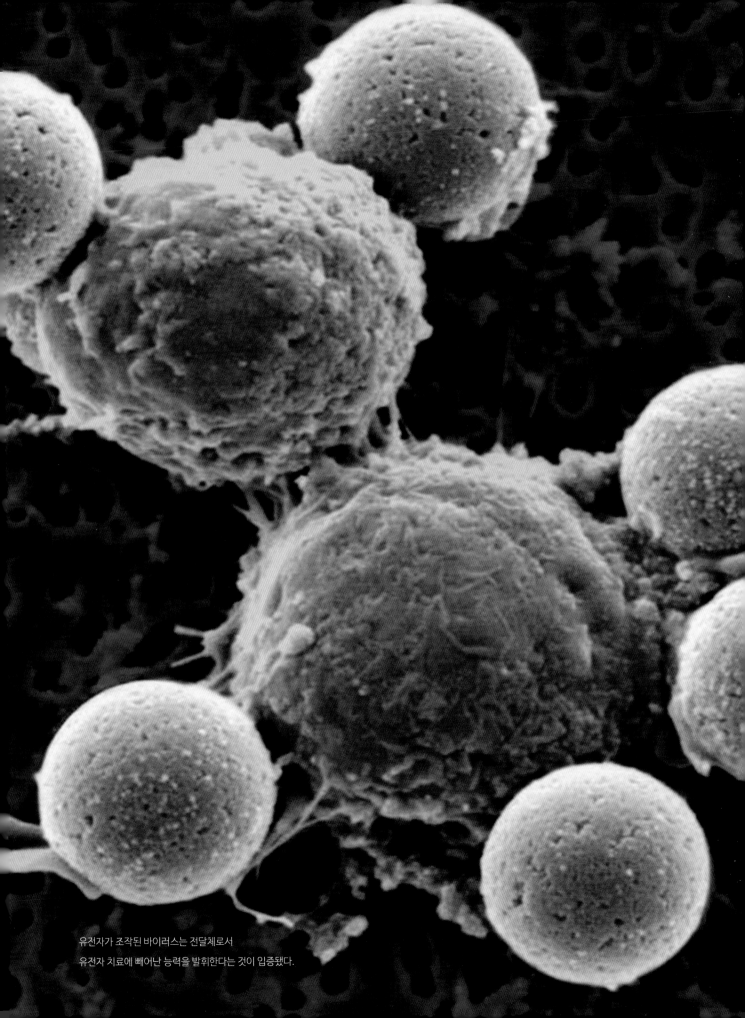

유전자가 조작된 바이러스는 전달체로서

유전자 치료에 빼어난 능력을 발휘한다는 것이 입증됐다.

제 16장

건강과 의학
Health and Medicine

많은 학자들은 고대 그리스에서 히포크라테스(Hippocrates)와 그의 제자들이 의술로부터 마술사와 사제들을 단호하게 배격했던 순간을 서양 의학의 기원으로 보고 있다. 기원전 4~5세기 히포크라테스 학파의 의사들은 질병의 원인이 자연 또는 물질에 있으며 질병의 치료는 환자가 스스로 원기를 회복할 수 있게 부드럽고 온건하게 해야 한다고 주장했다. 당시의 의사들은 무엇보다 환자에게 해가 되는 그 무엇도 해서는 안 된다는 것을 선서의 핵심으로 삼았다. 오늘날에도 의사들은 여전히 히포크라테스 선서를 한다.

하지만 히포크라테스 선서와는 별개로, 인간 건강을 보호하기 위해 대담한 실험이나 적극적인 중재시술, 그리고 새로운 치료술을 찾으려는 시도는 끊이지 않고 이어졌다. 인체에 병원균을 접종해 면역력을 자극하는 것부터 인공사지를 몸에 부착시켜 보행을 돕는 것까지…. 사람들은 이런 시술들이 효능을 나타내면 마술을 보는 듯했다.

약 100년 전만 해도 감염질환으로 어린이들이 사망하는 것은 선진국에서조차 흔한 일이었다. 요즘은 이른바 문명병으로 불리는 암, 심장질환, 자가면역질환 등이 더 흔하다. 의학은 인간의 건강 보존이라는 오랜 목표를 추구하면서 항상 새로운 길을 개척해야 한다. 과거의 가설에 의존하기보다는 관찰과 실험을 중시해야 한다. 체계적으로 과학적 탐구를 하다 보면 환자를 보살피는 의학적 전통과 과감하게 새로운 치료법을 찾는 노력의 접점을 찾을 수 있다.

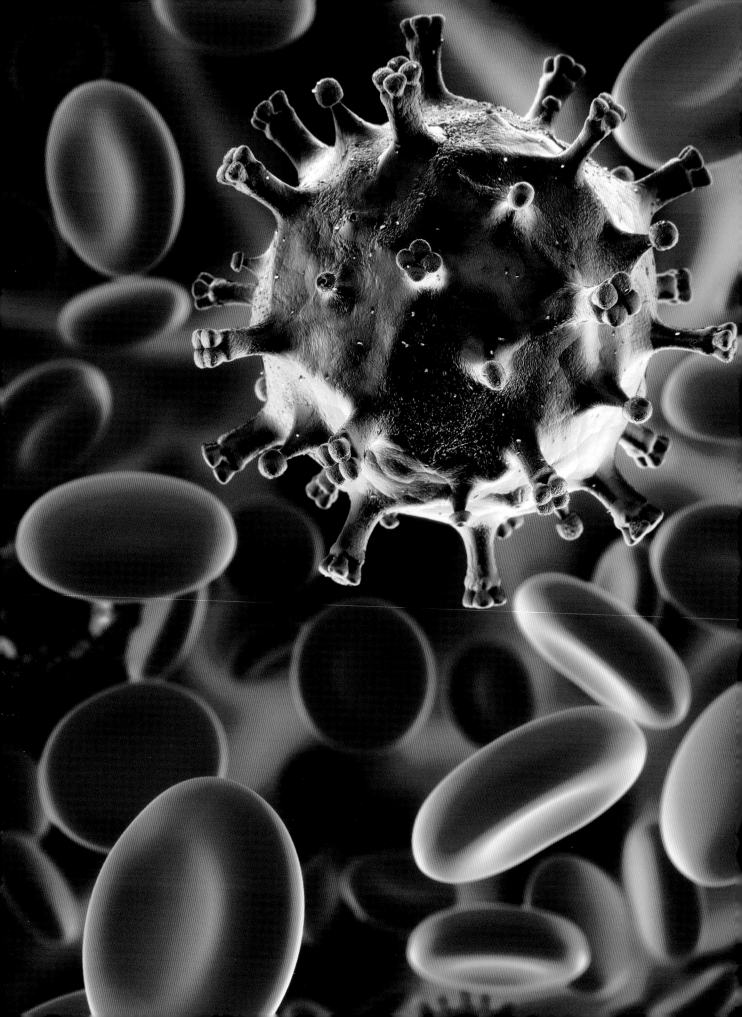

철옹성을 쌓아라
면역생물학

몸은 좋은 게 무엇인지 스스로 알고 있다. 자신의 경계선, 즉 자신과 외부 물체의 차이를 인식한다. 몸은 침입자의 전열(戰列)에 맞서 맞춤형 방어를 하게 된다. 몸이 적을 망각하는 경우란 거의 없다.

면역체계는 이렇게 신비한 능력을 관장한다. 인간은 면역체계 없이 오래 살지 못한다. 우리 주변의 환경은 우리의 따뜻한 몸 안에 둥지를 틀려는 바이러스, 박테리아, 기생충 등으로 가득 차 있다. 면역체계는 사냥감을 노리며 돌아다니는 암세포를 찾아내 파괴하기도 한다.

이 정교한 면역체계는 골수의 줄기세포에서 성장한 수많은 세포들로 이뤄져 있다. 일부 면역세포는 항체라고 불리는 단백질을 혈액 속으로 방출한다. 이 항체가 외부 침입자를 둘러싸게 된다. 또 다른 면역세포들은 적에게 붙어 치명적인 화학물질로 공격을 한다. 침입자를 감싸서 잡아먹는 면역세포도 있다. 면역세포는 다른 면역세포의 협조 요청 신호를 받으면 증식하기도 한다.

예를 들어 한차례 독감에 걸렸다가 감염원을 성공적으로 물리치고 나면 면역체계는 기억세포(Memory Cell)라는 일종의 방어체계를 남기게 된다. 이 기억세포들은 면역세포가 한차례 싸움을 벌였던 특정 인플루엔자가 몇 년 뒤에 다시 들어와도 물리칠 능력을 갖추고 있다.

세포를 죽이는 T 세포(Cytotaxic T-Cell)의 활성화 과정 및 활동

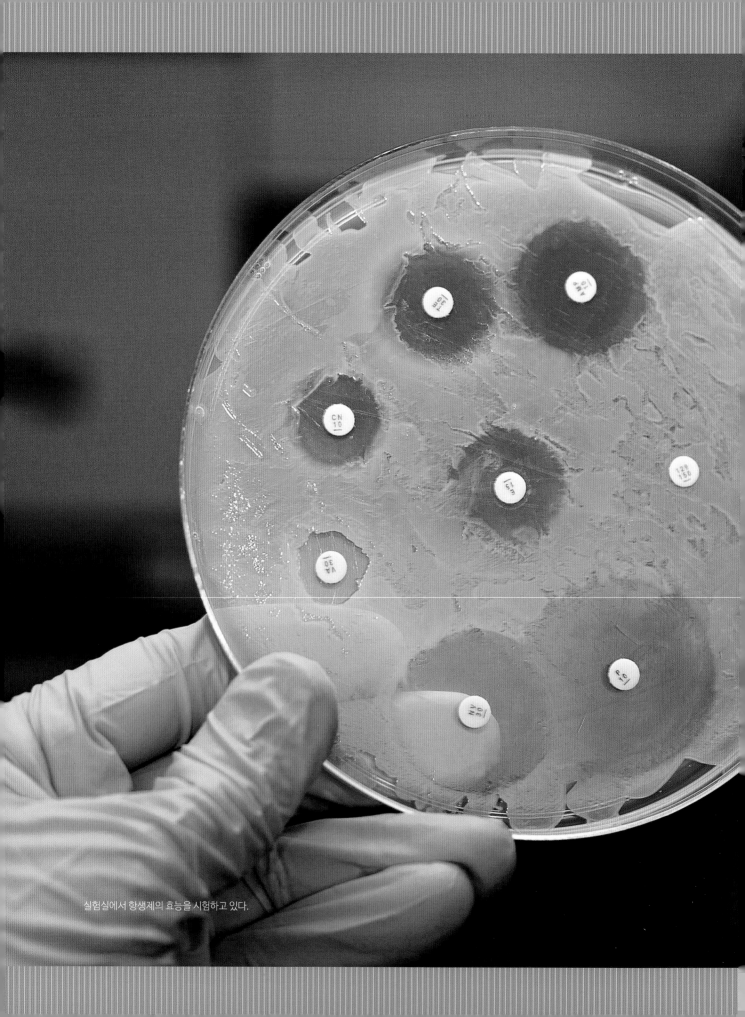

실험실에서 항생제의 효능을 시험하고 있다.

면역생물학
항생제 Antibiotics

면역체계는 언제든지 허물어질 수 있다. 이전에 접해보지 못하거나 특별히 독성이 강한 박테리아를 만나면 그렇다. 박테리아가 상처 같은 일시적인 약점을 침입 루트로 확보해 체내로 들어올 때도 그렇다. 항생제가 필요한 것은 이 순간이다. 항생제는 마치 공습을 하듯이 면역체계를 강화하며 침입자를 물리치고 세포들을 구한다.

"페니실린 덕분에…. 그가 살아 돌아오다!" 제2차 세계대전 당시 페니실린 광고의 문구다. 광고에는 쓰러진 병사에게 새로운 기적의 약을 주사하는 의무병의 이미지가 등장한다. 페니실린이 폐렴이나 임질은 물론 여러 차례의 외과 수술이 필요한 감염 질환까지 인류를 끊임없이 괴롭혔던 질병을 일거에 해결하는 강력한 항생제라는 점에서 수긍이 가는 광고다.

페니실린은 1928년에 발견됐다. 영국의 한 세균학자가 푸른곰팡이인 페니실리움 노타툼(Penicillium Notatum, 지금은 페니실리움 크리소게늄(P.Chrysogenum)으로 알려져 있다)에 항균성이 있다는 사실을 처음 알아낸 것이다. 페니실린은 박테리아의 세포벽 형성을 방해하는 방식으로 작용한다. 세포벽은 식물, 박테리아, 균류, 조류(藻類) 세포의 바깥쪽 벽으로 세포를 보호하고 강화하는 역할을 한다. 페니실린은 박테리아 세포가 분화해 증식하는 것을 저지해 결국 세포가 터져버리게 한다. 인간 세포에는 세포벽이 없기 때문에 페니실린의 영향을 받지 않는다. 다른 항생제들은 세포의 기능을 돕는 단백질의 생산을 방해한다. 인간과 박테리아의 리보솜이 다르다는 점을 이용하는 것이다. 리보솜은 아미노산을 결합해 단백질로 만드는 세포내 기관이다.

불행히도 항생제로도 죽일 수 없는 박테리아들이 있다. 이 박테리아들은 매우 급속하게 증식해 다른 박테리아들과 유전정보를 교환할 수 있다. 유전정보의 교환을 통해 항생제 같은 위험요소들에 미리 적응하게 된다. 그 결과 보통 항생제로는 통하지 않는 내성을 지닌 슈퍼박테리아가 탄생한다.

면역생물학
백신 Vaccine

항생제가 박테리아에 포위된 면역체계를 강화하는 것이라면, 백신은 일종의 사전경보 발동으로 세포가 특정 병원균에 미리 방어 준비를 하게 한다.

백신은 자연스러운 감염을 모방한다. 몸을 위협하는 유기체를 몸 안에 넣어 실제로 감염시키는 것이다. 하지만 그 유기체는 면역체계가 쉽게 물리칠 수 있을 만큼 약하다. 따라서 백신은 실험실에서 약화시키거나 완전히 죽인 박테리아 또는 바이러스로 만든다. 유기체가 방출한 독소를 화학적인 방법으로 없애 백신 재료로 쓰는 경우도 있다. 병원균 조각을 백신에 집어넣을 수도 있다. 이 조각은 미생물 표면을 덮어 면역체계가 외부 물질로 인식하게 하는 항원 역할을 한다.

백신은 특정 유기체의 고유한 항원으로, 면역체계는 그것을 보관해 나중에 참고하게 된다. 백신을 맞고 나면 사람은 못 느끼지만 몸은 면역반응을 일으킨다. 항체를 만드는 혈액 내 면역세포(B세포)에는 백신으로 주입된 항원에 대응할 항체를 만드는 면역세포가 있다. 이 항체들은 외부에서 들오는 이물질을 감싸 침입자임을 표시하고, 면역세포들은 증식해서 항원에 맞는 항체를 더 많이 분비하게 된다. 또 다른 면역세포들은 침입자를 삼켜버리거나 침입자의 항원을

같은 종류의 면역세포들에게 가져가 인지하게 한다.

침입자의 위협이 줄어들면 면역세포의 일부는 기억 세포로 변한다. 기억세포는 같은 종류의 침입자가 다시 나타나면 빠르게 항체를 재생하는 능력을 갖고 있다.

백신접종 캠페인은 개인뿐만 아니라 인류 전체를 보호하기 위해 전개되고 있다. 한 집단 구성원들의 다수가 백신을 맞으면 면역체계가 무너져 백신을 감당하기 어려운 약한 사람들도 안전하게 버텨낼 수 있다. 아예 질병에 노출되지 않기 때문이다.

성공 스토리. 전 세계에 걸쳐 효능 좋은 백신접종이 이뤄지면서 어린이들에게 치명적인 병들을 완전히 또는 거의 뿌리 뽑을 수 있게 됐다.

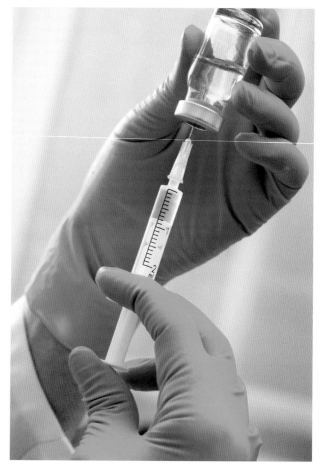

면역생물학

알레르기|Allergy

면역체계는 때때로 가상의 적과 싸울 채비를 한다. 예를 들면 바람에 날리는 꽃가루, 소파에 떨어진 고양이털처럼 해롭지 않은 것들이다.

이처럼 얼핏 보면 해롭지 않지만 위협이 되는 물질들을 알레르기를 유발하는 알레르겐(Allergen)이라고 부른다. 알레르겐이 일으키는 증상은 면역반응과 면역글로불린 E(Immunoglobulin E, IgE)이라는 항체의 특이한 경로와 관련된다.

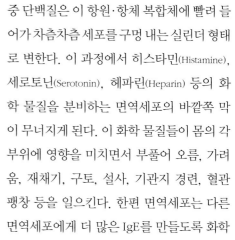

알레르기는 면역체계가 과도하게 활동하면서 발생한다. 예를 들어 꽃가루를 마시게 되면 면역세포는 꽃가루를 외부 침입자로 인식해 이 특정한 항원에 맞는 IgE 항체를 만들어낸다. 이 항체들은 결합조직과 점막에 존재하는 비만세포(Mast Cell)와 혈관을 순환하는 일종의 백혈구인 호염기성 세포(Basophil)라는 특별한 면역세포에 붙게 된다. 이에 따라 꽃가루를 마시면 몸이 민감하게 반응한다.

꽃가루를 다시 마시게 되면 꽃가루의 항원은 비만세포와 호염기성 세포의 표면에 이미 존재하는 항체에 붙게 된다. 혈중 단백질은 이 항원·항체 복합체에 빨려 들어가 차츰차츰 세포를 구멍 내는 실린더 형태로 변한다. 이 과정에서 히스타민(Histamine), 세로토닌(Serotonin), 헤파린(Heparin) 등의 화학 물질을 분비하는 면역세포의 바깥쪽 막이 무너지게 된다. 이 화학 물질들이 몸의 각 부위에 영향을 미치면서 부풀어 오름, 가려움, 재채기, 구토, 설사, 기관지 경련, 혈관 팽창 등을 일으킨다. 한편 면역세포는 다른 면역세포에게 더 많은 IgE를 만들도록 화학 신호를 보내기도 한다.

알레르기가 직접 유전되지는 않지만, 알레르기에 취약한 기질은 유전될 확률이 매우 높다. 대부분의 알레르기약은 비만세포에서 분비돼 수많은 증상을 일으키는 히스타민의 작용을 차단하는 역할을 한다. 그래서 항히스타민제라고 부르기도 한다.

과민성 증세|Allergy or Intolerance

음식 알레르기는 땅콩처럼 보통 무해한 물질에 면역반응이 나타나는 경우이다. 일단 음식 알레르기에 걸리게 되면 그 반응 속도가 빠르고 소량이라도 증상은 어김없다. 심할 때는 히스타민과 다른 화학 물질에 의해 과민성 쇼크(Anaphylactic Shock)가 발생하기도 한다. 목구멍이 부어 오르고 혈압이 떨어지면서 심각한 상태에 이르게 된다.

다른 사람들이 편하게 먹는 음식을 먹고도 불편해하며 부작용을 겪는 사람도 있다. 이런 부작용은 면역과 관련이 없다. 흔한 예로 젖당(Lactose) 과민증이 있다. 젖당 과민증이 있는 사람은 소장에 있는 젖당 분해효소(Lactase)가 보통 사람들보다 적어 유제품의 당을 소화시키는 데 어려움을 겪는다. 젖당 과민증은 락타아제 보충제를 먹으면 방지할 수 있다.

법칙

더 나은 삶을 향한 도약
생체공학

사람들은 생명의 조작이란 있을 수 없는 일이라고 여겨왔다. 생명은 인류가 범접할 수 없는 법칙에 따라 진화한 게 아니었던가. 이런 세계관에서 생명체와 기술을 결합한다면 공상과학 소설에서나 주고받을 이야기였다. 하지만 지난 몇십 년 동안 생체공학은 꽤 가시적인 진전을 이루었다. 공학의 원리를 살아있는 유기체에 적용할 수 있음을 밝혀낸 것이다.

컴퓨터와 정량(定量) 기술로 생명체도 연구하고 관찰할 수 있게 됐다. 과학자들은 조직을 조작해 세포의 특성을 바꿀 수 있다. 유전자 서열을 뒤바꿔 제초제에 내성을 지닌 콩을 만들거나, 암에 잘 걸리는 실험용 쥐를 키워내기도 한다. 적어도 실험실에서는 박테리아를 유전적으로 조작해 현미경으로 보이는 미세한 목표물에 약물을 전달할 수 있으며, 식물을 조작해 교통연료로 만든다. 인공 코를 만들어 냄새로 암 같은 질병을 찾아내기도 한다.

생체공학은 빠르게 확산되고 있는 분야다. 생체공학을 광범위하게 정의하면 기술과 생명체의 모든 접점들을 아우른다. 생체공학 연구의 결과물 중 가장 잘 알려진 것은 인체의 생물학적 기능을 대신하는 전자 기계장치들일 것이다. 의족만큼이나 오래된 발상의 발로이지만, 기술이 더 정교해지고 더 강력해져 우리들의 삶의 질을 끌어 올리고 있다.

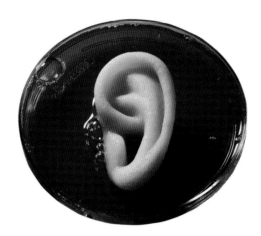

연골생성 세포 용액 안에 담긴 인공 귀.

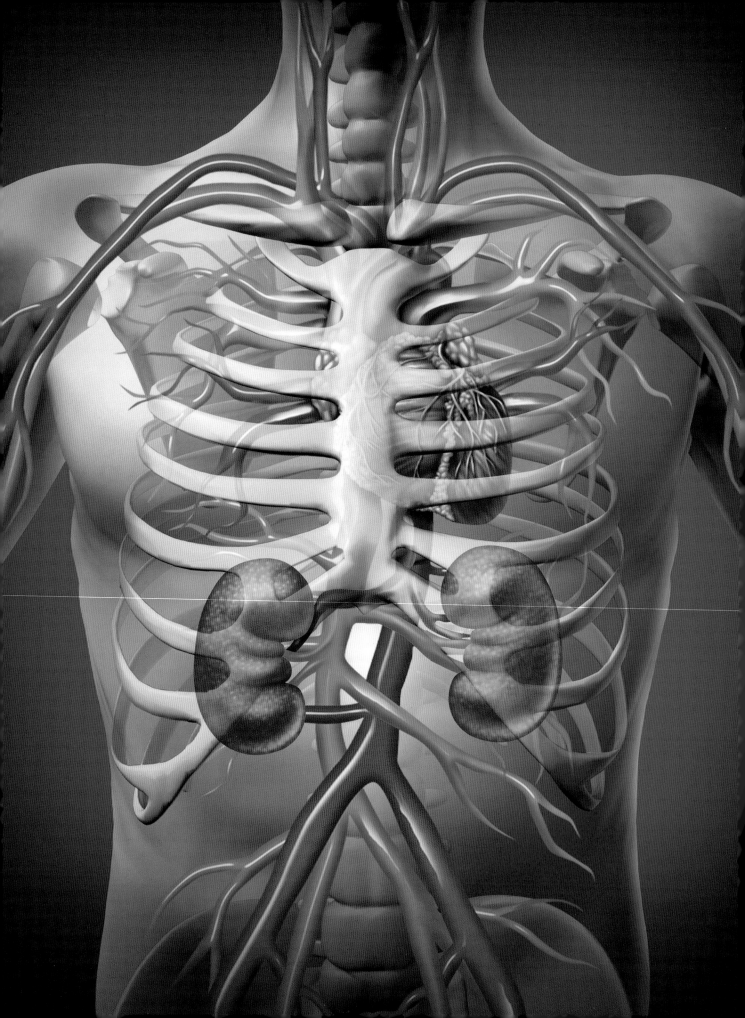

생체공학
신장 투석 Kidney Dialysis

신장의 기능은 장기가 손상되거나 약물을 과다 복용할 경우 갑자기 멈출 수 있다. 당뇨나 고혈압으로 인해 기능이 서서히 떨어지기도 한다. 원인이 무엇이든 몸 아래쪽의 콩처럼 생긴 이 기관이 혈액 내 노폐물이나 과도한 수분을 걸러내지 못하면 치명적일 수 있다. 혈액에는 신진 대사과정에서 나오는 폐기물인 요소와 혈압을 올리는 나트륨, 부정맥을 일으키는 칼륨, 뼈의 칼슘을 앗아가는 인 등이 흘러넘친다.

신부전이 악화되면 환자들은 신장의 주요 기능을 되살리는 투석 치료법에 의존해야 한다. 환자는 심각한 상황을 넘겨 회복되고 있을 때나 또는 상황이 여전히 좋지 않을 때 투석을 받아야 한다. 투석 장치는 환자의 피를 튜브를 통해 빼내 정화수가 담긴 통으로 보낸 다음 다시 몸 안으로 집어넣는다. 투석에 쓰이는 튜브는 반투과막으로 만든다. 용액 내 입자들이 반투과막을 만나면 삼투압 원리에 따라 농도가 높은 곳에서 낮은 곳으로 이동하게 된다. 따라서 투석이 시작되면 혈액 안에 있는 독성의 분자들은 막을 통과해 농도가 낮은 물로 옮겨 가고 적혈구처럼 더 큰 입자들은 막의 구멍을 통과하지 못해 남게 된다.

투석 장치는 1940년대 초 네덜란드 의사 빌렘 콜프(Willem Kolff)가 처음 만들었다. 콜프는 젊은 사람들이 신부전으로 서서히 죽어가는 것을 안타까워하며 투석장치를 고안해 냈다. 시제품은 1943년에 완성됐다. 처음에는 효과가 없었지만 2년 후인 1945년 이 장치로 혼수상태에 놓인 환자를 살릴 수 있었다. 투석 장치가 신부전 환자들의 생명을 유지시켜 줌에 따라 신장 이식의 길도 열리게 됐다. 신장 투석은 주로 투석센터에서 하지만 집에서 투석하는 사람들도 늘고 있다.

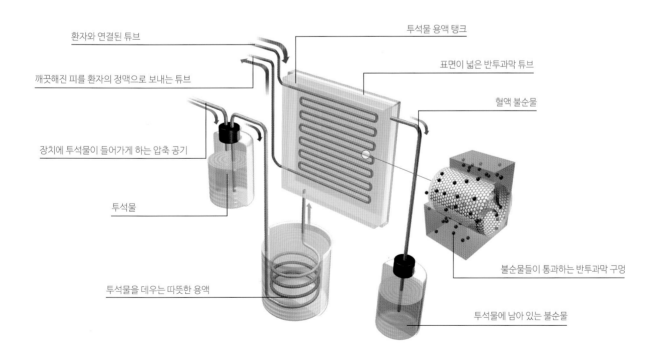

환자와 연결된 튜브

깨끗해진 피를 환자의 정맥으로 보내는 튜브

투석물 용액 탱크

표면이 넓은 반투과막 튜브

혈액 불순물

장치에 투석물이 들어가게 하는 압축 공기

투석물

투석물을 데우는 따뜻한 용액

불순물들이 통과하는 반투과막 구멍

투석물에 남아 있는 불순물

생체공학
심박조율기 |Pacemaker

심박조율기는 심장 박동을 일정하게 유지해준다. 배터리의 동력으로 센서가 달린 전극선을 정맥을 통해 심장으로 연결해 컴퓨터로 그 기능을 처리한다. 매년 약 30만 개의 심박조율기가 미국인들의 몸에 들어간다. 모두 심장의 전기전도 시스템에 결함이 생기거나 심장근육 자체가 약해져 박동이 불규칙하고 리듬이 비정상이라서 고통을 받고 있던 사람들이다. 심박조율기는 쇄골 바로 아래 피부에 설치된다.

심박조율기의 전극 센서는 심장의 전기 흐름을 감지해 이 정보를 전극선을 거쳐 미니 컴퓨터로 보낸다. 심장이 너무 천천히 뛴다거나 무언가 잘못 작동하면 발전기가 전기 임펄스를 심실에 보내 심장을 수축시킨다.

스웨덴 카롤링스카 연구소(Karolinska Institute)가 1958년 처음으로 심박조율기를 환자의 몸에 심었다. 환자는 생명을 유지할 수 있었지만 당시만 해도 크기가 컸던 심박조율기를 계속 갈아야 하는 불편을 겪어야만 했다. 요즘의 심박조율기는 매우 작아 1달러 동전 정도의 크기다. 초창기의 심박조율기는 심장을 일정한 속도로만 뛰게 했다. 이로 인해 환자들이 휴식을 취할 때도 빨리 뛰는 심장 때문에 피곤해지는 부작용을 겪어야 했다. 1980년대에 새로 나온 모델에는 속도에 따라 달리 반응하는 기능이 추가됐다. 몸의 움직임이나 호흡 상태를 감지해 심박수를 조절할 수 있게 된 것이다.

심박조율기는 리튬 배터리가 수명을 다하면 교체해야 한다. 보통 5년 정도다. 도움 없이는 심장이 제구실을 못하는 사람들에게 더 기분 좋고 더 활기차게 해주는 만큼 교체 비용은 그리 비싼 게 아니다. 심장은 하루 평균 7,500리터의 혈액을 펌프질해 온몸에 보낸다.

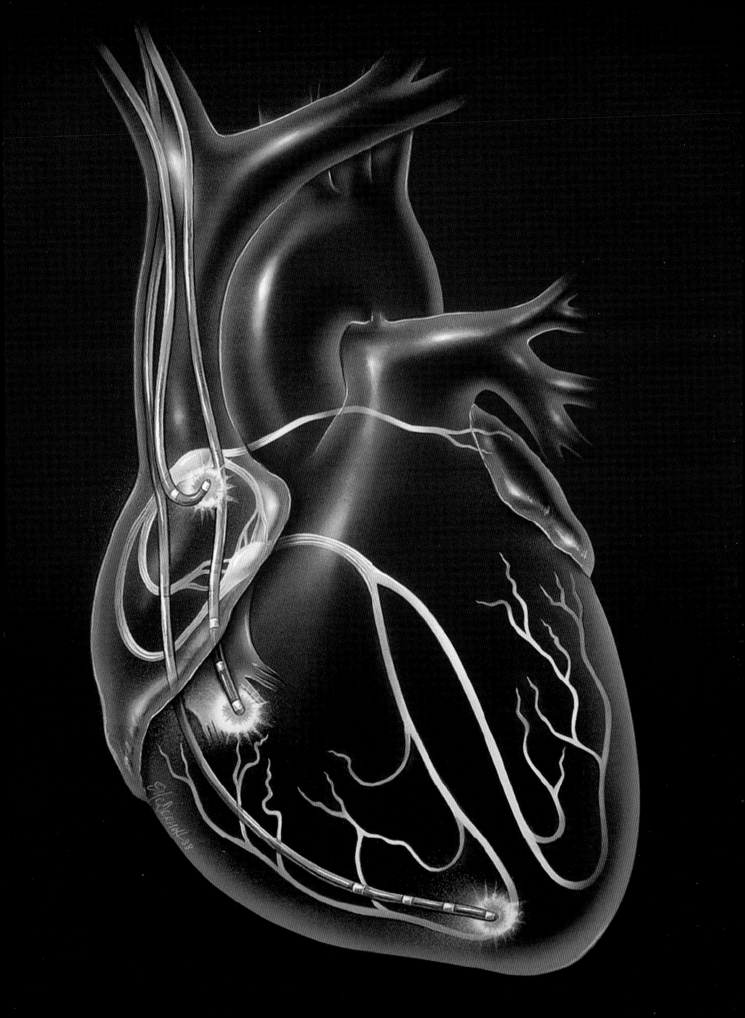

생체공학
인공 사지 Prosthetic Limb

고대 로마와 중세 유럽에서 팔을 잃은 군인들은 무쇠팔을 부착하고 전투에 나가 방패를 들 수 있었다. 오늘날의 인공 사지는 물건을 집거나 자연스럽게 걸을 수 있게 만들어져 훨씬 더 유연하다.

최근에 나온 몇몇 인공 보형물들은 강하고 가벼운 소재를 센서 및 마이크로프로세서와 연결시켜 사용자나 사용 조건에 최적의 반응을 한다. 예를 들어 최신 알루미늄 무릎은 다양한 센서를 이용해 관절의 각도, 무게, 운동을 측정한다. 이 정보는 내장된 컨트롤러로 보내져 관절이 어떤 일을 하고 있는지 분석하고, 모터를 통해 그 일에 알맞은 힘과 운동을 만들어내게 된다.

팔다리의 근육수축에 반응하는 인공 보형물도 있다. 근전기(Myoelectric) 인공팔에서는 피부에 부착된 전극이 근육수축에 따라 발생한 전기 임펄스를 기록한다. 컨트롤러는 근육의 전기 신호를 받아 모터를 켜 인공팔의 팔꿈치, 손목, 손을 아주 자연스럽고 정확하게 움직이게 한다.

표적 근육 재자극(Targeted Muscle Reinnervation)은 훨씬 더 놀라운 기술이다. 사용자의 생각대로 인공 팔다리를 움직이게 한다. 언젠가 잃어버렸던 팔이나 손을 통제하던 신경을 사용자의 가슴에다 옮겨 심어놓는다. 사용자의 뇌가 팔을 쓰라는 신호를 보내면 가슴 근육이 자동으로 수축되고, 근육에 달린 센서는 이 신호에 따라 인공 팔다리를 움직이게 한다.

탄소섬유로 만든 러닝 블레이드(Running Blade)는 가장 잘 알려진 고성능 인공의족이다. 스프링이 튀는 것처럼 작동해서 속도와 내구성이 생긴다. 남아프리카공화국의 오스카 피스토리우스(Oscar Pistorius)는 생후 11개월 때 무릎 아래를 절단했는데, 2012년 런던 올림픽에 이 러닝 블레이드를 착용하고 출전했다. 러닝 블레이드의 착용이 불공평하다는 논란이 있었지만 피스토리우스는 보란 듯이 논란을 잠재우는 데 성공했다. 하지만 그는 훗날 여자 친구를 총으로 쏘아 숨지게 하는 바람에 명성이 무너지고 말았다.

생체공학
인공 디스크 Prosthetic Disk

척추 뼈들 사이에 자리하고 있는 부드러운 디스크들은 쿠션 작용을 하며 우리의 몸에 유연성을 제공한다. 디스크는 나이가 들면 평평해지고 퇴화하는데 이때 통증이 발생하게 된다. 마사지 같은 보수적인 치료로 별 효과가 없으면 의사들은 보통 척추 뼈 두 개를 붙여 통증을 줄여준다. 하지만 이렇게 할 경우 환자의 운동 능력은 크게 제한될 수밖에 없다.

지난 수십 년 동안 의공학자들은 닳은 엉덩이나 무릎을 갈아 끼우듯이 디스크를 대체할 만한 제품을 만드느라 고심해왔다. 2004년 미국 식품의약국은 인공 디스크를 처음으로 승인했다. 생체의 디스크는 밖은 튼튼한 섬유 구조로, 안은 젤리 같은 물질로 돼 있다. 이처럼 인공 디스크도 유사하게 밖은 금속재이고, 안은 유동성을 지닌 고무 재질이다.

인공 디스크를 심으려면 기술이 필요하다. 제조사들은 인공 디스크의 효능이 약 40년은 갈 것이라고 주장한다. 하지만 인공 디스크가 나온 지 40년이 안 됐기 때문에 객관적인 검증은 불가능하다. 인공 디스크의 작동이 제대로 안 돼 제거 수술을 하려면 위험하기도 하다. 그러나 2011년 발표된 조사 결과에 따르면 조사 대상 200명 중 인공 디스크 수술을 받은 사람들이 척추 병합수술을 받은 사람들에 비해 만족도가 높았고 후속 수술을 받는 경우도 적었다. 뼈와 잘 결합되는 티타늄이 인공 디스크 소재로 많이 사용된다.

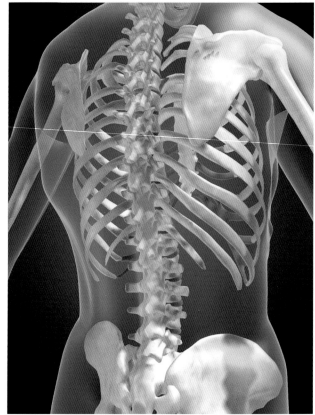

티타늄 디스크. (왼쪽) 의사가 손으로 집은 티타늄 디스크. 추간판탈출증을 앓고 있는 환자를 치료하기 위해 디스크 대신에 심을 인공 디스크이다.

생 체 공 학
인공달팽이관 Cochlear Implant

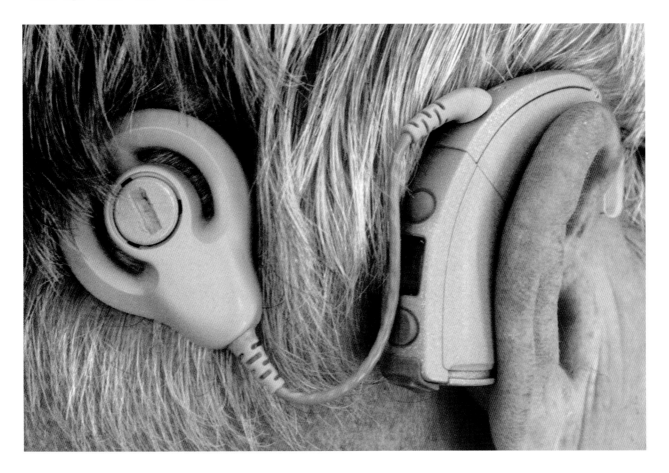

코르티 기관(Organ of Corti)은 귀의 감각기관이다. 내이(Inner Ear)의 깊숙한 곳, 즉 달팽이관(와우)이라고 부르는 나선 모양의 구멍 중심에 자리하고 있다. 코르티 기관에는 전기의 흐름이 활발한 유모세포(Hair Cell)가 있어 소리의 압력파동에 의해 진동이 일어나면 전기 신호를 청각신경에서 뇌로 전달하는 신경전달물질을 분비한다.

인공달팽이관은 소리 정보를 중이(Middle Ear)의 미세하게 진동하는 뼈들을 거치지 않고 소리 변환 센터로 바로 보내 청력을 회복해주는 장치다. 1985년 성인용으로, 1990년 어린이용으로 각각 허가가 났다. 인공달팽이관은 청력을 완전히 또는 거의 잃어 일반 보청기로는 효과가 없는 사람들에게

유용하다. 인공달팽이관을 심으면 성인은 대부분의 대화를 알아들을 수 있으며 어린이는 심는 시기를 앞당길 경우 정상인 또래들과 비슷한 정도의 언어능력을 기대할 수 있다.

인공달팽이관은 여러 개의 부품으로 이뤄져 있다. 귀 뒤에 거는 마이크와 프로세서는 소리를 잡아서 디지털 코드로 변환시키고, 이 디지털 코드는 귀 뒤에 있는 전송코일로 보내진다. 전송코일은 이 코드를 전기 임펄스 형태로 피부 바로 아래에 있는 라디오 리시버에 전달한다. 라디오 리시버는 전선을 거쳐 달팽이관 안에 위치한 전극들로 임펄스를 보내 청각 신경을 자극한다. 인공달팽이관 사용자들은 연습을 거듭하며 이 자극을 소리로 해석하는 방법을 배우게 된다.

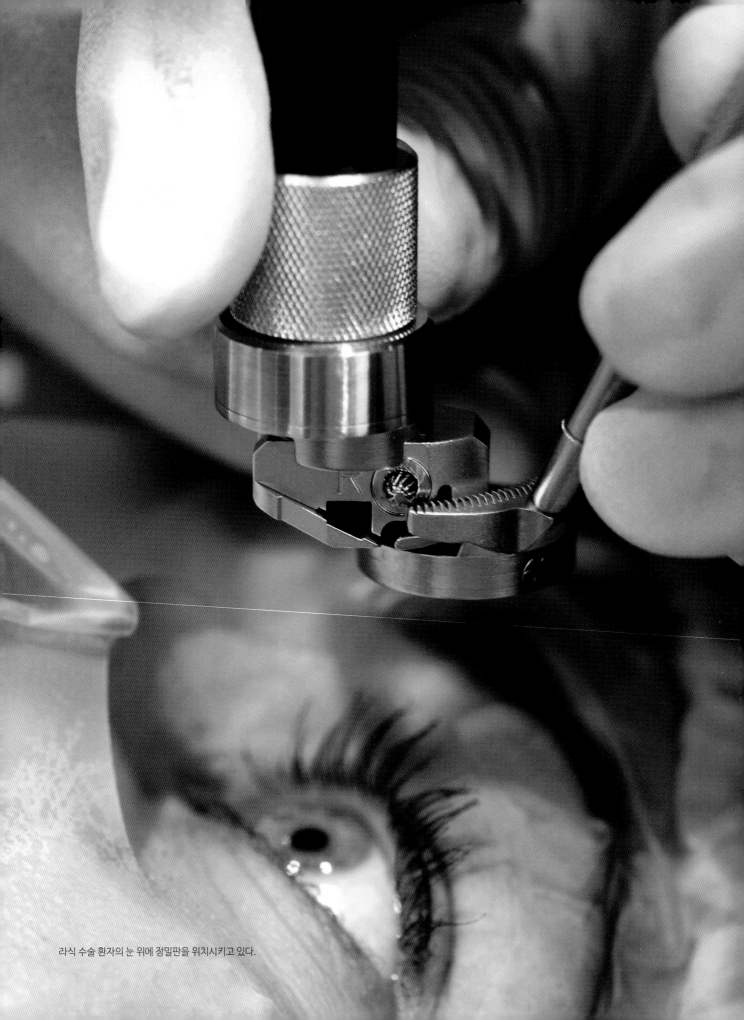

라식 수술 환자의 눈 위에 정밀판을 위치시키고 있다.

법칙

생명 연장의 신기원을 열다
로봇 수술

인체 수술은 정교해야 하고 위험 부담이 커서 기계로 다루기에 매우 어려울 것이라고 생각할 수 있다. 그러나 아무리 뛰어난 의사라도 할 수 없고 로봇만이 할 수 있는 일들이 있다. 로봇은 환자의 몸 내부를 크게 확대해서 볼 수 있으며, 인체공학적으로 힘들고 미세한 작업을 전혀 떨지 않고 수행할 수 있다. 게다가 지치지도 않는다.

　1980년대 도입된 로봇 수술법은 요즘 전립선 암 수술, 자궁절제 수술, 관상동맥 우회수술 및 승모판 수술 같은 심장 수술에서 점점 많이 쓰이고 있다. 의사는 컴퓨터 제어기 앞에 앉아 로봇팔 3개와 고화질 카메라로 짜인 수술 세트를 작동한다. 로봇팔들은 키홀 절개(Keyhole Incision)를 통해 환자의 몸으로 들어간다.

　로봇 수술은 일부 최첨단 의료시설에서 시행하고 있다. 로봇수술은 정확하고 최소한의 동선만 이용하므로 수술시간과 회복시간이 짧다고 주장하는 사람들이 많다. 하지만 이런 생각은 논란의 여지가 있다. 몇몇 의사들은 절개 부위가 클 때 로봇이 도움이 된다고 주장한다. 하지만 이들은 그렇다고 해서 로봇 수술이 노련한 의사가 집도하는 보통의 키홀 수술보다 환자에게 더 좋다는 증거는 미약하다고 말하기도 한다.

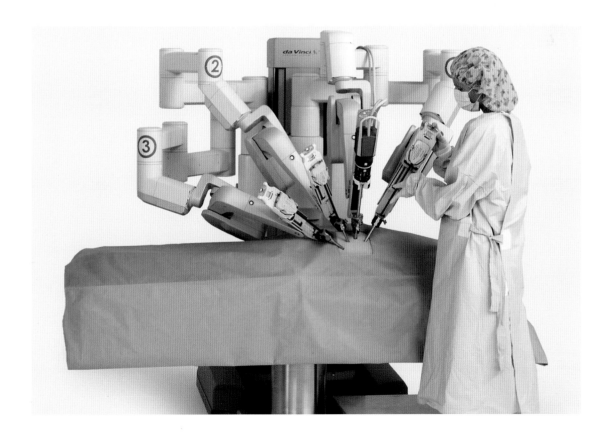

로 봇 수 술

내시경술 Endoscopy

내시경은 길고 유연한 튜브의 끝에 가볍고 작은 카메라를 달아 사용한다. 의사들은 내시경이 모니터에 전송하는 이 미지를 이용해 환자 몸의 깊숙한 부분을 관찰한다. 내시경 은 결장이나 기관지 같은 다양한 진단 절차에 쓰이며 절개 (키홀) 수술을 되도록 적게 하게끔 이끌어 의술의 핵심 도구 로 자리 잡았다.

대규모로 절개하지 않고도 인체를 들여다본다는 발상은 19세기 초부터 시작됐다. 1806년 독일의 의사 필립 보치니 (Philipp Bozzini)는 "빛 전도체"를 발명했다. 촛불과 거울로 빛 을 튜브에 비춰 인체 내부를 볼 수 있게 한 장치다.

1910년 스웨덴의 내과 의사 한스 크리스티안 야코바오 스(Hans Christian Jacobaeus)는 복수가 찬 환자 17명을 대상으 로 실시한 진단의 절차를 상세하게 보고서에 담아 발표했 다. 그는 렌즈 시스템과 빛을 이용한 내시경으로 환자들의 복강(배 내부)과 흉강(가슴 내부)을 관찰했다. 여기에서 복강경 관찰(Laparothorakoskopie)이란 말이 나왔다.

하지만 이 내시경은 20세기가 될 때까지 유용하게 쓰이 지 못했다. 20세기가 한창 지나고 나서야 기술이 발달해 내 시경으로 몸의 내부 공간을 들여다보고 정확하게 수술을 할

수 있게 됐다. 1950년대에는 휘어지고 접을 수 있는 유리 막 대기(광섬유)로 외부 광원을 몸 안에 비출 수 있는 시스템이 나왔다. 이 시스템으로 내시경과 TV를 연결해 몸 안의 모습 을 TV화면으로 볼 수 있게 됐다. 1980년대 중반 극소의 디지 털 카메라인 전하결합소자(Charge-Coupled Device, CCD) 시스템 이 등장하면서 내시경은 분수령을 맞는다. 이 카메라로 의사 들은 인체 내부를 깨끗한 동영상으로 관찰할 수 있게 됐다.

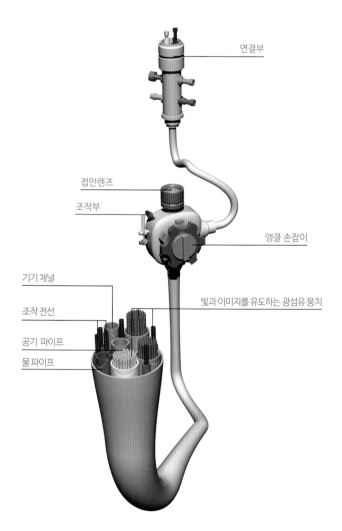

연결부

접안렌즈
조작부
앵클 손잡이

기기 채널
조작 전선
공기 파이프
물 파이프
빛과 이미지를 유도하는 광섬유 뭉치

로봇 수술
레이저 수술 Laser Surgery

하얀 광선은 수많은 파장, 즉 색깔들로 구성돼 있다. 하지만 레이저는 퍼지는 게 아니라 한 방향으로 움직이며 동조하는 파장에서 단색의 빛을 방출한다.

　빛을 집중시켜 조직을 자르거나 증발시키면 메스를 사용하는 것보다 이점이 많다. 레이저는 조직의 아주 미세한 부분도 정확하게 조준한다. 레이저의 열은 절개부분의 가장자리를 지져 감염과 출혈의 위험을 줄일 수 있다. 광섬유를 이용하면 레이저에서 나온 빛은 튜브를 거쳐 휘어지면서 몸 안으로 들어가 종양을 제거할 수도 있다.

　레이저의 단일한 파장에서 나오는 빛은 특정 유형의 조직들을 조준할 수 있다. 다른 색깔들이 각자 특정한 파장을 흡수하기 때문이다. 적혈구의 색소인 헤모글로빈은 나중에 출혈을 멈추게 하는 데 사용되는 아르곤 레이저의 초록빛을 흡수한다. 탄소 다이오드 레이저는 적외선을 방출하는데, 그 적외선은 조직에 존재하는 수분을 쉽게 흡수하는 빛이다. 레이저는 조직의 얇은 층을 제거하는 데도 사용된다. 예를 들어 여성들이 걸리는 암과 피부 조직 같은 부위의 얇은 층들은 세포를 태우지 않고 증발시켜서 제거한다.

　요즘 식도암과 일부 폐암에 사용되고 있는 광역학 치료법에서는 의사들이 환자에게 감광화 작용제(Photosensitizing Agent)를 주입한다. 감광화 작용제는 특정 파장을 지닌 빛에 노출되면 주변의 세포를 죽이는 독소를 만들어낸다. 이 물질이 암 세포에 모이면 레이저를 사용해 종양 부위에 단색의 빛을 집중해서 쏜다.

레이저 문신 제거 Laser Tattoo Removal

어두운 색으로 새겨 눈에 확 띄는 문신이 피부색과 비슷한 문신보다 제거하기가 더 쉽다. 이유는 레이저 문신 제거술이 선택적 광열용해(Selective Photothermolysis)를 이용하기 때문이다. 특정 파동을 지닌 빛은 특정 색깔에 흡수된다. (더 정확하게는 특정 색깔을 가진 물체에 의해 흡수되는 것이다) 그리고 레이저를 만드는 데 사용되는 매질의 종류에 따라 방출되는 빛의 파장도 달라진다. 따라서 원하지 않는 문신을 제거하는 과정에서 피부과 의사는 피부에 새겨진 문신의 잉크 입자 색깔에 맞춰 레이저를 고르거나 레이저의 설정을 바꾼다. 레이저는 이 잉크 입자에 열을 가해 입자를 더 잘게 쪼개고, 이 잘게 분해된 입자는 몸에 의해 흡수된다. 이렇게 치료를 받으면 시간이 지남에 따라 문신이 흐릿해지다 사라진다. 최신 레이저는 고에너지 펄스 빔을 쏠 수 있어 목표 입자들을 매우 빠르게 조준해 부수고, 주변 세포들이 레이저 화상을 입어 생기는 흉도 최소화할 수 있다.

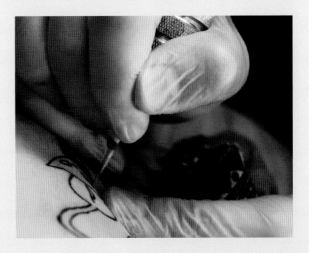

로봇 수술
방사상 각막절개술 Radial Keratotomy

눈을 아무리 찡그려도 멀리 떨어진 도로 표지판이 안 보인다. 팔을 길게 뻗은 채 신문을 잡고 봐야 글자가 보인다. 굴절이상(Refractive Error) 때문에 생기는 현상들이다. 굴절이상은 눈의 앞부분에 있는 각막이 왜곡돼서 나타난다. 눈에서 가장 흔한 이상 증세이기도 하다.

지난 수백 년 동안 우리는 안경을 써서 각막의 왜곡을 상쇄하는 식으로 문제를 해결해왔다. 하지만 지난 20년 동안 많은 사람들이 각막의 모양을 아예 바꾸는 수술을 받아 안경을 벗어 던지고 있다.

각막은 홍채와 동공 위에 있으며 투명한 돔처럼 생겼다. 빛을 반사해 안구 뒤쪽에 있는 망막에 집중시킨다. 이때 생긴 이미지가 시신경에 의해 뇌로 전달된다. 각막이 지나치게 곡면이면 빛을 너무 예각으로 반사해 망막의 앞쪽에 이미지를 생성한다. 멀리 있는 물체가 흐릿하게 보이게 되는 경우다. 각막이 너무 평평하면, 즉 눈이 너무 얕으면 빛은 거의 휘지 않아 이미지는 망막의 뒤편에 생성된다. 가까이 있는 물체가 흐리게 보이는 경우다.

의사는 방사상 각막절개술을 시행하면서 각막의 중심을 기준으로 주변을 바퀴살 모양으로 절개한다. 이렇게 절개하면 각막이 평평해져 근시의 정도가 덜해진다. 하지만 1990년대 이후 다이아몬드 칼을 사용했던 이런 수술은 라식(Laser-Assisted in Situ Keratomileusis)이나 굴절교정 각막절제술(Photorefractive Keratectomy)로 대체됐다. 라식 수술을 할 때 의사는 자외선 레이저를 이용해 각막의 맨 위층에서 작은 부분을 잘라 걷어낸다. 그런 다음에는 중간층에서 물질을 제거해 각막이 더 가파르거나 더 평평해지게 한다. 굴절교정 각막절제술을 시행할 때 의사는 레이저를 직접 쏘아 각막의 모양을 다시 만든다.

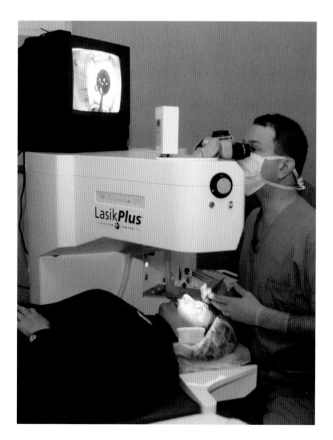

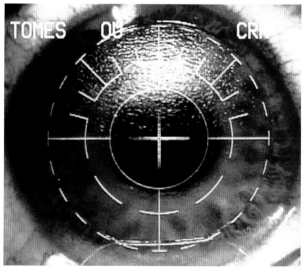

정밀한 시력. (왼쪽) 안과 전문의가 라식 수술을 하고 있다. (위) 의사가 정확하게 동공의 중심에 맞춰 자외선 엑시머레이저를 조준한 상태가 TV 스크린에 보이고 있다.

이미지 출처

출처를 따로 표시하지 않은 사진과 그림은 모두 내셔널지오그래픽에서 발행한 《How Things Work》의 것을 사용했다.

2–3, Steve Goodwin/iStockphoto; 12–13, Richard McGuirk/iStockphoto; 14–15, TheCrimsonMonkey/iStockphoto; 8 (LE), jabiru/Shutterstock; 8 (CTR LE), jordache/Shutterstock; 8 (CTR), Mark Thiessen, NGS; 8 (CTR RT), Rich Carey/Shutterstock; 8 (RT), Stephen Mcsweeny/Shutterstock; 7, Sarah Leen/National Geographic Stock; 16, Sebastian Kaulitzki/Shutterstock; 18 (LE), EpicStockMedia/Shutterstock; 18 (CTR LE), Michael Coddington/Shutterstock; 18 (CTR RT), Vibrant Image Studio/Shutterstock; 18 (RT), Wittaya Leelachaisakul/Shutterstock; 20, Michel Hans/Vandystadt/Science Source; 22 (LE), Segway Inc.; 22 (RT), Segway Inc.; 23 (LE), Print Matters Inc.; 23 (RT), David Yu/Shutterstock; 24 (LO), Andrej Pol/Shutterstock; 25 (RT), Christopher Parypa/Shutterstock; 26, Mediagram/Shutterstock; 28 (UP), Luis Miguel Cortes/National Geographic Your Shot; 28 (LO), Ted Kinsman/Science Source; 29, David Liittschwager/National Geographic Stock; 30 (UP), Mikhail Starodubov/Shutterstock; 31, NASA; 32, nirijkedar/Shutterstock; 33, U.S. Department of Energy/www.fueleconomy.gov; 34–35, IM_photo/Shutterstock; 36–37, jabiru/Shutterstock; 37 (RT), Joy Fera/Shutterstock; 38 (LE), AP Photo/Mike Egerton, PA; 38–39, Vit Kovalcik/Shutterstock; 40, Christian Lagerek/Shutterstock; 42, Christian Lagerek/Shutterstock; 43, pryzmat/Shutterstock; 44–453, Rena Schild/Shutterstock; 46, Shutterstock; 47, Thomas Barrat/Shutterstock; 48, Darren Baker/Shutterstock; 49 (LO), Studio Wood Ronsaville Harlin, Inc.; 49 (UP), lebanmax/Shutterstock; 50 (LO), Michael Coddington/Shutterstock; 52, yuyangc/Shutterstock; 53 (UP), Borislav Bajkic/Shutterstock; 54, Andrey Eremin/Shutterstock; 55, Dimitry Kalinovsky/Shutterstock; 56, Stokkete/Shutterstock; 57 (LO), AP Photo/Kathy Willens; 57 (UP), Maxisport/Shutterstock; 58, Zacarias Pereira da Mata/Shutterstock; 60, Claus Lunau/Science Source; 61, EpicStockMedia/Shutterstock; 62, AP Photo/Sadatsugu Tomisawa; 63, Robert W. Tope, Natural Science Illustrations; 64, Lamainix/Shutterstock; 65, Andy Dean Photography/Shutterstock; 67 (UP), Simon Pedersen/Shutterstock; 67 (LO), Tyler Olson/Shutterstock; 68, Serg Shalimoff/Shutterstock; 70, Web Picture Blog/Shutterstock; 71, stocker1970/Shutterstock; 72 (UP), Sally J. Bensusen, Visual Science Studio; 72 (LO), Vibrant Image Studio/Shutterstock; 73 (RT), AP Photo/Michael Sohn; 74 (LO), Sally J. Bensusen, Visual Science Studio; 75, Kellis/Shutterstock; 77, Iscatel/Shutterstock; 78, Jannis Tobias Werner/Shutterstock; 79 (UP), Inga Ivanova/Shutterstock; 80, R-O-M-A/Shutterstock; 81 (LE), ambrozinio/Shutterstock; 82, thewada1976 /Shutterstock; 83, totophotos/Shutterstock; 85 (LO), Rechitan Sorin/Shutterstock; 85 (UP), Morphart Creation/Shutterstock; 85, Aleksey Stemmer/Shutterstock; 88–89, ded pixto/Shutterstock; 90, Igor Leonov/Shutterstock; 91, AP Photo/Daniel Ochoa De Olza; 92, OlegD/Shutterstock; 93 (LO), AP Photo/Tatro; 93 (UP), Stephen VanHorn/Shutterstock; 94, Robert W. Tope, Natural Science Illustrations; 95, Volodymyr Goinyk/Shutterstock; 96 (UP), Aleksey Stemmer/Shutterstock; 97 (UP), AP Photo/Department of Defense; 98, Mechanik/Shutterstock; 100, North Wind Picture Archives via AP Images; 101, Kinetic Imagery/Shutterstock; 103 (LE), Anna Hoychuk/Shutterstock; 104, Creative Travel Projects/Shutterstock; 105, ssuaphotos/Shutterstock; 106 (UP), F.Schmidt /

Shutterstock; 107, Wittaya Leelachaisakul/Shutterstock; 108–109, Anettphoto/Shutterstock; 110, Mattia Menestrina/Shutterstock; 111, AP Photo/NOAA; 112, mikeledray/Shutterstock; 113, Tamara Kushch/Shutterstock; 114, trekandshoot/Shutterstock; 115, javi_indy/Shutterstock; 116, Andraž Cerar/Shutterstock; 117, Vit Kovalcik/Shutterstock; 118–119, Lawrence Manning/Corbis; 120 (LE), Federico Rostagno/Shutterstock; 120 (CTR LE), Tatiana Popova/Shutterstock; 120 (CTR RT), Balefire/Shutterstock; 120 (RT), Bizroug/Shutterstock; 122–123, Christophe Michot/Shutterstock; 124, Stephen Mcsweeny/Shutterstock; 125, Ted Kinsman/Science Source; 126–127, European Space Agency; 128 (UP), hxdbzxy/Shutterstock; 129 (LE), iurii/Shutterstock; 130–131, David Persson/Shutterstock; 132 (LO), fluidworkshop/Shutterstock; 132 (UP), Anna Morgan/Shutterstock; 133, Alex Mit/Shutterstock; 134, Albert Siegel/Shutterstock; 135, Jose Antonio Sanchez/Shutterstock; 136, Tek Image/Science Source; 138, kuppa/Shutterstock; 139 (UP), NASA; 139 (LO), Milagli/Shutterstock; 140, Rich Carey/Shutterstock; 141, Diego Cervo/Shutterstock; 142, Konstantin L /Shutterstock; 143 (UP), Pressmaster/Shutterstock; 143 (LO), stocksolutions/Shutterstock; 145, Mark Harmel/Science Source; 146 (UP), Stocksnapper/Shutterstock; 147, Shanghai Daily - Imaginechina via AP Images; 148, roadk/Shutterstock; 149 (LO), Friedrich Saurer/Science Source; 150 (LO), Amra Pasic/Shutterstock; 150 (UP), Alexander Demyanenko /Shutterstock; 151 (UP), Vladnik/Shutterstock; 152 (UP), CERN; 152 (LO), CERN; 153, NASA; 154 (RT), Scott Camazine/Science Source; 154 (LE), Pavel L Photo and Video/Shutterstock; 157 (UP), Nikada/iStockphoto; 158, KROMKRATHOG/Shutterstock; 159, Lisa F. Young/Shutterstock; 162 (LE), Blaz Kure/Shutterstock; 162 (RT), Rob Hyrons/Shutterstock; 163 (LO), Viappy/Shutterstock; 164–165, michaket/Shutterstock; 166, Rick Parsons/Shutterstock; 167 (LE), Library of Congress Prints & Photographs Division, LC-B2-1026-9; 167 (RT), Leo Blanchette/Shutterstock; 168 (LO), sydeen/Shutterstock; 170 (LO), timy/Shutterstock; 170 (UP), Maksym Bondarchuk/Shutterstock; 172 (UP), pryzmat/Shutterstock; 173 (UP), Khomulo Anna/Shutterstock; 173 (LO), Boyan Dimitrov/Shutterstock; 175, Liu Jiao -Imaginechina via AP Images; 176, Rob Wilson/Shutterstock; 177, Steve Mann/Shutterstock; 178–179, Brian A. Jackson/Shutterstock; 178 (LE), Teun van den Dries /Shutterstock; 180, NASA; 181, Markus Gann/Shutterstock; 182 (UP), Craig Kiefer; 182 (LO), Vaclav Volr/Shutterstock; 184, Federico Rostagno/Shutterstock; 185, neijia /Shutterstock; 186–187, David Nunuk/Science Source; 188, Studiotouch/Shutterstock; 189, Coprid/Shutterstock; 190 (UP), GIPhotostock/Science Source; 190 (LO), Mona Makela/Shutterstock; 191 (RT), PRNewsFoto/DuPont/AP Images; 191 (LE), Hywit Dimyadi/Shutterstock; 192, S.Borisov/Shutterstock; 193 (UP), Nils Petersen/Shutterstock; 194 (UP), Oleksiy Mark/Shutterstock; 194 (LO), Maxim Blinkov/Shutterstock; 195, chaoss/Shutterstock; 196, Morgan Lane

찾아보기